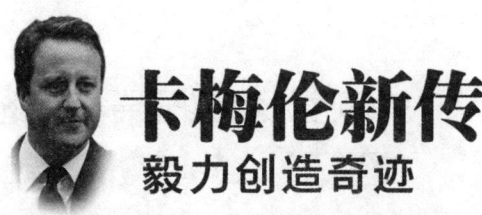

卡梅伦新传

毅力创造奇迹

从"差等生"到英国最年轻的首相
超人毅力终创英伦时代

卡梅伦新传

『毅力创造奇迹』

邓永标 ◎ 著

全国百佳出版社
中央编译出版社
Central Compilation & Translation Press

图书在版编目（CIP）数据

卡梅伦新传：毅力创造奇迹 / 邓永标著. —北京：中央编译出版社，2016.11
ISBN 978-7-5117-2990-3

Ⅰ.①卡… Ⅱ.①邓… Ⅲ.①卡梅伦，D.—传记 Ⅳ.① K835.617=6

中国版本图书馆 CIP 数据核字 (2016) 第 080882 号

卡梅伦新传：毅力创造奇迹

出 版 人：	葛海彦
出版统筹：	贾宇琰
责任编辑：	邓永标　舒　心
责任印制：	尹　珺
出版发行：	中央编译出版社
地　　址：	北京西城区车公庄大街乙 5 号鸿儒大厦 B 座（100044）
电　　话：	（010）52612345（总编室）　　（010）52612371（编辑室）
	（010）52612316（发行部）　　（010）52612317（网络销售）
	（010）52612346（馆配部）　　（010）66509618（读者服务部）
传　　真：	（010）66515838
经　　销：	全国新华书店
印　　刷：	北京时捷印刷有限公司
开　　本：	710 毫米 ×1000 毫米　1/16
字　　数：	286 千字
印　　张：	17.5
版　　次：	2016 年 11 月第 1 版第 1 次印刷
定　　价：	38.00 元
网　　址：	www.cctphome.com　　邮　箱：cctp@cctphome.com
新浪微博：	@中央编译出版社　　微　信：中央编译出版社（ID：cctphome）
淘宝店铺：	中央编译出版社直销店（http://shop108367160.taobao.com）（010）52612349

本社常年法律顾问：北京嘉润律师事务所律师　李敬伟　问小牛
凡有印装质量问题，本社负责调换，电话：010-55626985

前　言

　　一个人的成功要归功于很多因素，聪明的天资、得力的助手、广阔的人脉、踏实的工作态度等，然而最重要还是要具有超人的毅力。毅力是保障，没有了长远的坚持，依靠这些品质只能获得暂时性的胜利而不能取得长久的成功。反之，倘若拥有了坚持不懈的毅力，纵使在其他方面有瑕疵和缺陷，也会因持久的努力而掩盖自己的不足。

　　卡梅伦的成功主要归功于坚持不懈的毅力，他用毅力缔造了属于自己的传奇。我们都知道他曾是一国之首相，我们也知道他拥有显赫的家世，但是我们并不知道的是他成功路上遭遇的种种磨难。从少年时代的求学经历到从政路上的坎坷仕途，他所经历的挫折和困难不是常人所能想象的。

　　然而，他并没有放弃。没有因为一时的失败而一蹶不振，也没有因为一时的成功而轻狂自大。他用一颗坚持不懈的心向前挺进，不骄傲也不气馁，终于赢得属于自己的辉煌时代。

　　当卡梅伦还是一个内向、羞涩的小男孩的时候，他就具备了很多特殊的品质，学会了不放弃不抛弃。当他成为贵族校园"差等生"、考试倒数第一的时候，当他因吸食大麻而差点被学校开除的时候，当他缺乏经历险些成为"苏联特务"的时候，他丝毫没有动摇自己的念头，没有停下奋斗的脚步，而是依靠顽强的毅力与智慧化解无数个意想不到的困难，走过那段不平凡的少年时光。

青年时的他意气风发与心爱的女子共结连理，政坛上也初获成果，得到自己的一席之地，然而生活并没有他预想中那样美好。当他陶醉于美满幸福的家庭生活和顺利的事业之时，妻子的"艳照门"事件如同一瓢冷水泼在他头上，顿时所有美好化为乌有，不仅妻子名誉受到损害，自己的政治生涯也因此丑闻受到影响。

但是，他并没有气馁，而是以平和的心态去处理此次事件。还没有等他完全化解"艳照门"的阴影，命运又一次与他开了一个巨大的玩笑，他的长子因患脑瘫去世。这次的打击对他是巨大的，他甚至一度想退出政坛就此放弃自己的前途，但他最终没有这样做。

一路坎坷一路歌。通过种种选举，层层竞争，卡梅伦终于登上了万人瞩目的首相宝座。

当他问鼎权力巅峰之时，面对的状况是：混乱的政治局面，巨大的财政赤字，复杂的权力纷争。

卡梅伦凭借顽强的毅力和非凡的政治智慧，力挽狂澜，挽救在泥潭中挣扎的英国经济。

"天将降大任于斯人也，必先苦其心志，劳其筋骨，饿其体肤，空乏其身，行拂乱其所为，所以动心忍性，曾益其所不能"。先辈早就将真理告诉了我们。一个能成常人不能成之事的人，必定能受常人不能受之苦。只有经受住重重考验与挫折，在接连不断的打击和压迫中仍旧不放弃自己的理想信念，才能获得最后的成功。

卡梅伦开创了一个时代，也让世人见证了一段传奇的人生。他的故事告诉我们，不懈坚持才能看到希望，克服这一个绝望才能看到下一个希望，只有拥有毅力才能不被苦难压倒，才能创造出属于自己的奇迹。

目 录

▶ **第一章 贵族少年也烦恼** / 1
　　1. 幸运而尴尬的王室血统 / 2
　　2. 贵族校园的差等生 / 7
　　3. 吸食大麻险遭开除 / 10
　　4. 幼稚少年险成苏联间谍 / 14
　　5. 刻苦奋斗终圆牛津之梦 / 17
　　6. 神秘的"布灵顿俱乐部" / 21

▶ **第二章 初露政治智慧** / 27
　　1. 贵人提携通往权力之路 / 28
　　2. 意气风发竞选国会议员 / 31
　　3. 初生牛犊当选保守党党魁 / 35
　　4. 不惧权威叫板布莱尔 / 39
　　5. 保守党内的变革风暴 / 42
　　6. 年轻小伙与女王的"较量" / 46

▶ 第三章　婚姻家庭尽显男人本色 / 51
　　1. 历经挫折有缘人终成眷属 / 52
　　2. 出身名流兼具公司高管的贤妻良母 / 55
　　3. 淡定应对"艳照"风波 / 59
　　4. 晴天霹雳痛失心爱长子 / 63
　　5. 危难之中坚强的后盾 / 66
　　6. 坎坷重重不减竞选决心 / 70

▶ 第四章　敢于担当、攻坚克难的政坛新星 / 75
　　1. 抵住外压选绿树为保守党党徽 / 76
　　2. 突破传统"奶爸"示人毫不羞涩 / 80
　　3. 为时尚界迎来新气象 / 84
　　4. 信心满满对抗布莱尔挑战 / 87
　　5. 风趣新星调侃与奥斯伯恩比拼声音 / 91
　　6. 志高气傲不做美国跟班 / 95
　　7. "实用主义"赢得众人拥护 / 99
　　8. 意气风发不做"世界警察" / 102

▶ 第五章　愈挫愈勇迎接竞选挑战 / 107
　　1. 无所畏惧挑战首相布朗 / 108
　　2. 要求大选遭拒后借罢工"报复"布朗 / 111
　　3. 两党竞争大打"夫人牌" / 115
　　4. 半路遇"黑马"增加竞选难度 / 118
　　5. "三党鼎立"辩论争高低 / 122
　　6. 肢体语言丰富，荣获电视辩论赢家 / 126
　　7. 冲刺阶段抛出执政蓝图 / 130
　　8. 邀请奥巴马团队为自己出谋划策 / 134
　　9. 夫妻同心大打亲情牌 / 137

▶ 第六章　大选结果尘埃落定　/ 141
　　1. 大选之后挥斧砍木　/ 142
　　2. 英国遭遇 30 年来最难读懂的大选　/ 144
　　3. 克莱格成为决议的关键　/ 147
　　4. 民心所向，获得克莱格力挺　/ 151
　　5. 危急之下首提组阁之见　/ 153
　　6. 借布朗之手向自民党伸出橄榄枝　/ 155

▶ 第七章　唐宁街最年轻的主人　/ 161
　　1. 布朗演讲告别唐宁街　/ 162
　　2. 卡梅伦发表演说就职首相　/ 165
　　3. "新官上任三把火"树立首相威严　/ 168
　　4. 回击质疑同克莱格并肩作战　/ 171
　　5. 胸怀宽广求同存异执政理念　/ 173

▶ 第八章　锲而不舍再迎政治考验　/ 179
　　1. 执政初期再遭多重考验　/ 180
　　2. 执政联姻国内舆论重重　/ 183
　　3. 执政联盟风险与挑战具存　/ 188
　　4. 呼吁打造"最绿色的政府"　/ 193
　　5. 经济问题再登困难"头条"　/ 196
　　6. 权力分享再增执政困难　/ 199
　　7. 财政赤字压力山大　/ 203

▶ 第九章　超人毅力终创英伦时代　/ 207
　　1. 人性政府还予人们权力　/ 208
　　2. "监视公民"文化退出舞台　/ 211

3. "因人而异"对待欧洲伙伴 / 213
4. 2012年伦敦奥运会 / 216
5. 用非暴力维护国家统一 / 220
6. 卡梅伦的"美女内阁" / 224
7. 推动英国教育改革 / 228
8. 向偷渡客"开战" / 232
9. 2015年英国大选,卡梅伦再次获胜 / 236

▶ 第十章 重视对华关系开创历史新航向 / 245
1. 中国总理邀请卡梅伦访华 / 246
2. 中英两国关系发展并非一帆风顺 / 248
3. 十年来中国国家主席首次对英国进行国事访问 / 250
4. 卡梅伦与习近平酒吧小酌聊天 / 251

▶ 第十一章 卸任首相告别唐宁街 / 253
1. 全世界密切关注"英国脱欧公投" / 254
2. 英国民众为何希望脱离欧盟 / 256
3. 平稳度过"脱欧公投"后的短暂动荡期 / 257
4. 卸任英国首相,带着妻子儿女发表告别演讲 / 258

附录1 英国首相卡梅伦就职演讲(双语全文)/ 261
附录2 英国首相卡梅伦对欧盟公投结果发表讲话(双语全文)/ 265

第一章　贵族少年也烦恼

你也许羡慕卡梅伦帝王的身世，一出生就含着金汤勺，但你没想到的是即使贵族出身也会有常人意想不到的烦恼和挑战。享受着与生俱来的荣华富贵就要接受与生俱来的困难挑战，而他传奇的一生从童年开始就被附上不寻常的色彩。也是从那个时候开始，当别的孩子还在玩游戏看漫画时，他已拥有了坚忍不拔的勇气与愈挫愈勇的毅力。

1. 幸运而尴尬的王室血统

提起卡梅伦这个名字,人们脑海中最先浮现起的就是英国保守党的政治明星——戴维·卡梅伦。他自2001年成为英国下议院议员,仅仅四年之后,年仅39岁的他一举成为英国保守党领袖,五年之后的2010年5月11日又成为英国第53任首相,同时也是英国自1812年以来最年轻的首相。

而且在2015年5月8日,英国大选中,保守党再次大获全胜,计票完毕后赢得过半议会席位,首相卡梅伦也成功连任。卡梅伦的晋升之路确实令人咋舌,同样令人慨叹的,还有他的出身。可以说,卡梅伦的出身加上他自身的智慧成就了他实现政治抱负的必要条件。

1966年出生的卡梅伦在家排行老二。在他之前,家里已经有一个大他三岁的哥哥亚历克斯了,而在卡梅伦之后,父母又先后孕育了两个女儿,即塔尼亚和克莱尔。一家人其乐融融地生活在伦敦的一个普通的乡村。

这个名叫皮斯莫尔的保持着最原始的传统的村子坐落在伯克郡,它传统得就像神话中一样,一切设施都与越来越快节奏的生活相宜——村子里的老酒馆,茅草铺就的屋顶和房子周围缠绕着各种鲜艳的野花的树篱,这一切的元素使得皮斯莫尔早在1978年被评为整个伯克郡最具有传统风貌的乡村。

卡梅伦一家就住在这样一个美丽但又普通的小乡村里,但是这个看似普通的家庭却有着显贵的皇室血统。

从族谱里算起来,卡梅伦是英国国王威廉四世后裔。因此,卡梅伦本人拥有纯正的英国王室血统。由于欧洲大陆各国之间的亲缘关系，出身皇室的卡梅伦具备了英格兰、苏格兰和德国的血统，其中德国血统来源于威廉四世的母亲。

回溯历史，在1688年"光荣革命"后，英国逐步削弱限制了王室的权力，并确立起了以议会为核心的君主立宪政体，实现了英王实权的逐步转移。直到18世纪初，英王的实权又逐步转至了内阁，由此英国王室成为"统而不治"的国家元首。在法律上，英王享有诸多关乎国家利益的政治权力，但是实际上这些权力大都由内阁和议会行使，英王只是象征着权力的符号，他所行使的一切权力和参与的一切政务活动，都要服从于内阁的安排和控制。当然，作为英国和英联邦统一团结的象征、英国政治连续性的标志和政府决策的顾问，对政府决策享有被咨询权、鼓励权和警告权，并且可以不缴纳税款，甚至可以免于被起诉。

随着1701年《王室继承法》的颁布，"长子继承原则"和"男性优于女性原则"被英国王室逐步接受，而且这部法律还规定了王位的继承者必须是新教徒。所以在1714年，一直没有子嗣的英国女王安妮依据《王室继承法》多方权衡之后，决定在德国汉诺威家族选定自己的继承人，这个人就是后来的乔治一世。这一做法不仅开启了英国王朝的乔治时代，更是将德国血统引入了英国王室。

汉诺威家族从此走进了英国王室的历史，继乔治一世之后，他的儿子乔治二世，乔治二世的孙子乔治三世，都在英国王室的历史上留下了浓墨重彩的一笔。作为汉诺威家族在英国王室的奠基人，乔治一世即使没有功勋也会被后世铭记，而乔治二世虽然政治上无能，但却具有卓越的军事才华，并且成为英国历史上最后一位亲自带兵征战沙场的君王。

而整个乔治时代在位时间最长的乔治三世则是与卡梅伦渊源颇深的威廉四世的父亲。乔治三世是名善良简朴的君王，同时也是一位慈爱的父亲，他与妻子共育有15个孩子，包括九个儿子和六个女儿，他一直认真地关注着每个孩子的成长。

在威廉四世还只有13岁的时候，为了他的成长考虑，乔治三世就把他送到了"乔治王子"号军舰上去服兵役了。乔治三世这么做，是考虑到他的长子，也就是后来的乔治四世在当时已经染上了酗酒、嫖妓等一系列的坏毛病，为了不让威廉王子跟着他的兄长学坏，乔治三世毫不犹豫地将威廉四世送到了"乔治王子"号军舰。当然乔治三世的一番苦心没有白费，军队生活虽然艰苦，但是却使得威廉王子有了一个很好的成长环境。

事实上即使到了军队中，乔治三世依旧对儿子保持着相当大的关注，曾经多次写信给威廉王子，告诫他要遵守纪律。在乔治一世看来，这样的教导是培养一个英国绅士、一个优秀的君王必不可少的环节。

"身为王子你更要时刻牢记：要对你的上级更加服从，对你的同级更加谦恭，对你的下属更加友善。这些都是成为一个绅士必备的要求，很多男孩子不会得到这样的教导。"

尽管言辞犀利，但是在每封信的落款处，乔治三世的签名总是"最爱你的父亲乔治"。所以说除了身为君王的严厉，乔治三世带给威廉王子的还有慈父的柔情。而除了乔治三世之外，英国王室很少有人会如此细心地呵护自己的子女了。只不过身在局中，即使是备受呵护的儿子们，也更多地感到父亲的严厉，所以他们与乔治三世的关系并不融洽。

作为英国历史上统治时期最长的国王之一，乔治三世的晚年并不美好，甚至有一些凄惨。这位慈爱而又严厉的父亲，在晚年突然染上了怪病，以至于在最后的十年里一病不起，直到1811年陷入永久性精神失常的状态，不仅完全失明，失聪的情况也越发严重，最后被安排到温莎城堡过着与世隔绝的孤僻生活，直到驾崩。

随着乔治三世的病逝，他那个纨绔的长子乔治顺理成章地继承了王位，史称乔治四世。虽然拥有同样的名字，但是乔治四世却没有他父亲那样给人们留下好印象。早在1784年，乔治四世遇上了一位比他大五岁的女人——玛丽亚·安妮·菲茨赫伯特夫人。就是这段感情让乔治四世惹上了麻烦，因为这个菲茨赫伯特夫人是个罗马天主教徒的寡妇，但是当时英国国教是新教，而天主教是被禁止传播。当然，作为一名天主教徒的遗孀，想要嫁给国王，更是不能被英国王室以及公众接受。

为了和这个寡妇结婚，当时还是王子的乔治四世甚至专门找到了一位名叫巴特的牧师，让他为自己举行结婚仪式，企图通过合乎新教教规的婚礼使这场婚姻合法化。这位巴特牧师正因为拖欠债务被监禁，乔治王子刚提出这个要求他就欣然同意了，甚至还获得了将来乔治王子登基后，获封主教的优渥承诺。只是尽管这一婚礼处处合乎新教教规，但根据在1772年通过的《王室婚姻法》规定，各王子的婚姻必须得到君主的同意，否则婚姻无效。所以这场轰轰烈烈的婚姻自始至终就是一场无效的闹剧。于是，在乔治四世继承王位之后，不得不放弃了这段婚姻。

只不过乔治四世的做法并不仅仅是为了顺应法律，作为一个国家的上位者，他更多的是出于对国家的考虑。但是英国债台高筑，为了还清国家所欠的债务，乔治四世选择了和不伦瑞克的公主——卡罗琳结婚。这甚至都不算是政治联姻，而是单纯地因为利益，所以乔治四世与卡罗琳一直没有什么感情，甚至在他们唯一的女儿夏洛特出生后不久即告分居。而夏洛特也是乔治四世和卡罗琳唯一的孩子。

但是令人遗憾的是，1817年女王储夏洛特因为难产，在生下一男婴后死于大量出血，婴儿也随即夭折。这就表明乔治四世没有了直接的继承人，所以女王储夏洛特的那伙年近半百的叔叔都开始蠢蠢欲动，在短短的一年内竟相迎娶多名欧陆的公主或郡主为妻，以便孕育出新的王室继承人。

不久之后，执政18年的乔治四世于1830年驾崩，由于没有直系的继承人，乔治四世的兄弟们成为王位的候选人。在这场王子竞赛中，威廉王子占有很大的优势。因为，他两个长兄无后，并且他们都与妻子疏远，亦无再有合法子女的可能。所以，如果威廉王子的寿命足够长的话，他将肯定是未来的国王，那么，他的后代当然也就理所当然是未来的英王继承人了，而从这位海军国王比他两位长兄强壮得多的身体来看，这一切都是很可能的。

事实上，威廉四世在即位之前，从来没有结过婚，却养育了10个私生子女，都是和他的情妇罗茜·乔丹所生，而且他们已经共同生活了20多年。只是后来发现他兄长没有继承人，他有继承王位的可能，这才于1811年和乔丹夫人脱离关系。当然这也让威廉四世饱受舆论的压力。

不管怎样，乔治四世病逝后，威廉王子便理所当然地继承了皇位，是为威廉四世。其时，威廉已经50多岁了。

这里不得不提一下《王室婚姻法》，因为这部法律的存在，使得威廉王子在即位前的10个子女都失去了王室的继承权。但值得注意的是，一些乔治三世的王子，包括威廉王子在内，选择了宁可不要婚姻也要与心爱的女人同居。于是，包括威廉王子在内这些没结婚的王子，当初并没有在英国王位继承人的考虑范围之内，直到威廉王子放弃了乔丹夫人。

于是在威廉四世继位前与乔丹妇人养育的10个子女，都姓了"菲茨格拉伦斯"，而卡梅伦的先祖，也是这众多私生子中的一个。

1818年，威廉四世在继承了王位后，迎娶了自己的表妹、当时只有25岁的阿德莱德。两人在婚后先后孕育了两个女儿，但不幸的是，两个女儿还没长大，就在同一年因病身故。所以，威廉四世死后，他的四弟的女儿——维多利亚继承了皇位，即维多利亚女皇。

从前述卡梅伦的皇室谱系可以看出，卡梅伦和当今的英国女王伊丽莎白二世同是英王威廉四世父亲乔治三世的嫡系后代。如果论辈分，卡梅伦还应该叫她姑奶奶呢！甚至说，如果卡梅伦的先主是正室所生，那么如今的他至少也是在册的英国皇室的成员，甚至有可能是英国的国王。当然，历史是不能假设的。

2. 贵族校园的差等生

卡梅伦的王室血统给他带来了显赫的家族背景，和高贵而又有些尴尬的出身。他的生活境况也一直非常优越，可以说在童年时度过了一段幸福的时光，而这主要得益于他有着一个金融背景的家庭。

卡梅伦的家族起源自苏格兰高地的印威内斯，那里是苏格兰高地境内唯一一个有城市地位的部落，因此常号称"英国最北的城市"。尼斯河由此流向北海，并且在这里形成了海口——默里湾。不仅如此，这个被誉为全欧洲风景最优美的地区在英国金融界历史上同样有着很深远的影响。

得了地利之便，卡梅伦家族居于此地，而又世代从事金融行业。其高曾祖父艾文·卡梅伦曾经在汇丰银行伦敦总部就职，而且还在日俄战争期间担任了重要工作。在与日本央行副总裁、驻伦敦财务官高桥是清(也是后来的日本首相)进行关于兜售战争债券的谈判中，艾文起到了至关重要的作用。

卡梅伦的曾祖父艾文·艾伦·卡梅伦则是股票经纪公司的高级合伙人，有过在外国债券持有人理事会和由英格拉银行设立的中国债券持有人委员会中任职的经历。而他的儿子，也就是卡梅伦的祖父亚历山大·格迪斯甚至曾经远赴芝加哥做起了谷物生意，并且赚了大钱。还在1880年回到苏格兰，出资建造了一所格兰布莱茂学校。

而卡梅伦的父亲伊恩·唐纳德·卡梅伦是一名经纪人，负责房地产和股票等项目，虽然工作听起来不如先辈们显赫，但是好在收入颇丰。于是卡梅伦兄弟几个从小就有着良好的家庭物质背景，这也为卡梅伦的成长提供了相当优越的教育条件。

但不幸的是，卡梅伦的父亲双腿都有残疾，后来甚至因为病情的不断恶化而不得不截肢。尽管失去了行动能力，但唐纳德一直以一种积极乐观的态度面对生活。正是父亲这种积极的精神，潜移默化地影响了卡梅伦，鼓舞着他在面对工作和生活中的困难时获得更多的力量和勇气。

父系世祖的经济实力让卡梅伦从小就有了很好的物质生活环境，而他身为治安官的母亲则是促使卡梅伦走上从政道路的直接影响。

卡梅伦的母亲玛丽·芙洛·蒙特是准男爵威廉·蒙特的女儿。卡梅伦母亲的家庭，是一个非常传统的保守党家庭，而且家族还曾经出现了很多英国保守党的议员。也就是说在整个不需要为生计发愁的童年里，卡梅伦都是在这样一个有着浓郁保守党氛围的世代从政的家族中成长起来的。

卡梅伦的母亲还担任过治安法官的职务，所以说卡梅伦之所以会踏上政治之路，成为保守党领袖，与母亲以及其家族的影响是分不开的。

稳定的家庭生活使得卡梅伦没有了求学的后顾之忧。当然作为拥有皇室血统的大富之家，他本身也不用为学业感到担忧，正如传统贵族家庭的教育轨迹一样，卡梅伦的求学之路就是从著名私立小学到伊顿公学，再到牛津大学的典型英国精英模式。

英国最著名的贵族私立小学——伯克夏郡艾斯科特市希瑟当预科学校就是卡梅伦的小学母校，尽管在小学阶段就用母校这个词汇有些突兀，但是无论是这所学校还是卡梅伦本人都使得对方增色不少。优秀的教育给了卡梅伦出色的学识，而卡梅伦现在的身份则又给这所贵族小学镀上了一层金粉。

在当时，希瑟当预科学校是全英国最难进的贵族小学，而且这所学校一直以注重学业和体育而闻名，所以众多贵族都希望将孩子送到这里来接受教育。当然，这所小学可不是谁想进就能进的。要知道，希瑟当预科学校的门槛是很高的，首先要考究的就是学生家长的背景。其实只要有心人稍微关注就不难发现，这所学校的学生家长非富即贵。查尔斯王子的两个弟弟——安德鲁王子和爱德华王子都曾在希瑟当预科学校就读过，贵族学校的名号当之无愧。卡梅伦入学时，安德鲁王子刚刚毕业，而此时，爱德华王子也刚刚进入这所学校两年。虽然不是同一届、不在同一班，但这丝毫不能抵减他们校友的情分。

很显然，贵族们把孩子送进这所学校来就读，除了教学质量方面的原因，更多的则是希望孩子有结识到达官显贵的机会，这关系到孩子未来是否能进入上层社会的社交圈。但遗憾的是，希瑟当预科学校每年只招收80~90名学生，这对家长的能力又是一种挑战。

卡梅伦是希瑟当预科学校1973年的学生，那一年入学的共有80名学生，而学生家长就包括八名普通贵族、四名爵士、两名军队上尉、两名医生、两名少校、一名陆军准将、一名海军准将、两名公主、两名女侯爵、一名子爵、一名伯爵、一名男爵。

尽管当时卡梅伦已经7岁了，但依旧没有意识到学习的重要性，所以他的成绩总是不能让人感到满意。甚至英国的一家媒体曾经刊登过卡梅伦1978年的一张成绩单，从那张成绩单上的分数看，卡梅伦的拉丁文和数学成绩居然是班上最后一名，而且其余各科成绩几乎都处在班级成绩的末位，于是他的年终总成绩就成为是全班"倒数第一"。由此可见，卡梅伦是一名地地道道的差等生。

非但如此，据卡梅伦自己回忆，他的小学时代还总是会受到老师的体罚。毕竟还是个不懂事的孩子，卡梅伦有一次看到校长妻子管理的花园中的草莓长得正好，就偷偷跑到花园里去采草莓，结果却被老师发现了，还被老师抓住衣服领子打了好几下。如今在新闻中看起来十分绅士的卡梅伦，在小学时代竟然还有这么不"体面"的经历，实在让人不禁莞尔。

事实上，卡梅伦小学时代的学习成绩确实不好。他的小学老师莱维林曾经这样评论过他："当时的卡梅伦在学校中并不出众，甚至有些害羞，根本不像现在这样口若悬河，富有政治人物的魅力。他当时非常胆怯，你甚至很难注意到他的存在。当他的哥哥亚历克斯毕业离校后，他更加显得不知所措，在所有那些来自富贵世家的孩子中，卡梅伦是最普通的一个。"

从一个最普通的贵族差等生,到今天的英国首相,这中间的艰辛和努力,实在不是我们能够想象到的,这也令我们不得不佩服卡梅伦的志气与毅力。

3. 吸食大麻险遭开除

尽管卡梅伦在小学阶段的学习成绩令人担忧,但并不妨碍卡梅伦顺利进入同样著名的伊顿公学求学。和希瑟当预科学校一样,伊顿公学同样是一所知名的贵族学校,所不同的是,它被称为"英国的精英摇篮",还是世界三大贵族学校之一,也是世界上最著名的贵族私立男校。

坐落在温莎小镇,由亨利六世在1440年创办的伊顿公学,素以"精英摇篮""绅士文化"而闻名世界,也是贵族子弟争相进入的一个学校。而且区别于其他贵族学校的是,这家贵族学校有无比森严的校规。这样做有一个好处,就是只要身处学校,不论你是权贵之后,还是富贾世家,都得严格遵守校规,在校规面前所有学生是一律平等的。

当然这是对校规而言,身为贵族学校,本身就是带有等级观念的,这一点伊顿公学的校服已经充分体现出来了。伊顿公学有着严格的着装规定,这一身类似绅士的黑色燕尾服的校服,还要搭配白色衬衫、圆领扣、黑色的马甲、长裤和皮鞋,不菲的装束集合在一起繁复如宫廷朝服。

除此之外,伊顿公学还为不同职位、不同等级、不同荣誉的获得者设计了不同着装,以便与其他学生区别开来。也就是说如果你是成绩极其优秀的那一个,从着装上就可以达到鹤立鸡群的效果,这也同样意味着优胜者的优越感和荣誉感。

然而真正令伊顿公学大放异彩的,是它的"分班制"教学法。理论上来说,能够考入伊顿公学的学生基本上都是尖子,但这并不等于每个学生的天分、特长、爱好都一样。为了有效避免群体教育的粗略,充分发挥学生的天分与特长,伊顿公学会根据每个学生考入伊顿的成绩,在英语、数学、法文等每一学科下分别分出等级(班),共分14级,而较小的学科则相应减少。

这个等级班并不是我们现在理解的快慢班,学生不是被笼统地归在教学进度或快或慢的班里,而是根据每一科的不同成绩,然后分配到不同的班级里。也就是说在第一班的学生可能是数学天才,但是如果他出现在第14班,就代表着这名学生在音乐上的天赋和能力较弱,缺乏自学能力。这样的分班制度,有利于老师加倍细致、耐心地"一对一"地个别辅导。

站在学生的角度来看,这样虽然会有偏科的风险,但是却有效避免了因为被划入"低班"而自暴自弃的现象。因为学生的天赋不同,可能会分别在第一班和第14班上两门科目,其间的差异,虽然可以暴露出自己的不足,但也足以显示出自己的优势,同时产生的是"向自己看齐",让自己"全面优秀"的动力。而同学之间也会很容易注意到其他人身上的天赋和能力,认识到每个人各有千秋,还能增进互相尊重和友谊。而且伊顿公学还会在每学年里设置考核,如果能够跻身考核的前几名,还会升入更高班。每次"提升"班级,学生都得到更上一层楼式的鼓励,增强了学生的自信心。

就是这样奇特而又有效的教学方式,成就了伊顿公学的大名,也成就了一系列在伊顿就学的学生们。据不完全统计,伊顿公学曾先后培养过20位英国首相,从任职时间最长的英国首位首相罗伯特·沃波尔到发动苏伊士运河战争的罗伯特·安东尼·艾登,再到力主英国加入欧洲共同市场的哈罗德·麦克米伦等,都在伊顿公学的校友名单里。

除此之外,伊顿还云集各个领域的名人们,比如,诗人雪莱、经济学家梅纳德·凯恩斯、在"滑铁卢战役"中打败拿破仑的威灵顿公爵、英国王储查尔斯以及哈里王子等。泰国前总理、民主党党首阿披实·维乍集瓦也曾在这所学校就读过。

虽然伊顿中学是精英的摇篮，但是卡梅伦在这里的生活却并不是一帆风顺的。虽然他在小学时的成绩差强人意，但是依旧安然地进入了伊顿公学就学，只是昔日的差等生虽然长大了，虽然开始明白学习的重要性了，但是依旧难以平复他那颗躁动的心。

就在1983年5月，在卡梅伦参加他的O-leve1s(普通水平测试)的六个星期之前，他被校方查出涉嫌吸食大麻。要知道当时的卡梅伦只有十几岁，如果因为吸食毒品而被学校开除的话，对他将来的发展将会是极其严重的打击。

最先将这件事揭露出来的是英国《独立报》的记者詹姆斯·汉宁和弗朗西斯·伊利奥特。如果不是他们两个人在共同撰写的卡梅伦传记《新保守党人的崛起》中描写了卡梅伦等人因为吸毒而被学校处分的陈年旧事，我们甚至都不会知道卡梅伦还有这样不为人知的过去。

当然事情的经过要比想象中简单得多：1982年，伊顿公学校方开始注意到学生在校内吸食大麻的情况，并着手展开调查。学校的本意是想通过调查来警告一下那些不老实的学生，以起到杀鸡儆猴的效果。但没想到的是，随着调查的深入，被调查出有吸食大麻经历的人越来越多。调查结果出来后，卷入吸食毒品丑闻的人数，已经远远超出了校方人员的想象和控制能力。

甚至有一些嚣张的学生认为，法不责众，学校无法做到让每个学生都停学。可见当时的情况有多恶劣。当然，校方也懂得明哲保身的道理，本着"家丑不可外扬"的想法，他们严肃处理了在这场大麻风波中的7名核心人员，并把他们逐出校门以儆效尤。当然校方也不想把事情搞得太大，所以对卡梅伦这样虽然吸食大麻、但未参与贩卖毒品的学生进行了从轻发落。

据说，当卡梅伦被叫到校长室问话时，认错态度非常诚恳，才免于被开除的厄运，甚至校长还从轻处理了卡梅伦，在对他进行了相应的罚款后，将其关了一个星期的禁闭以作警示。以卡梅伦的家境来说，些许罚款并不是问题，禁闭对他这个曾经的差生来说当然也不是什么过不去的坎，所以这样的处罚甚至让卡梅伦有了侥幸的心理，以致他在进入大学后，还"不时吸食含有大麻的香烟"。

吸食大麻事件只是卡梅伦在伊顿求学生涯中的一个小插曲，虽然给他带来了一些麻烦，却不足以掩盖他的优点。的确在伊顿公学，卡梅伦并不算是十分优秀的学生，而在他接触到的那些适合的科目，却表现得非常出色。甚至有人评价他"未必有高智商，但却有高情商"。

就是在那样一个高手如云的环境中，成绩普通的卡梅伦表现出与众人不一样的政治素养，并给他的中学政治老师约翰·克拉克留下了深刻的印象。谈及卡梅伦时，约翰·克拉克这样评价道："在那个时候，我就非常确信他在政治上有野心。他表述能力清楚明了，对政治怀有热情和动力。在那个阶段，他就对政治的这一套，以及对政治作为自己的职业表现出了浓厚兴趣。他认为政治很有趣，很刺激，他的立场也是保守派务实的那些理论。"

从政后，尤其是成为一党之首，国家领导人之后，卡梅伦曾经吸食大麻的经历成为他为人诟病的一大把柄，很多舆论都对他不利。但卡梅伦认为，这绝不是一件不堪回首的往事。"政界人士在踏入政坛前有权保留个人生活隐私"，这是他一贯的态度。甚至在竞选首相期间，卡梅伦也愿意直面这段经历，对曾经犯下的错误说上几句。不过，谁没有犯错的时候呢？况且卡梅伦还因为自己的坦诚而成为"英国第一个承认违法的领导人"。

4. 幼稚少年险成苏联间谍

据统计,伊顿公学每年会有大约 250 名的毕业生,其中的 70% 会进入世界名校继续深造,也就是说会有 70 余名学生顺利地进入牛津大学或剑桥大学。这也正是这所贵族学校吸引人的地方。

总的来说,几乎每一位伊顿公学的毕业生都能得到很好的归宿,至少在他们的大学阶段都会有一段锦绣前程。伊顿校友帕拉什·戴夫曾经这样总结伊顿的成功,他认为这份功劳应该归于学校给予学生的自由度,因为在伊顿,每个学生都会被鼓励追求任何他可能拥有的梦想。按照戴夫的说法,伊顿完全不像世人想象中的贵族学校那样刻板、守旧,它以一种十分开放的态度允许学生"持有异议",甚至在某种程度上鼓励这样做。这样的培养使得几乎每一个伊顿毕业生都具有极强的自主能力,而这一点尤其对那些想得到领导者角色的人而言非常有用。

就如同所有的贵族之后那样,卡梅伦在完成了伊顿的学业之后,选择了前往牛津大学继续深造。当然这可不是一所想去就能去的大学,卡梅伦能够拿到通往牛津大学的钥匙,与他在伊顿公学的努力是分不开的。所以此前说他吸食大麻事件只是卡梅伦中学时代的一个小插曲。

在顺利通过了牛津大学的入学考试之后,卡梅伦正式告别了他的中学时代。但是由于中学毕业到牛津大学开学之间有为期九个月的空档期,正值血气方刚渴望打拼事业的卡梅伦当然不愿意以在家中等待的方式度过这九个月,于是他开始了一番在世界范围内的游历。

其实,20 世纪 80 年代的世界不是那么平静,这也就导致了卡梅伦的游历注定是不平凡的，于是在这期间还是出现了许多不同寻常的事情。就如同卡梅伦在中学时期的吸食大麻事件一样，这件事也是在卡梅伦成名从政之后被提上台面的，不同的是，事情是卡梅伦自己提出来的。

1985年的卡梅伦还是一位19岁的青少年，彼时的他正和一位伊顿公学的校友一同游历苏联。而当时的世界还处于冷战的恐怖之中，但是苏联却因为戈尔巴乔夫的改革而出现了一丝松动。因为经济改革的积重难返，戈尔巴乔夫转而将注意力投放在政治改革上，试图以人道的民主的社会主义代替科学的社会主义。与此同时，一系列经济举措也令所谓的"资本主义经济"有了喘息的机会。

就是在这样一个混乱复杂的环境下，卡梅伦与校友踏上了这片与英国意识形态相对立的土地。就是在这里，卡梅伦和校友遇到了两名可以讲一口流利英语的陌生的俄罗斯人。这两个卡梅伦口中的"间谍"对卡梅伦两人十分友好，因为对方流利的英语，彼此沟通完全没有障碍，而年轻的两人也没有察觉到其中有什么异常。

刚刚来到莫斯科的卡梅伦自然对这个与自己的国家迥乎不同的新世界充满了好奇心，加上这两个俄罗斯"间谍"也十分热情，几个年轻人很快打成了一片。作为东道主，这两名"间谍"很热情地带着卡梅伦他们游览了现属于乌克兰境内的一座海滨城市，介绍了地道的当地美食。一来二去，几个人的关系瞬间拉近不少，而且当时的卡梅伦还没有那么强烈的政治安全意识，几个人开始了畅快地交谈起来。

这时候那两名"间谍"逐渐开始询问起英国生活有什么有趣的地方，卡梅伦也没有觉得有什么不可以说的，很痛快地答复了对方。但紧接着两个俄罗斯人开始询问他们对政治有什么看法，虽然到这个时候卡梅伦依旧没有任何怀疑，但是出于他本身的政治素养，还是很敏锐地意识到在当时那样的国际环境下，这样的问题本身就是很敏感的，于是卡梅伦巧妙地回避了这个问题。

哪知道对方在这个问题上穷追不舍，表现出了极大的兴趣，好像想从

卡梅伦等人的嘴里探听到什么似的。对方的表现，让卡梅伦很快冷静了下来，他们明白在异国的土地上，尤其是在苏联，两人英国人的身份是十分尴尬的。如果贸然地激怒对方或者公开的表明态度，可能会带来麻烦。两人都是接受过良好教育的伊顿公学的毕业生，很快就意识到问题的不一般和情况的变化。出于无奈的处境，两人只好极为谨慎地透露出了自己的想法，但是就是这些只言片语，也令对方感到了满意，这样的情况让本来已经精神高度集中，提高警惕的卡梅伦等人感到了困惑不解。

按道理说自己英国人的身份，对于对方来说是十分敏感的，而刚才的话题也是十分边缘化的，按照这样的倾向来看，对方应该不会仅仅满足于这样敷衍的答案啊？就在两人困惑不解的时候，两名俄罗斯"间谍"提出了告辞，结束了他们"临时导游"的身份。

这更加让两人感到不解，只是卡梅伦毕竟还处于天不怕地不怕的年龄，很快就把这件事抛在了脑后。等到他结束了这次游历，回到英国进入牛津大学深造之后，才在与大学导师一次偶然的对话中，提到了这件事。

而导师的回答更是让卡梅伦大吃一惊，导师认为那是俄罗斯的特工组织克格勃，并且表示当时那样的表现，肯定是想要招募卡梅伦，但不知道什么原因招募工作在中途停止了。由于在卡梅伦的记忆中，之后的游历再没遇到过上述两人，所以他认为自己在克格勃的"招募考试"中未能通过。

众所周知，俄罗斯的现任总统弗拉基米尔·弗拉基米罗维奇·普京就是克格勃出身。如果这段经历是真的，那卡梅伦几乎差点就和普京成为同事。事实上，卡梅伦曾被克格勃招募则是他本人在2006年接受英国广播公司采访时说出的。这段经历被卡梅伦视为一项谈资，时常会在采访中提到。甚至在2011年访问俄罗斯期间，还曾把这段话讲给时任俄总统德米特里·阿纳托利耶维奇·梅德韦杰夫。听完卡梅伦的话，梅德韦杰夫笑道："我确信戴维会是一名好的克格勃间谍……但如果那样的话，你将永远不可能成为英国首相。"

然而并不是所有人都认为卡梅伦有那么"优秀"，至少有一部分俄罗斯人就不这么看。俄罗斯《共青团真理报》在 2015 年 7 月 30 日援引了著名作家、情报历史学家根纳季·索科洛夫的话进行报道称，克格勃根本没有招募过卡梅伦，与他"搭讪"的两名男子并非克格勃人员，而是小商贩。

索科洛夫说，他从俄罗斯情报机构高级官员处得到确切消息，克格勃没有任何关于招募卡梅伦的记录。因为克格勃是一个严密的特工组织，如果真的曾经有人有意招募卡梅伦的话，一定会有相关文件保存下来。但是在索科洛夫的调查结果显示，并没有这类文件。

事情到此也算是告一段落，但是索科洛夫却不乏趣味，仍然调侃了卡梅伦一把。他声称曾追查到当时与卡梅伦交谈的两人。而这两人并不是所谓的"克格勃间谍"，而是黑市小贩，与卡梅伦及其同伴"搭讪"的目的也并不是要招募他，而是为了买到牛仔裤等外国商品，然后转手售出，仅此而已。而且根据他的说法，这两个商贩有同性恋倾向，遇到卡梅伦这样两个"颜值高"的英国小伙子，就萌生了想和他们"做朋友"的冲动。

历史的真相究竟如何，我们已经无从去判断了。或许当时克格勃真的想要招募卡梅伦也说不定，只是碍于国际关系，这件事无论真假，也只能成为双方一项趣谈。但是无论如何，可以看出卡梅伦在这场经历中表现出的高度警惕性与政治敏感性以及一往无前的勇气，这也是他之所以能够成为英国首相的重要原因。

5. 刻苦奋斗终圆牛津之梦

言归正传，贵族身份使得卡梅伦以"差等生"的身份顺利进入了伊顿公学，当然卡梅伦后来的学习成绩并没有最初那么糟糕了。中学时代虽然展现出了过人的天赋，但是因为吸食大麻事件而受到了处罚，所幸他并没有因为中学时期的这段经历沉沦下去。

在1984年圣诞前夕，卡梅伦最终顺利通过了12门A-level考试（相当于中国高考），并且艺术、历史和政治经济学三门学科在A-Leud考试中获得了三个A，以优秀级的成绩顺利毕业，然后开始准备大学的敲门砖。

想当年初入伊顿的卡梅伦，还只是个13岁的小男孩，而离开伊顿时，他已成长为18岁的谦谦君子。鉴于牛津大学要到1984年的9月才开学，卡梅伦决定从伊顿公学毕业后，先游学几个月。就是这样的一段经历，锻炼他超乎常人的政治敏感性。

在开始的三个月，他先去了保守党医院提姆·拉斯波恩的办事处从事研究工作，并列席了很多下议院的辩论会，从而直观地接触了政治。这样的经历锻炼了卡梅伦的政治能力，也让他提早见识到了政治的内容。随后，卡梅伦又通过父亲的关系，前往香港并在香港居住了三个月，在怡和洋行担任一份文职工作，兼职做货运代理人，这样的工作使得卡梅伦对经济有了一个统筹的认识。

转眼就到了1984年秋季，卡梅伦结束了游学，回到了英国并且参加了牛津大学的入学考试，不仅笔试成绩十分优秀，最重要的是，在之后的面试中卡梅伦也表现得十分出色，于是他又顺顺利利地进入自己所心仪的学院——牛津大学布拉斯诺斯学院。

在英国，如果说伊顿公学是"精英的摇篮"，那么牛津大学毫无疑问就是通向精英宝塔顶尖的最后一道阶梯。这座坐落在泰晤士河谷地的大学以人文和社会科学而称雄，在其近850年的历史中，培养了五位国王、27位英国首相、多位外国政府首脑、近40位诺贝尔奖获得者。

牛津大学是英语国家中最古老的大学，有记录的授课历史可追溯到1096年，它在英国社会和高等教育系统中具有极其重要的地位，有着世界性的影响。英国和世界有很多的青年学子都以能够进入牛津大学深造为追求梦想。

事实上，在 12 世纪之前，英国是没有大学的，人们都是去法国和其他欧陆国家求学。据说，1167 年，当时的英格兰国王同法兰西国王发生争吵，其中一位国王下达了召回令或是驱逐令，使得寄读于巴黎大学的英国学者从巴黎回到了英国，并聚集于牛津，从事经院哲学的教学与研究。于是人们开始把牛津作为一个"总学"，这实际上就是牛津大学的前身。在 12 世纪末的时候，牛津还被称为"师生大学"，直到 1201 年，它才有了第一位校长。1213 年，该校从罗马教皇的使节那里得到第一张特许状。

卡梅伦在牛津大学布拉斯诺斯学院攻读的是哲学、政治学和经济学方面的文学学士学位。需要介绍一下，英国大学的本科是三年学制，由于采取学院制，每一个牛津生都要选择一个学院，作为自己住宿和生活的地方，而专业是与学院分离的，有专门的系来负责教研活动。

卡梅伦所选择的政治、哲学和经济学专业，是英国政治家的摇篮，从这个专业走出来的英国精英和政治家不胜枚举。而卡梅伦在这些专业领域内的学习也可谓是相当勤奋，这一点则再次体现了他对于政治的高度敏感与兴趣，以及惊人的自制力——卡梅伦在大学时期将时间安排得紧凑而且高效合理，于是很快他学业成绩就渐渐与其他人拉开了差距。

此外在牛津求学期间，卡梅伦还积极参加社团活动，这使得他在伊顿时期培养出来的口才和表达能力，得到了充分的展示，更令卡梅伦能够在诸多学生中迅速脱颖而出，给导师留下了深刻印象。他的导师说，卡梅伦是他教过的最有能力的学生之一，而且那时就已拥有"温和的保守派"的政治观点。

如果说卡梅伦在大学给同学和老师们留下了什么深刻的印象，那一定是勤奋与自持。卡梅伦在牛津求学用功的程度，让很多同学为之佩服，更令导师印象深刻。同时鉴于他在学业上取得了进展，他的导师允许他选修更多的课程。于是惊人的一幕发生了，卡梅伦可以在政治、哲学和经济学三个领域，同时开始选择课程。

当然这并不是说牛津大学其他的学生没有能力做到这一点，只是在第

一学年大部分学生的能力还不足支持他们进行这种三合一的课程计划，甚至对于绝大多数这个专业的学生来说，都是要避免在第一学年就这样设置课程计划的，但是卡梅伦却做到了。

在英国大学中，本科生因为学习需要，常常会自由组成学习小组，以便更好地共同完成学习目标。刚刚步入大学的卡梅伦只有十八九岁，却展现出一副老练的做派，这在同龄人中是颇为少见的，而且这样的情况也超出了爱胡闹的本科生的社会经验范围，常常让卡梅伦在学习辩论中获得权威的领导地位。

卡梅伦的一个同学曾经指出，在学习辩论中，卡梅伦常常展现出一种与他年龄不符的老练，而且辩论技巧运用得十分娴熟，当他不同意别人的时候，他往往在这个问题上做很多的工作，花工夫思考，然后他会说："嗯，这个问题我不是很了解，但是你有没有觉得应该是这样？"实际上，他这样说就表示，他其实早已经在这个问题上研究得很仔细了。所谓的"你有没有觉得应该是这样"，只是为了让对方不那么难堪。事实上，每当卡梅伦这样说的时候，十有八九他都是正确的。

当然，卡梅伦不会高傲地炫耀自己的常识、见解。他在课堂讨论中的见解十分独到，但又不具有攻击性，常常会被大家考虑，而且他惯于用非常具有吸引力的方式将自己的想法传达出来。有的时候只用一个简单的玩笑，就可以把气氛搞得很轻松。这种成熟老练，让卡梅伦赢得了同学的信任和导师的欢心，大家甚至觉得他的这种建设性的态度，帮助学习小组的成员提高了成绩。

在课堂上的魅力，并没有止步于学习状态，而是延伸到了卡梅伦的社交生活中。当然这也得益于他在伊顿时代获得的培养和发展起来的社交能力。据他的同学回忆，卡梅伦一看就知道是一个伊顿生，他身上有明显的贵族的烙印，但是他能够和所有的人成为朋友。同时，也有人注意到，卡梅伦身上有另外一种气质，这种气质也许植根于他的内心更底层。他从来不去尝试成为不属于自己的那一部分，就好像他从来不会去尝试轻佻的潮流衣着。

卡梅伦温和敦厚的性格,赢得了很多人的友谊。周末的时候,他会带朋友到自己在牛津附近的家里做客。他的一位朋友至今记得,当年在得知自己被诊断为癌症之后,即使是在大学里学业最为繁忙的时刻,卡梅伦仍然会去陪他散心,陪他聊聊天,常常开车接送他去静养的地方。

英国人在生活中是很少被谈论这种令人感动的友谊的,但是事实上,对友谊的忠诚,一直是英国人民族性格中的一个重要方面。在这方面,卡梅伦确实非常地"保守",而这恰好很符合英国人的国民性。

而且卡梅伦的魅力也许不仅限于英国同学之间。他在牛津的最后一个学期,参加了一个交换项目,到美国的斯坦福大学交流五个星期,同样赢得了美国室友的崇拜。这或许就是卡梅伦日后能登上保守党领袖宝座的重要原因吧,因为他总是很谨慎很保守地感染着你,令你意识到他的存在,却丝毫不感到突兀。

6. 神秘的"布灵顿俱乐部"

英国和中国的教育方式有很多不同的地方,但是在大学时代有一点是和中国一样的,那就是英国大学里很多的社团,就是很多未来政治家的练兵场。卡梅伦在大学时代就曾经很热衷于社团活动,当然更多的是一些有意义的正面的社团活动。但是卡梅伦似乎永远是个不安定分子,小学是差等生,中学涉嫌吸食大麻,而到了牛津大学,则是和臭名昭著的布灵顿俱乐部扯上了关系。

布灵顿俱乐部,与中学吸食大麻一样,成为卡梅伦牛津岁月中抹不掉的一段经历。所谓的布灵顿俱乐部，简单来讲，就是牛津的上流社会子弟组织的私人俱乐部。更直白地说，就是一群纨绔子弟聚在一起吃吃喝喝、调皮不羁的组织。这种奢侈的反社会行为本身是为英国人所不允许的，但是布灵顿俱乐部的存在，折射出来的则是英国保守的贵族阶层身上的精英意识：我们有特权，这个特权就是管理这个国家和世界。正因为此，他们认为自己也可以做一些超越一般人的价值观和世俗偏见的事情。

这样的意识由来已久。早在中世纪的时候，那些思想活跃、生活不羁、常赊欠债务的牛津青年学生，总是不可避免地与当地居民发生这样那样的冲突。就在无数次的冲突中最大的一次，几百名学生被当地居民用乱箭射死了。事情变得不可收拾，最后还是国王出面镇压才得以解决，并判市民赔偿牛津大学。

由此可以看出，牛津大学的反叛精神似乎并非无时无刻不存在的，至少已经变成了一种"传统"，所以这也就不难解释为什么会有"布灵顿俱乐部"这样专门聚集学生来搞破坏的组织了。

事实上，始创于1780年的布灵顿俱乐部是经过了多年的发展，才于1875年成为牛津大学的正式学生社团。他们社团人数一般保持在15~70人之间，最少的一年只有7人。它的前身只是一个以狩猎、板球为主题的再正经不过的俱乐部。但不知道从什么时候起，其发展到后来就变了味儿，逐渐演变成为一个吃喝玩乐的"餐饮俱乐部"。当然，会员们也有"活动"，但都是一些喝醉了酒再搞破坏的活动。

最早使得布灵顿俱乐部名扬天下的，是被誉为20世纪英国最伟大的小说家的英国著名作家伊夫林·沃（1903—1966）。出生贵族的他，曾经毫不避讳地这样评价和描述了自己参加过的一次布灵顿酒会："三年前，最后一次聚会，一只狐狸被关进笼子里，带进来，香槟酒瓶子纷纷砸向它"。

这段叙述虽然简单但是很直白。在爱惜动物的英国，如此对待一只狐狸，必然会引起公愤。但是猎杀狐狸，又恰恰是秋季英国贵族的一项爱好。甚至关于禁止猎狐的法案的出台，至今依然是英国议会最富争议的话题。一直到了 2004 年，仍有很多英国贵族青年不惜冲击议会，来抗议这项法案的实施。

话题有些远了，但是不管怎么样，这段叙述中那些被砸向狐狸的香槟酒瓶，也正是这帮贵族子弟奢侈的象征。这些布灵顿俱乐部的小伙子年轻、放纵，更关键的是，他们觉得自己高贵。他们用来发泄自己青春期旺盛精力的方式，与普通大众、小资阶级乃至中产阶级，完全不同。他们认为，这些阶级的最大的特点就是平庸，而他们希望借此等行为来宣示自己与众不同。

总之，布灵顿俱乐部里的小伙子们，自诩和这些庸众都不一样。但是，卡梅伦和他的同伴也不一样，他是温和的不嚣张的一个人，但即使如此，卡梅伦还是在牛津学习的第一年末，被邀请参加这个俱乐部。布灵顿俱乐部邀请人加入的方式，也是一种胡闹和恶作剧。他们会尽情地捉弄自己选中的对象，比如突然半夜袭击他的宿舍，或者在路上将其团团围住羞辱一通。

当然即使是这样一个臭名昭著的俱乐部，也不是随便谁想参加就能参加的。事实上，能加入这个俱乐部的人，不仅必须是牛津大学的学生，还必然是家财万贯的富家子弟——因为普通人家的孩子甚至负担不起精致的会服以及每年昂贵的会费——这些巨额会费通常是用来赔偿喝醉后被肆意破坏的物品的。为了保证学员的"血统纯正"，新会员必须由老会员提名推荐。如果新会员是某位伊顿学长的推荐，那就顺利多了。

尽管并不为人们所看好，布灵顿俱乐部依旧为所谓的英国"精英阶层"或者说"名门之后"提供了一个社交场所，并成为他们将来功成名就的人脉基础。很多政界的显耀人物，也都曾经参加过这个组织。而且布灵顿的会员虽然嚣张，但有些思想古板守旧的会员，他们即使喝到烂醉也不碰毒品，还很厌恶女人。或许在外人看来，布灵顿会员不仅仅是一群醉醺醺、无法无天的年轻贵族，从气质和打扮上俨然是一张张娃娃脸的保守党大臣、部长、下院议员。

卡梅伦的待遇是，当他有一天回到自己的寝室，发现里面遭到一场洗劫。很快，卡梅伦被叫到学院院长那里，被告知这样的行为是严厉禁止的，卡梅伦必须交代这是谁干的。当然，卡梅伦还没有愚蠢到触犯贵族利益的地步，这和他本人的政治倾向有关，所以他并没有向院长交代什么，而是自愿接受了学院的惩罚。如此一来卡梅伦的忠诚和高贵得到了检验，于是顺理成章地成为布灵顿俱乐部的一员。

关于布灵顿俱乐部，因为它的"特殊功能"，几乎让所有成员毕业后都心照不宣地得了或轻或重的健忘症，极少谈论相关情况。因此，俱乐部虽然确实存在，但却显得格外神秘。不过，还是有人将布灵顿俱乐部的照片刊登出来，其中最著名的一张就是拍摄于1987年的照片。在那张照片上，最引人注目的是当时只有23岁的现任伦敦市长、英国外交大臣鲍里斯·约翰逊。他和其他九位牛津同学穿着镶牙色丝绸翻领的品蓝色燕尾服，个个看起来都是文质彬彬的英俊少年。

就在照片拍完几个小时后，这10个年轻人一起在餐馆喝得酩酊大醉，把店堂砸得稀烂。有人指出，在这张布灵顿会员的年度合影中，卡梅伦正意气风发地站在后排呢。

在这一张布灵顿俱乐部的合影中，卡梅伦显得卓尔不群，而他未来政治上的盟友：现任伦敦市长鲍里斯则显得十分应景，或者说是这些疯狂的人的核心。鲍里斯是当今英国政坛当之无愧的最接近丘吉尔的角色，这一点无论是体形上，还是造诣上都无可辩驳。他毫无顾忌地冲撞着今天英国的政治底线。

可以说在布里顿俱乐部，鲍里斯就是核心。而与鲍里斯相比，卡梅伦甚至显得有些唯唯诺诺。显然他对鲍里斯的风格并不赞同，并且不愿意臣服于这个臃肿的胖子。即使是在他加入布灵顿俱乐部之后，依旧刻苦学习，保持自己在学业上的优势地位，他相信自己有一天，可以摆脱鲍里斯的阴影，成就自己的事业。

事实上，卡梅伦做到了。而且在某种程度上说，卡梅伦是俱乐部里的异类。他的朋友评价说，卡梅伦在布里顿俱乐部里，即使是向警察扔酒瓶子之前，都要三思而后行。当然人们也从未见过他喝得酩酊大醉、难以自持的样子。

那么，卡梅伦为什么要冒着自己名声受损的风险，加入这个声名狼藉的纨绔子弟的圈子呢？按照当年在牛津的朋友的说法，卡梅伦加入这个圈子，更多的还是出于他的社交本能。卡梅伦本身的气质与这个俱乐部的氛围做派是冲突的，但他的社交能力却依然可以使他和这个圈子里的人做到和谐相处。

而且除了布里顿俱乐部，卡梅伦就像是和在伊顿求学一样，并没有成为学生里的风云人物。今天的媒体喜欢从卡梅伦出任首相这个结果，来反推他的成长经历，认为他过去在政治上的低调，实际上是在韬光养晦。不过，仔细研究卡梅伦的大学生涯就不难发现，这显然是一种一厢情愿的拔高。不过，有一点是值得肯定的，卡梅伦绝对是天生的保守党人。

第二章　初露政治智慧

  初入政坛的卡梅伦便得到贵人提携，这是他的幸运。然而他并没有辜负贵人的期望，初涉政坛便崭露头角，透出不凡风采，这是他的实力。凭着幸运能赢得一时之利，掌握实力才能获得永生之利。卡梅伦没有凭借自己高贵的身世坐吃山空，而是在更高的起点上争取更大的胜利。

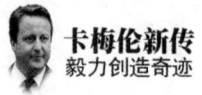

1. 贵人提携通往权力之路

卡梅伦以一个普通学生的身份，结束了他的大学生涯。虽然天赋得到了展现，能力得到了培养，但终究不是什么风云人物，也安分守己远离政治。但令人没想到的是，在大学毕业后，卡梅伦却对政治日渐感兴趣了。

在毕业之初，卡梅伦曾经想凭借自己的专业优势，进入银行业或者新闻业，但最终还是由于一个电话，改变了卡梅伦的决定，同时也改变了他的人生轨迹。

1988年夏，卡梅伦终于下定决心去参加保守党研究办公室的面试。令卡梅伦改变主意的是发生在面试前的一件至今仍无谜底的奇事。就在卡梅伦接到了保守党中央党部的面试邀请的时候，中央党部被安排负责接待卡梅伦的面试官阿里斯蒂尔·库克却突然接到了一个神秘电话。

电话的那头是一个低沉的男性声音，他告诉阿里斯蒂尔："我知道你即将接待卡梅伦，并负责他的面试工作。在你之前，我已经尝试了一切办法，竭尽全力劝说卡梅伦不要为政治浪费时间，但是都没有成功说服他。是的，很不幸，我失败了。我打电话给你只是想让你明白，你即将见到的是一个真正不同寻常的年轻人。"

"谢谢您的提醒。先生，但恕我冒昧，我想知道您的身份是——？"电话里的声音依旧深沉、稳重，简单干脆的回复道："白金汉宫！"

就在这神奇的一幕发生的时候，卡梅伦还走在去参加面试的路上。等到阿里斯蒂尔见到卡梅伦的时候，他开始有点相信那通来自白金汉宫的电话了，虽然这可能与这通电话带来的暗示有关。不管怎样，卡梅伦的面试，确实让很多人记忆犹新。用一句听起来有些陈词滥调的话来说，在卡梅伦的面试结束的那一刻，在场的所有人都觉得"这个人注定会成就些什么"。

然而，继承皇家血统，身为贵族之后，又毕业于英国殿堂级精英中学，并且集牛津大学哲学、政治、经济专业的一等荣誉学士的高材生卡梅伦，在他求职的道路上走得并不是十分顺利。

按照常理推断，拥有此等背景的卡梅伦，理应在寻找第一份工作的道路上势如破竹。但是恐怕由于卡梅伦之前的人生太过于顺利了，又或许命运使然，在向多家银行及私人企业投送了一批又一批的求职申请后，卡梅伦居然连最基本的面试机会都没能得到。

万般无奈之下，年轻的卡梅伦不得不把目光投向了政界，而这一决定则永远地改变了他个人，也许乃至整个英国的命运。

或许当时卡梅伦的选择只是病急乱投医，急于想要证明自己的价值的他，最终踏进了保守党中央党部。而面试的结果则出乎卡梅伦的意料地出奇的好，当然，当时他并不知道个中的原因，毕竟作为一个新人，卡梅伦已经做得相当出色了。

而这个神秘的电话及以上这段谈话内容的详情，也一直被知情者隐瞒，甚至到了多年后卡梅伦已经成为保守党领袖时，才被当年卡梅伦的面试官阿里斯蒂尔披露出来。消息一出，在英国政界，乃至全国掀起了不小的风波。虽然外界有无数好事者的猜测分析，但事情的原委却已经不得而知了，当年打来这通电话的人到底是谁，已经成为永久的谜团了。

事情虽然扑朔迷离，但是这并不妨碍我们对卡梅伦从那时起到胜任党领袖之间的这段足迹加以回眸。

尽管在面试中获得了面试官的好感，以及当时在场人的好评，但是在进入保守党研究办公室后，卡梅伦依旧要从最基础的工作开始做起。在办公室里，卡梅伦的政治才能逐渐显现了出来。因为他的政治智慧，很快又被安排到了撒切尔夫人的身边工作。

后来，他更获得了为撒切尔夫人和约翰·梅杰两任保守党首相提供咨

询、准备讲稿的工作，卓越的才华日渐明显。也正因为这样的工作经历，卡梅伦有机会认识了一大批保守党的重要人物，并且接触到当时的首相约翰·梅杰。

在1992年的英国大选中，梅杰领导的保守党再次获胜，而跟在他身边的卡梅伦也开始得到重用。从1993年开始，卡梅伦被安排给时任内政大臣的霍华德当特别顾问。在这之前，卡梅伦一直与财政大臣奥斯本和戴维斯合作组成工作小组，为时任首相梅杰做议会"首相问答"的简报。当年也正是这些在保守党从事研究的人员制订了攻击工党税收政策的方案，使得梅杰1992年的大选中成功连任。所以梅杰对年轻的卡梅伦印象很好，甚至不吝夸赞他是"特别有能力和聪明的年轻人"，并称对卡梅伦"在重压下仍能冷静思考"的能力尤为赞赏。

虽然梅杰没能在1997年的大选中再次击败工党，甚至还因为任内的诸多问题，从此退出党务工作，但是就是因为他在四次连任执政党的光辉时期，对卡梅伦表示了赞赏，才使得卡梅伦之后的成功之路变得平坦起来。

但归根结底，卡梅伦从茫然没有头绪的毕业生，当首相会议顾问的一系列改变，都发端于面试当天的那通电话。据有心人推测，这通神秘的电话是阿拉斯泰尔·艾尔德爵士打的。当时艾尔德爵士的身份是伊丽莎白女王的私人秘书、卡梅伦教母的丈夫。无论是从职务之便还是人情关系上，都十分符合这通电话主人的身份。作为卡梅伦教母的丈夫，在不违反法律的情况下，说一些好话，于情于理都是说得通的，况且卡梅伦本身是具有这个实力的。

然而，这样丝丝入扣的分析却被艾尔德否认了。按照国人的思维，在这个消息被揭露出来的时候，卡梅伦已经贵为英国首相了，而如果艾尔德爵士认下这份恩情，对他是没有任何坏处的。显然这件事情并不是外界猜想得那么简单。

于是又有一些人开始说，当日打来电话的其实是卡梅伦家的老朋友菲利普亲王的私人秘书，布莱恩·麦格拉爵士。麦格拉爵士对此态度也十分鲜明，虽然欣然承认了卡梅伦当初去参加保守党的中央党部的面试是他介绍的，但又坚决否认曾经与面试官阿里斯蒂尔通过电话这回事。

就在众说纷纭的时候，当事人终于站了出来，卡梅伦亲自现身解释称，在面试前，甚至直到他当上首相之前，他都不知道还发生过这样一件事情，更不知道是谁打的电话。尽管卡梅伦说得言之凿凿，但是依旧不能令他的反对者满意，甚至还有人不断讥讽他，说卡梅伦仕途之所以一路顺风顺水，全都是源于背后有"贵人相助"。

诚然，卡梅伦的上位多少带有一些侥幸，更体现出一种戏剧性，但通过大量的工作，我们得以证实卡梅伦本身是具备成为领袖的优秀素质的，这也告诉我们一个"酒香也怕巷子深"的道理，再优秀的才能有时候也需要一个合适的展示平台。只有勇敢走，才能有成绩。

不管怎样，透过卡梅伦的这段轶事，足可以窥见卡梅伦家族拥有多么令人羡慕的社会地位，以及雄心勃勃的卡梅伦是如何适时地得到那些有背景的朋友们的帮助。

2. 意气风发竞选国会议员

自从1988年，卡梅伦通过了保守党中央党部的面试之后，就开始了他在保守党的政策研究部门的工作。在此期间的工作虽然不是什么重要职位，但是却给他创造机会，使之能够与大批保守党重要人物相结识，尤其值得一提的是当时的首相约翰·梅杰。

据说卡梅伦在保守党政策研究部工作的那段时间里，不仅薪资微薄，而且还十分辛苦。他几乎每天都要在凌晨四点左右起床，当然这也可能与卡梅伦勤奋的个性有关。将近四年的卖力工作，不仅使卡梅伦收获了娴熟

的党务工作水平，还为他积攒了大量的人脉和丰富的政治经验。

于是在1992年保守党大选获胜后，卡梅伦顺理成章地成为保守党政府的顾问。卡梅伦最早在保守党政府的财政部工作，不久之后就调到了内政部。但是上天给予卡梅伦的磨砺显然还不够，长年简单重复的工作让他起了厌倦的心思，当然也许是出于积累更多经验的目的，卡梅伦在1994年毫不犹豫地跳槽到了卡尔顿媒体传播公司担任公共关系部主管，并为此奋斗了长达7年之久。

与之前在政界的紧张工作相比，虽然媒体公司之间的你死我活也并不轻松，但至少卡尔顿咨询公司的工作报酬优厚。虽然卡梅伦此前没有从事媒体的工作经验，但所幸在离开内政部投身媒体的这几年，与萨曼塔结为了夫妻。而萨曼塔的母亲妾娜贝尔·阿斯图与卡尔顿公司的老板迈克·格林有着颇为不错的私交。只通了几次电话，便轻松地替卡梅伦打点好了这份新职业。

说起萨曼塔，也是一位具有王室血统的贵族后裔。严格论起来，他是17世纪的英王查理二世的后代。双方的家族都是世代贵族，父母不是富甲巨商，便是金融巨头。然而，双方家世背景虽然门当户对，卡梅伦头上顶满了一切同龄人可望而不可即的光环，但在萨曼塔家族所保留的贵族传统面前，卡梅伦却仍然相形见绌。当然这是后话。

面对从未接触过的新工作，卡梅伦的慌乱很快便稳定了下来。所幸是他此前在政界一直负责与媒体有关的工作，因此这份工作对他来讲入手还算顺利。同时，卡尔顿咨询公司多年来一直有"收留"失败政客的"好"传统。再加上卡梅伦此时的老丈人，也就是萨曼塔的继父威廉·阿斯图即将就任"英国遗产"集团的广播与电视部部长。因此投身媒介的卡梅伦，再次凭借自身的能力及家族的背景与人脉，准备在媒介再打拼出一片广阔的天地。

在卡尔顿公司任职期间，卡梅伦的主要工作是处理公共关系。他的工作对象都是英国各大党派魁首和商界巨贾之间，这与其之前在政界负责处理首相与媒体之间的往来有着异曲同工之处。也正是在卡尔顿公司负责公关期间，卡梅伦开始了与其日后的主要政敌，当时的影子财相，也就是之后的工党首相戈登·布朗的接触。而当时，无论是卡梅伦还是布朗，都没有想到，只不过短短十年，两人就会成为在国会内针锋相对的对手。

作为公关部负责人之一，卡梅伦不得不利用自己的三寸不来之舌和之前在政界历练出的高超公关手腕四处"灭火"。由于工作能力强，成绩突出，很快便在卡尔顿公司内部赢得了"消防员"的"美名"。但无论如何，卡梅伦在媒体这几年的事业并不甜蜜，而这恐怕也是激发他在政坛卷土重来的最大动力之一。

转眼到了1997年，保守党在新一届的大选中失利，失去了执政党席位，工党开始崭露头角。而正在这时，卡梅伦开始尝试向真正的权力机构迈进。在这一年，卡梅伦第一次参加了国会议员的竞选，但是出人意料地以失败而告终。

事实上，还在卡尔顿公司任职期间，卡梅伦就已经未雨绸缪地开始联络他之前在政界的同僚，紧锣密鼓地盘算重登政坛的计划了。最初，卡梅伦选择的是阿什佛德选区的保守党候选人。但意外的是卡梅伦居然因为错过了火车而没能赶上党内候选人评选，平白与这一机会失之交臂。于是卡梅伦决定将1997年总选举目标转向斯坦福德选区的保守党议员候选人。

卡梅伦的竞选战略主要集中在两大"战场"。其一，卡梅伦试图效仿之前选举中保守党的做法，依靠大打"减税牌"来奠定胜局。然而，令他没想到的是，此时的英国政界已经与多年前的局面有了较大的改变。民众似乎已经厌倦了保守党对英国政坛多年的垄断，自撒切尔时代后期开始的多年的衰退与低经济增长率，也令卡梅伦获胜的希望变得越发渺茫。

而卡梅伦的另一张牌即为"欧洲牌"。此时，正是欧盟正式启用欧元的前夜，保守党的官方政策是支持加入欧元区。但是由于之前在皇家财政部任职特别顾问的工作，使卡梅伦对欧洲金融一体化给英国带来的打击深有体会，所以在欧洲问题上甚至不惜铤而走险，脱离保守党的路线，转而反

对英国加入欧元区。

　　这样的做法对于英国的政客来讲，是极为危险的政治举措。一方面会给外界造成党内不和的负面印象，另一方面则是容易遭到党内高层的记恨。所幸当时与卡梅伦站在一起持反对意见的保守党议员候选人共有200名左右。所谓法不责众，面对数量如此众多的"叛乱"，保守党高层和领袖梅杰也选择了息事宁人。

　　尽管事后证明卡梅伦等人当时在欧元问题上脱离党线的选择是正确的，但这一行为还是导致了保守党在民众中的威信大幅下跌。虽然卡梅伦的决定顺应了英国民间反对加入欧元区的声音，给自己带来了优势，但是螳螂捕蝉，黄雀在后。在欧元问题上，此时异军突起的"公投党"却在欧元问题上更加大胆地靠近民意。

　　"公投党"是由亿万富翁詹姆斯·戈德史密斯一人出资临时组建的党派。而这个临时党派唯一的政策纲领就是，在加入欧元问题上把决定权交给人民，让全英人民公投决定。这种一时兴起临时组建的，企图以标新立异俘获民众而又没有任何有力主张举措的党派自然不可能赢得选举。但问题是"公投党"的出现吸引了不少本来投票给保守党的选民，直接造成的保守党票数下降。

　　相比于已经连续执政18年，引起了人民厌恶的保守党，"新工党"的领袖布莱尔的年轻干练、精湛口才，及其自身"新工党"的标榜，却给了人民耳目一新的感觉。再加上"公投党"的搅局，导致了工党的取胜。

　　于是，出于上述种种原因，保守党在1997年的大选遭遇了滑铁卢惨败，伴随着保守党的出局，卡梅伦也没能获得斯坦福德的议员席位。英国政坛迎来了由托尼·布莱尔领导的新工党时代。这样的选举结果使得斯坦福德保守党党部黯然失色，甚至不得不把为了庆祝卡梅伦当选而提前准备的一瓶瓶香槟重新退回酒窖，而一盘盘的美食则干脆被倒进了垃圾箱。卡梅伦在政坛的东山再起也不得不再次搁置下来。

　　甚至在这之后，卡梅伦不得不再次回到卡尔顿咨询公司，又半死不活地干了几年。然而历史即将证明,"天将降大任于斯人也,必先苦其心志"的道理。在连续经历了竞争首相机要秘书失败、竞争财政部特别顾问失败、竞争内政部失败和竞争卡尔顿媒体公司公关负责人失败之后的卡梅伦,虽然依旧没能在1997年的选举中躲过再一次失败的命运,却积累下了宝贵的经验。

虽然经历了失败,但卡梅伦并没有就此消沉,反而换了一个选区,在2001年回到牛津以求卷土重来。

为了这一次的议员席位,他决议破釜沉舟,甚至辞掉了卡尔顿媒体传播公司公共关系部主管的职务,全力以赴地应对这次竞选,终于让自己在35岁时拿到了走进威斯敏斯特议会大厅的门票,成为一名国会议员。

很快,这个在政媒两界摸爬滚打多年,却仍旧灰头土脸一无所获的"娃娃脸",将会以一副完全不同的面貌回归政界,以超过常人想象的速度平步青云,并且最终官至国家首相而一手掌握英国军政大权。

3. 初生牛犊当选保守党党魁

2003年6月,37岁的卡梅伦经历了两年的韬光养晦之后,奋然崛起,很快便被任命为影子内阁的枢密院办事处部长。当时英国的执政党还是工党,内阁自然也是被其所掌控的。而作为多党制国家中不被赋予执政权力的在野党,则会成立影子内阁与执政党的内阁相对。换句话说,这是在野党为了将来打败对手,获得执政权力而预设的内阁班子。

进入影子内阁不久,卡梅伦就因为其卓有成效的办事能力,得到了保守党领袖迈克尔·霍华德的青睐,同年11月就被迅速提升为保守党副主席。仕途的顺风顺水,使卡梅伦一度非常骄傲,甚至"口出狂言",称自己

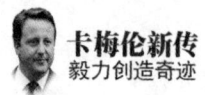

将是前首相托尼·布莱尔的"继承人"。或许当时的一些人,包括卡梅伦自己都将这句话看作了一句戏言,但谁也没有想到在不久的将来这句话就会应验。

在2001年大选再次落败的保守党,却使得卡梅伦在其选区获得了意外的胜利。于是卡梅伦不但获得了绝对多数的选票,甚至还在保守党处于逆境的时候,在该选区为保守党赢得了绝对优势。这一场意外的胜利终于让那个坐在了国会议席上的"毛头小子"光明正大地走进了国会。但是,真正的挑战现在才刚刚开始。

卡梅伦立即要面对的一个问题,就是保守党领袖更迭的站队问题。由于保守党在2001年的大选中再次落败,保守党党内已经出现了不小的动荡,所以人选更换成为令卡梅伦极为尴尬的困局。大选的失利,直接导致前党领袖威廉·黑格的引咎辞职,保守党陷入群龙无首的状态,这一境况立即引起了包括迈克·普提洛、邓肯·史密斯、肯尼斯·卡拉克等重要人物的兴趣。

卡梅伦之所以这么谨慎,是有原因的。因为在第一轮党内竞选中,卡梅伦站错了队,抱了迈克·普提洛的大腿,但是普提洛却不幸败选了。于是卡梅伦就遭到了新上台的肯尼斯·克拉克的报复,将其一脚踢出财政部。

经过一番纠结的筛选之后,卡梅伦决定在第二轮竞选中选择支持邓肯·史密斯。所幸的是,这一轮竞选最终将邓肯·史密斯推上了保守党领袖的交椅,而卡梅伦获得的最直接的好处就是过了几年舒坦的日子。当然这也令这个骄傲的贵族青年看清了政治这趟浑水,作为不能左右自己未来的小议员,日子实在不好过,既然如此不如自己走到台前去。

在这几年中,卡梅伦结交了一名日后对其极为重要的朋友,也就是日后成为保守党二号人物的乔治·奥斯本。也正是在这时,日后将会颠覆整个英国政坛的"诺丁山组"开始逐渐成形并崛起。

所谓风水轮流转,就在两年后的2003年,邓肯·史密斯的党领袖宝座也逐渐开始动摇,而日后在英国政坛翻云覆雨的诺丁山组则趁势迅速崛起,保守党党内再次面临纷争，只不过这次是新老两派意识形态和观念的争锋。这使得邓肯·史密斯陷入了两难境地。一方面作为老一代的保守党人，他需要维护己方的利益，而另一方面他也明白不能一味打压新崛起的诺丁山组，否则只能是自掘坟墓。

一番权衡之后，邓肯·史密斯决定把宝押给诺丁山组，开始越来越器重新崛起的卡梅伦与乔治·奥斯本等人。当然这只不过是一种安抚手段，表面上邓肯要重用新人，实际上则是希望通过对卡梅伦等人的示好，来麻痹诺丁山组，进而化解其锐气。卡梅伦自然看出了其中的问题，他没有冲动反击，而是将计就计，给松了一口气的邓肯·史密斯制造了一种诺丁山组没有野心的假象，事实上卡梅伦等人则是在等待时机，静候暴风雨的到来。

虽然新老派别的纷争被暂时弱化，但是之前在争夺党领袖中败下阵来的迈克·普提洛却再次对邓肯·史密斯发起了进攻。而代表诺丁山组的领军人物卡梅伦，却在此时选择了沉默，在老一代的战争中选择了中立。这一城府引起了外界的大胆猜测，卡梅伦与奥斯本等人所代表的年轻一代，很有可能在保守党的党内战争中最后胜出，成为主宰保守党的黑马。《卫报》甚至公开提到，卡梅伦将成为不久后的保守党首相。

2003年7月10日，保守党内的"顶头上司"艾瑞克·佛斯因故没能出席当天原定的议会辩论。或许是命运使然，卡梅伦在无奈之中被推向了保守党的首席讲坛，代替艾瑞克发表演讲。这是卡梅伦人生第一次站在了首席讲坛前，而这一场时间不长但异常精彩的即兴演讲，却永远地改变了他的命运。而这也导致本来处于暗处的诺丁山组被推倒了风口浪尖上，而卡梅伦更是成为党领袖之争中邓肯·史密斯的主要"关照"对象之一。

此事件一出，逼迫邓肯·史密斯下台的呼声则越来越高。最终保守党迫于现实压力，决定对党领袖进行再一次选举。锋芒毕露的卡梅伦，并没有如人们想象中那样上演逼宫大戏，甚至做出了一个出乎所有人意料的决定，那就是投票支持邓肯·史密斯连任保守党领袖。

卡梅伦这样做有他自己的判断。他认为，自己这一票其实无关紧要，

不管投给谁,也不能阻止邓肯下台的事实。然而如果他投票给邓肯,却是在向邓肯表态,卡梅伦并没有篡权的意图。邓肯的失败虽然已经是注定的了,但是其在党内的党羽和影响力还仍然强大。卡梅伦公开支持邓肯·史密斯连任,就可以巧妙地避开邓肯的党羽在败选后的报复,更会降低新的党领袖的警觉性,免得其在接下来更为险峻的政治斗争中将矛头对准自己。事实上,直到邓肯·史密斯被逼出党领袖宝座后很久,还一直认为这次"政变"与卡梅伦无关,而坚信在背后导演一切的是卡梅伦以前在内政部的老板迈克·霍华德。

所以说,卡梅伦作为未来新的党领袖,却投票支持老东家、新对手邓肯连任党领袖,看似不可理解,实则暗藏玄机,这就是政治智慧的彰显。一方面对野心万般遮掩,另一方面又为日后上位铺平了道路。此时的卡梅伦已经早已不是哪个会"一不小心"错坐在议席上的毛小子了。此时的卡梅伦,已经拥有了一名政客所应当具有的所有素质,而从这一刻起,其日后成为英国首相便已经只是一个时间问题了。

2003年,霍华德成功就任保守党主席后,立即提拔卡梅伦做副主席。至此,卡梅伦成功完成了自己的既定目标,走进了保守党的权力中心。

随着2005年英国大选中保守党再次失利,保守党党魁霍华德宣布辞职,不到40岁的卡梅伦开始了竞争保守党领袖一职。尽管之前做出了一系列的成绩,但当时的卡梅伦由于年龄最小、资历最短,又天生一张娃娃脸,缺乏保守党所期待的硬汉风格,并不被人们看好,党内支持率甚至只排在第三位。

但是,卡梅伦再一次用自己的实力征服了所有人,他用一场从头到尾完全脱稿的出色演讲改变了这一切。在演讲中,他毫不客气地指出保守党在大选中落败主要是因为失去了民众信任。于是在2009年12月6日,保守党副主席、影子内阁教育部长卡梅伦最终战胜了前任保守党主席、影子内阁内政大臣戴维斯,成功问鼎保守党领袖。

4. 不惧权威叫板布莱尔

卡梅伦虽然当选了保守党领袖，但是他的成长之路和保守党的复兴之路还没有走完。事实上，他在当选党领袖之后，保守党和他本人的支持率经历了几次起伏。毕竟一个新面孔对民众来说意味着新鲜，却不能代表他可靠。但是卡梅伦一直以乐观向上的态度和形象，感染着民众，使他赢得了更多支持。

一句"让阳光赢得一切"，不仅成为他最出名的一句话，还使得他在缺乏政治偶像的英国，令英国选民很愉快地把选票投给了他。

在赢得党魁选举的胜利后，卡梅伦趁热打铁，随即发表了任职演说。在演说中，他肯定地表示作为保守党新主席，他将推行一系列的举措，尽全力推动英国经济发展，保持社会稳定。比如尽量改善党内女性议员比例偏低的现状，并且更加关注公共服务系统和人民生活质量，加强国内安全防范，推动养老金改革，等等。

这位新任领袖还表示，他会尽快在党内进行改革，打造一个"全新的保守党"，并且很快开始着手打造属于自己的班底，其核心成员包括现任财政大臣乔治·奥斯本、现任教育大臣迈克·高夫。当然除了影子内阁的团队之外，卡梅伦也不介意建立完全属于他自己的个人团队，他必须确保类似于办公室主任和媒体顾问角色是完全对他负责的。而媒体团队的架设构想则是源于他在卡尔顿媒体的经历，这一部分是卡梅伦尤其倚重的武器，这亦可视为是他在向工党政治致敬与学习。

当时的卡梅伦只有39岁，仅比当年首次当选英国工党领袖时的布莱尔小2岁。所以媒体和政界很自然就把他们两个联想到了一起。此外，同布莱尔当年一样，卡梅伦也处在意气风发的年纪，而且充满自信，开朗而富

有活力,在政治方面也具有自己独特的见解。更巧的是,他与布莱尔在青年时代都对摇滚音乐情有独钟。因而,不少英国人把卡梅伦叫做"翻版布莱尔"。

然而,卡梅伦并不喜欢这个称呼,尽管他曾经在公众面前自称是"克莱尔的继承者"。在演讲中,他明确表示自己今后会全力配合布莱尔政府,协助他们开展各项工作。但同时也保留提出质疑的权利,一旦政府做出了不利国家前途的决策,他将率先提出反对意见。此外,卡梅伦还在演讲中,表现了在下一届英国大选中率领保守党与布莱尔领衔的工党一决高下的意愿。

事实上,自从1997年布莱尔在大选中以压倒性的优势击败保守党,赢得了大选的胜利以来,保守党已经陷入一蹶不振,处于低谷长达13年了。在这漫长的13年里,保守党经历了四任党领袖的更迭,依旧没有缓过劲来,更别说腾出手来与工党争夺执政权了。

而作为新晋领袖的卡梅伦,尽管外界对他的好评如潮,但是并不是盲目乐观,选民对于他能否重新定位和调整保守党,还保持着一种观望的态度,而要重新获得选民的支持,卡梅伦至少也要让保守党重新回到可与工党"竞争"的舞台上来才行。

当然,在漫长的英国历史中,保守党从来没有离开过英国政治的核心。两党之间虽然互有胜负,但是保守党一直具有十分明显的优势。只不过这一切却在二战之后被打破了,保守党遭到了极大的挫折。尤其是在1997年新工党获得压倒性胜利之后,保守党的噩梦开始了,他们甚至开始担心自己会永远失去在英国政治中的统治地位。

这也与当时的工党有关,彼时的工党早就已经今非昔比,不仅一改多年羸弱的形象,而且还在布莱尔与戈登·布朗的强强联手下,将那个过去的工党在对外宣传上被重新粉刷成"新工党"。虽然这只是在语言文字上的一点小变化,却在已经厌恶了保守党的英国制造了一个"新面孔"。毕竟古老的保守党已经连续执政18年了,时代已经不同了。

就在保守党一蹶不振的这十几年里,新工党在英国政坛经营的风生水起。它再也不是当年那个保守党可以随便藐视的工党了,相反其政治运作模式和政策取向，甚至不得不引起保守党的关注和学习。

　　昔日的手下败将不仅一举将自己击垮，而且还在不断发展进步，逐渐拉大了与自己的距离。这让许多老一代的保守党人实在无法忍受，虽然几代领袖更换下来，都会或多或少地借鉴工党的经验，但是却无法正视自己的不足，所以一切借鉴都好像邯郸学步一样，不仅没有实际意义，还在扰乱着自己的步伐。

　　但是在这一点上，卡梅伦的态度，远比其他几代传统的保守党领袖要开放很多。这也是卡梅伦的一贯性格特征，不拘泥于成规，才能让自己永远保持活力。这听上去虽然好像有悖于保守党的宗旨，但事实上却是保守党翻身的好机会。

　　在1994年，布莱尔成为工党领袖后，有意识地延续了基诺克时代开始的改革，有力地推进了工党的革新。特别是在意识形态上，通过修改工党党章第四章，关于传统的左派思想的表达，愿意相信国家在提供全民福利方面应扮演全面的角色，并且主张国家控制工业，崇尚结果导向的社会公平和正义等一系列思想转变，使工党首先占领了"意识形态中央"这块阵地，成功地将工党塑造成一个崭新的政党。外界则给其贴上了一个醒目的新标签——"新工党"。在这种光环效应之下，布莱尔以及新工党被更多的英国选民们看成了"与时俱进""现代性"的政党，并且成功地阻击了保守党的复兴之路。

　　因为彼时的保守党，还故步自封地停留在老观念里，顽固地执行着"撒切尔主义"。而卡梅伦的出现，则及时制止了这一错误倾向。在2006年保守党大会的演讲中，卡梅伦首先重新为保守党下了定义，称它是一个有"实质和内涵"的政党，而不只是只懂得躲在"口号和标语"后面。这就将矛头直接指向了所谓的"新工党"，意图抨击工党只知道做表面文章，实则没有领悟新的真正的政党内涵。

　　卡梅伦在攻讦工党的同时，也给自己戴上了一个紧箍儿，使得还未有任何建树的保守党面临了尴尬的境地。当然，卡梅伦这样做并不是在玩小聪明，搬石头砸自己的脚。在演讲中，他率先为没有任何具体政策出台的

保守党解套。

卡梅伦在演讲中说道:"保守党所指的'实质'并不是仅仅指一系列单一政策的组合,而首先是一个清晰的思路,一个可以指导英国走向未来的方针和路线;'实质'并不是简单地给出人们想听到的答案,而是经过长期思考,用时间沉淀下来的精华。"

总体而言,卡梅伦的这个策略可谓与当年布莱尔的做法有着异曲同工之妙——先在保守党的整体形象上做文章,试图挽回流逝的选民的支持,使人们慢慢接受和认识到新的保守党已经不再是过去的老样子之后,再利用选民的支持进行政党内部的变革,这样首先就把保守党本身牢牢地掌控在了自己的手里,虽然不一定是铁板一块,但也能做到令行禁止。之后才是将保守党重新推到与工党角逐的对决台上去。事实上,卡梅伦要做的就是推出经过重新思考和定位的新保守党。

尽管运用了这一策略,但卡梅伦显然并不愿意媒体把自己运用的这一方法,说成是在刻意模仿布莱尔,而是更愿意将这一举动看成自己与布莱尔跨越时空的一场比拼。

在《卫报》的一篇文章中,卡梅伦曾经这样为自己辩护:"保守党如果想重新回到'威敏斯特'中去,就急需自身的进化与革新,而这并非是模仿工党和布莱尔。"话虽然只有寥寥几句,用词也礼貌得体,但还是能从中感受到卡梅伦的骄傲与自信,这不是模仿,而是一场比赛。

5. 保守党内的变革风暴

随着 2005 年 12 月保守党内部的领袖更迭,年仅 39 岁的卡梅伦击败了老牌保守党大佬大卫·戴维斯,成为保守党的新领袖。不得不承认,在这次领袖选举中，卡梅伦的胜出让不少人大吃一惊，许多人甚至可以说第一次知道了这个人的存在。但无论怎样，这场胜利都使得卡梅伦迅速成为大众关注的焦点。

曾有分析认为，在1997年的大选工党取得了历史性胜利之后，保守党之所以陷入了持续低迷，是因为太缺乏类似布莱尔一样的政治新人出现。而卡梅伦的出现，则使得保守党党员及支持者们对他寄予了很大的期望，甚至希望他可以从根本上改变保守党的形象。

"求变，谋新，重获选民支持"成为卡梅伦当选党魁之后最迫切想要达到的目的。为了达到这一目标，卡梅伦在上任之初，顶着压力，开始尝试一步一步改变传统保守党的意识形态，并发展成更具有"实质性"的具体措施。

担任保守党领袖初期，卡梅伦的乐观向上的形象使得他在党内迅速赢得了很多支持。

此时的卡梅伦踌躇满志地认为，保守党必须改革！因为只有改革才能赢得民众的信任。面对改革压力，卡梅伦也没有逃避，而是坦言说："我们的确面临许多困难，但是只要团结一心，所有的问题都会迎刃而解。我希望在不久的将来，我们能向全体英国公民展示一个全新的充满激情与现代气息的保守党，让他们相信我们的党是顺应时代潮流的，是最适合引领英国全面发展的。"

卡梅伦在他的多次演讲中，反复提到"让阳光赢得一切"这一句话，当然事实上他也是这样做的。首先他着手调整保守党政策，更加关注环境和医疗保险，吸收更多女性和少数族裔加入保守党，以赢取更多选票。

这样做的原因是，在成为保守党的新首相后，卡梅伦敏锐地意识到，英国选民之所以会对保守党产生厌恶感，更多的是来源于"党"，而非"政策"的原因。因此，与前三位保守党领袖（指的是海格、邓肯·史密斯和霍华德）不同，卡梅伦决意采用一种更加灵活的方式来处理"右"的问题。同时他也深知，现在这个时代"撒切尔主义"已经不再适用了，相反一味坚

持"撒切尔主义"只能加深选民对保守党的厌恶。为了避免在选民中产生消极影响,必须促使保守党尽快远离"撒切尔主义"。

当然这一决策会遭到党内右派强烈的反对,是卡梅伦意料之中的事,面对分歧,卡梅伦再一次展示出其非常灵活的处理方法,那就是与右派相妥协。

在卡梅伦曾经参与的一次谈话中,《卫报》时政评论员马丁曾向他询问,是否会考虑在改善公共服务的过程中,继续坚持"右"的老路线(所谓的"右",就是关于减税和向地方放权的政策措施)。作为天生的保守党人,卡梅伦的回答是非常巧妙和实用的。他说:"在改善教育以及公共卫生等方面,我相信,更多人关心的是家里的孩子能否得到公平的受教育机会,能否让更多的年轻人通过接受教育以从容地应对经济全球化的挑战,能否让生病的老人及时得到医院的良好治疗。"这样的回答在英国政坛是十分讨巧的。

卡梅伦之所以下定决心要使保守党逐渐摆脱"右"的枷锁,修正其在英国选民中的印象,并辅之以灵活、实用和实效的政策方法,完全是为了更容易把保守党带回到"意识形态的中间阵地"去。只有这样,才能摆脱保守党固有的僵化,使其在新的形势下,能够更加具有活力和吸引力,提高政党的竞争力。

于是,推进保守党现代化,成为卡梅伦领袖生涯头两年中最为殚精竭虑的事务。一方面,他要以适应英国当代的政治市场的形象,去重新塑造保守党的白人贵族;另一方面,又不能操之过急,甚至必须小心翼翼地去做,以免他在没有完成任何一项改革之前,就轻易失去保守党的传统支持者。

听上去很难做到的平衡,却好像恰好合乎卡梅伦的性格。只不过于他并不丰富的政坛经验而言,他所面临的挑战实在是太多了。尤其是在一些传统的保守党政策立场上,诸如中小学改革、遗产税问题。

在保守党的年会演讲上,卡梅伦并没有急于推出任何具体的政策,而是就税收、经济、外交政策、国家安全、教育、公共卫生服务、犯罪以及政治体制改革和绿色环保等提出了一些观点。这样做一方面是因为卡梅伦在保守党内的改革需要更多的时间和更大的自由空间；另一方面，他也明白工党此刻正在密切注视着自己的一举一动，过早地暴露自己的行动方案，对于选期未定的大选无疑是没有任何好处的。

至于如何具体执行和操作，卡梅伦只是简单地说了一句："旧的保守党政治将不会再回来"。而他真正的计划是，于2008年——也就是大选前两年慢慢向前推进，并于2010年大选前做到逐步成形。

在一系列改革中，最令人关注的是卡梅伦重点强调了改革公共卫生服务。因为，在传统的英国政坛，传统的保守党所关心的问题重点永远只在于税收、移民以及欧盟问题。骄傲的保守党一直认为，对于教育、公共卫生改革等公共服务的提供，是工党所擅长的政策，他们并不屑于复制模仿，甚至到了向来漠不关心的程度。

然而，卡梅伦这次却下了大力气强调保守党将重视公共卫生改革。当然卡梅伦并没有令"保守的"老保守党们难堪，而是在演讲中，直击工党公共服务改革失败的要害，抨击工党在公共卫生服务机构改革上的混乱。这一招极其高明。而最精彩的是，卡梅伦妙用了布莱尔刚上台执政时所提出的三个词组"教育，教育，教育"，并在此基础上，提出了保守党的新三个字母"NHS"（National Health service，英国免费国民医疗体系）。

改革的一系列设想的提出，为卡梅伦在2006年10月5日首次以保守党领袖的身份参加的保守党伯恩茅斯年会演讲画上了一个完美的句号。从这次年会演讲中，我们可以清晰地看到，卡梅伦试图扭转保守党形象的决心，和就此初步展现出的作为领导者的能力。

年会结束后，当时的媒体普遍认为卡梅伦的伯恩茅斯年会演讲，让人感到耳目一新，而从保守党内部的反应来看，他们也感到非常开心。但是这份轻松并没有持续多久，随着金融危机的爆发，卡梅伦及时调整了自己的形象和策略，一改往日过于乐观的形象，他显得更加严肃，有意在相关场合不时告诫公众今后将会遭遇到更困难时期。

像所有的保守党一样，卡梅伦其实更想要一个小一点的国家。所以他关注的是福利、学校和家庭，或许在他看来，如果想要修补一个破损的社会，这是必须首先做好的事情。媒体将卡梅伦的这种政治理念称作"卡梅伦主义"——如果他不反对的话——他的举措和政治观念总是着重于修补他称之为"破碎的英国"的社会。

当然，在卡梅伦自己看来，他实际上是一个"现代的、有同情心的保守党"，他多次公开表示，英国需要一种新的政治。这再一次表现了他与其他保守党的不同，但是他又承认自己被灌输的是一种木偶戏般的政治。作为撒切尔夫人的超级粉丝，他甚至不知道自己这样做是否能让他成为一个撒切尔夫人主义者。

其实出生在20世纪七八十年代的年轻选民们对于"撒切尔主义"给英国社会带来的负面影响基本上没什么记忆，更不要说直观地体验了。所以他们的着眼点更多地放在了政府是如何减少税收、增加就业机会、将英国带离目前的经济危机等更实际的问题。

作为保守党领袖，卡梅伦的政治理念是比较务实的，并且呼吁政客们应该更多地把精力放在改善人们的生活和"普遍福利"，而不是只单单侧重于金融财富。他说："我不止一次地发现自己开始思考，英国需要更多地将自己的生活方式同亚洲生活方式结合起来，这是主流。"

6. 年轻小伙与女王的"较量"

尽管卡梅伦为保守党谋划了十分美好的未来，但是这份规划对当时而言意义并不大。当然这不意味着卡梅伦的改革对改善保守党的困境毫无作用，而是因为在当时保守党败落的情况下，这些改革更多的是一种观念上的革新，想要付诸行动还需要一定的时间。而这段时间对保守党来说，依旧和之前没有什么两样，或者说情况变得更加复杂了。

在大选开始前，英国举行了史无前例的全国性的首相大选电视辩论，卡梅伦、布朗、克莱格三方政党领袖的角逐可谓开创了历史先河——第一次为竞选首相进行电视大辩论。这三场电视大辩论分别在英国的 ITv、Sky New 和 BBC 各举办一次，每次 90 分钟，由英国独立电视台现场直播。

三场激烈的辩论之后，英国《太阳报》委托 YouGov 做了一项调查，调查结果显示，三场辩论过后，保守党的卡梅伦获得 41% 的支持率，自民党的克莱格支持率为 32%，而工党的布朗支持率为 25%。与此同时，ComRes 也在 ITV 播出了这次电视辩论之后公布了一份调查报告，卡梅伦获得了 35% 的选民支持，克莱格则为 33%，布朗只有 26%。虽然数据并不相同，但是基本可以确定在三大党的选民支持率排行中，保守党位居第一，自民党抓住了第二的位置，而工党处于末位。

出现这种局面也是英国政坛十多年来未曾见过的，但是根据英国宪法规定，执政党必须获得议会 650 席位中至少 326 个席位，否则只能联合执政。然而这次如此竞争激烈的英国大选出乎人们意料，乃至于形成了"悬浮议会"的局面，即如果任何一党都无法单独获得议会中占绝对优势的多数席位，那么就需要在选举中得票率最高的政党与其他政党结成执政联盟，共同组建新政府。当然这样做的主动权还是在得票率最多政党，也就是说卡梅伦的主动权还是很大的。

在这之前的大选，更多的是保守党和工党之间的角逐，其他的政党还没有这样如此强势过。所以这次大选不仅是对保守党革新和工党连任的考验，更多的是对卡梅伦本身政治能力的考验。原因就在于自由民主党在这场大选中的角色太过重要了——从当时的情况来看，无论保守党还是工党，都无法"独霸"议会，均需要拉拢自由民主党组建联合政府。

在三场电视辩论结束之后，英国竞选拉票活动的最后一天也就是 2010 年 5 月 5 日，尽管已经进入拉票活动截止前的 24 小时，但是各政党并没有就此放过最后一搏的机会。因为在5月4日的民意调查结果中显示，英国仍有高达四成的选民没有决定投票给哪个政党。所以三大政党的领袖马不停蹄奔波于各大选区，甚至在夜间展开拉票活动，以期取得更多选民支持。

英国大选进入倒计时阶段。第二天，也就是2010年5月6日，在经历了三场空前未有的竞选电视辩论之后，英国议会大选将进入决定性的一天——投票日。英国《旁观者》周刊编辑弗雷泽·纳尔逊认为，5月6日的选举将是"20年来英国最激动人心的选举"。

当天的大选异常激烈，保守党和工党都不敢怠慢。甚至本来应该在5月12日至13日去美国华盛顿参加"全球核安全峰会"的布朗都做出了全力投入竞选活动、不去美国参加会议的决定。大选在即，各政党都在"为票而奋斗"。卡梅伦宣布誓要"为每一张可能争取到的选票而战斗"，布朗表示自己"有决心为英国的未来而奋斗"，克莱格则一如既往地呼吁选民们用选票改变英国两党"跷跷板政治"的历史。

除积极拉票外，工党又暗示选民"策略性"投票。布朗心腹幕僚、儿童事务大臣博雅文说："我时常希望工党候选人胜出，但我承认在某些地方，自由民主党与工党候选人竞争激烈，我希望工党落败。而在保守党与工党争持不下的选区，自民党支持者应投工党一票。"

在这一方面，布朗可以说费尽心机甚至在《卫报》撰文，呼吁100个关键选区的选民支持工党，因这是确保全面政治改革的唯一方法。他还再次批评保守党紧缩政府开支的建议，指出"大社会"政策只是掩饰大幅削减公共开支。他同时指出，如坚持投自由民主党一票，将毁掉一代人争取公平社会的希望。

随着三方政党你来我往的激烈竞争，选民支持率再次出现了变化。在布朗的"策略"攻势下，工党实现了绝地反击。通过相对权威的YouGov进行的民调结果显示，保守党的支持率为35%，变化不大；而工党支持率比此前上升了两个百分点，为30%；自由民主党则下降四个百分点，为24%。但在这些选民中"摇摆选民"也不少，ComRes民意调查机构5月5日的数据表明，超过三分之一的选民表示，他们仍然有可能在投票前的最后一刻改变主意。所以不到大选结果公布的那一天，谁也不知道最后的结果。

到了大选之夜，各地的结果先后公布，各个党派的议席数字、各种统计结果、候选人的胜利宣言和失败感言、各类评论人士的分析，让这一"漫长"的过程变得如同一场激烈的体育比赛。

"大选之夜"到5月7日早晨7点才结束，这时候大部分选区的点票工作已经完成。但是谁会成为下届英国首相，尚未定论。因为根据民意调查结果，这次大选中没有任何一党能够获得超过半数的议席。在这次号称英国数十年来，选情最为焦灼、竞争最为激烈的选举当中，保守党获得291个议席，工党获得251个议席，第三大党自由民主党获得52个议席，其他小党总共获得27个议席。

从数字来看，三大党无论是谁都没有达到326席这样的一个绝对多数。而根据英国竞选规则，一个政党要想赢得绝对多数议席执政，必须在650个下院议席中，至少赢得326个议席。所以这个选举也就造就了英国1974年以来第一个没有绝对多数的议会，"悬浮议会"已经成了定局了。

然而直到此时，选民们却仍然不知道谁将最终坐上英国首相的宝座。组阁存在多种的可能性，到底会按照一个什么样的程序来走，是不是保守党先开始呢？还是从布朗工党先开始？这在人们心中还是疑问。

老练的克莱格显然已经看出了解决这一困局的关键所在，并且已经下定了决心要抓住这次机会了。面对这样一个"悬浮议会"的结果，克莱格于5月7日凌晨4点45分在自由民主党的总部发表了一个讲话，表明了自己的态度，他说"选民已经选择了保守党"，并表达了希望和保守党共同执政的愿望。

自由民主党把握住了时机抢在了所有人的前面，或者说是克莱格抢在了布朗的前面，握住了保守党的手。当然作为保守党的死对头，身处"跷跷板政治"的另一头的工党也不大可能在保守党面前放下身段，只有向自由民主党抛出橄榄枝才是上上之选，不过布朗却晚了克莱格一步。

尽管胜负已定，但是在克莱格发表声明的三个小时之后，布朗也表示，听到了克莱格的讲话，同意并愿意等待由自由民主党和保守党先进行组阁谈判，因为如果双方谈不拢，工党还是有机会的。布朗还表示非常理解自由民主党就选举制度改革方面的关切，愿意在这个问题上和自由民主党有一个很好的交流，并做出让步。

英国大选已过去72小时了，按照惯例，此时英国女王伊丽莎白二世应该授权多数派组建新政府，但这一次，大选结果却出现"难产"，而英国女王就成为英国大选的裁判者。

新政府由谁执掌仍扑朔迷离，36年未见的联合政府似将重现英国政坛，而一旦两党达成组阁协议，女王就将介入。她会传召卡梅伦"入殿"，并为他布置两个任务，她可以授权卡梅伦组建新政府，或者质问卡梅伦能否组成政府。这是两个截然不同的问题，前者是一项任务，而后者则意味着挑战。

在位60年，伊丽莎白二世已亲历了从丘吉尔到布朗的11任首相的变迁。女王会召见那些值得她信任的人——前首相、内阁秘书，甚至是她的私人秘书，同他们征求意见，只有当他们一致认为卡梅伦可以组建政府时，女王才会行动。

当然，女王只会给卡梅伦一次机会，他的考验将在下议院。每一届新政府的组成都须经过英国下议院的授权，一旦下议院给出否定的答案，那么卡梅伦的首相之梦将随之流产。在那之后，决定的权力又将重新回到女王的手中。她会召见其他一些党派的领导人，看是否能找出组成政府新的人选。如果不成，女王将亲启新一轮的选举。但是由于没有政党在大选中获得过半席次，女王必须保持中立，不会轻易介入这场唐宁街新主人之争。

第三章 婚姻家庭尽显男人本色

一个男人在事业上成功只能代表他成功了一半,事业家庭双丰收才能证明他是一个真正成功的人。一个良好的家庭不仅可以给男人提供依靠的港湾,更能激励他获取更大的成就。卡梅伦的家庭就是这样的典范。爱妻贵子给了他安慰,同时也教会他更加坚强,更具男人风范。

1. 历经挫折有缘人终成眷属

自从1997年大选工党上台之后,保守党气势为之一滞。但是在之后的两次大选中,新工党的政治势力也出现了盛极反衰的台式,开始慢慢衰退。到了2002年大选,新工党的议席从418席下降到413席,2005年大选更是猛降到356席;与此同时,保守党则从1997年的165席,上升到2002年的166席,在2005年则大幅提高到198席。然而,与工党相比,保守党要重新执政,其阻力还是相当大。

每次大选失败,反对党的领袖基本上都要走人,这是英国政治的游戏规则。即使是作为保守党党魁并且坐在了联合政府首相宝座上的卡梅伦,也不能违背这一规则。虽然在2010年大选前,卡梅伦被很多人视为保守党的希望,但是已经走到权力巅峰的卡梅伦知道,他这是在刀尖上行走。因为一旦失败,谁也改变不了他被赶下台走人的危险。

在面对这样的压力的时候,卡梅伦无比庆幸他有一个优秀的妻子,事实上正是萨曼莎的鼓励,才使得卡梅伦走得这么远。

卡梅伦曾经告诉媒体,在20世纪80年代末,自己是出于做一名政治家的考虑而投身政治的,而不是作为政治家的幕僚居于幕后。这个念头,在他脑子里盘旋了很久。和萨曼莎结婚之前,他们有过开诚布公的谈话。卡梅伦很坦率地告诉萨曼莎,自己想成为一名议员,而这将意味他们的婚姻生活可能会一团糟。萨曼莎的态度,让卡梅伦感到很宽慰,她非常支持他参选。

说起卡梅伦的妻子萨曼莎,那也是出身贵胄之家。流着贵族血统的她，可以说和卡梅伦是门当户对。萨曼莎的父亲准男爵雷金纳德·阿德里安·伯克利·谢菲尔德是英国国王查尔斯二世（也就是我们以前说的"查理二世"）后裔，与已故戴安娜王妃是表亲。

萨曼莎出生并成长于家族位于北林肯郡的大庄园，青少年时期接受极为正统保守的贵族教育。她的家族还拥有欧洲最大的城市自然公园——位于约克郡的萨顿庄园。

按道理说，萨曼莎作为贵族后裔，政治家的贤内助，一般都是有着严格的家教，不一定是华贵雍容，也应该是举止端庄，至少在她的成长阶段应该是规规矩矩的。但是萨曼莎显然是个异类。尽管现在的萨曼莎向来以大方优雅著称，并且在"全球最佳着装女性"排行榜上，凭借着时髦得体的着装品位，成为榜单上排名最高的、与政治相关的女性。而还在布里斯托尔大学艺术专业求学时的萨曼莎，却曾经是一个不折不扣的狂热前卫、豪放不羁的艺术爱好者。

由于痴迷"艺术"，曾经让她变得有些疯狂。平日里不仅行为举止异常大胆，而且行事尤其乖张，那个时期的萨曼莎总会有各式各样稀奇古怪的想法与行动。

当时街头文化大行其道，正直青春期的萨曼莎也对其十分感兴趣。不仅如此，她更是与后来成为著名嘻哈歌手的Tricky交往甚密，两人常常约在一起打台球。而且当时的她还是当地一家酒吧的常客，同时常常混迹于摩托党、毒贩、嬉皮士当中。

幸运的是，这些小小的出位行为并没有真正导致萨曼莎的沉沦，或许身处一个背景特殊的贵族家庭让她感到烦闷古板，使她不得不叛逆，才会选择去经历一段适度的疯狂。总之大学生活很快过去了，现如今只有留在萨曼莎脚踝上的那枚海豚文身记录着那段有些疯狂的岁月，才能让她偶尔回忆起这段年少轻狂的日子。经历短暂的放纵，她很快就回归到了正常的轨道中，并且先后在伦敦大学和西英格兰大学等著名学府进行深造。

其实说起来，萨曼莎的经历和卡梅伦十分相似，甚至可以说在人生

道路上，两人几乎如出一辙。同样是出身名门，同样是放荡叛逆，少年时就读于著名的伊顿公学的卡梅伦，甚至因为吸食大麻而受到严厉处罚。同样幸运的是，卡梅伦也很及时地改过自新，并且经过几年苦读考进了牛津大学。

卡梅伦和萨曼莎的初次相遇是在1992年，当时卡梅伦已经26岁，萨曼塔刚刚21岁。那是在卡梅伦父母的结婚周年纪念会上，两人第一次见面，而介绍他们认识的，正是卡梅伦的妹妹，是萨曼莎的好朋友克莱尔。当她把萨曼塔介绍给自己的哥哥的时候，卡梅伦一下子就被这个生性幽默，喜欢恶作剧，还很喜欢冒险的女孩子深深吸引住了。他曾经这样告诉给自己写传记的作者迪伦·琼斯："我们有5岁的年龄差距，我不敢确定我们会怎么样。我开始越来越多地考虑这个问题。我不能说我具体什么时候开始考虑这个年龄差距，但是它确实存在。我爱上了她。"

这段爱情来得突然，但是并不脆弱。首先，两个人相爱的距离并不遥远。当时萨曼莎在布里斯托读本科，而卡梅伦在伦敦的财政部担任顾问。布里斯托是英国西南部的重镇，也是英国的第11大城市。这座城市素以低调、保守和富裕著称，在17世纪曾是英格兰的第二大城市，以对美洲大陆的奴隶、烟草和糖贸易起家。

如果卡梅伦想要立刻见到自己的爱人的话，只需要从伦敦乘坐大概一小时加十分钟火车就能到布里斯托，事实上如果驾车的话，也只需要大约两个半小时。布里斯托是个很宜居的城市，至少很多的英国上层社会人士都很喜欢这座城市。而坐落在该城的布里斯托大学，更是对大批被牛津剑桥拒绝的本科生产生着巨大的吸引力。卡梅伦的哥哥就在这所大学上学，而英国前首相布莱尔的大儿子也是这所大学毕业。

其实，萨曼莎上的并不是布里斯托大学，而是坐落在该城西边的布里斯托理工学院，当然也就是现在的西英格兰大学。虽然两人距离并不算很远，但是萨曼莎有功课较忙，而卡梅伦更不能随意地擅离职守，所以据说他们两个人只在周末才可以见面。

而且因为卡梅伦已经进入了政府部门担当顾问，所以即使是在约会期间，也会接到很多的电话，以至于两个人经常连一个完整的私密时间都不能保证。所以每当卡梅伦接到电话的时候，萨曼莎都有些埋怨地调侃他说："如果是诺曼·拉蒙打来的话，你就让他滚蛋！"诺曼·拉蒙当时已经做到了英国财政大臣的位置上，说起来还是卡梅伦的老板。出于仕途考虑，卡梅伦当然不会对他老板说滚蛋。但是他内心里确定萨曼莎是自己需要的女人，而萨曼莎并不喜欢自己繁忙的工作。

所以在两人谈婚论嫁的时候，卡梅伦特意向萨曼莎表明了心迹，并询问萨曼莎是否能够接受自己的工作。结果是显而易见的，否则现在我们也就不会看到他们两个一同出席重要场合的身影了。不得不说萨曼莎是爱着卡梅伦的，她并不是不介意以后的婚姻生活因为政治而变成媒体关注的对象，虽然具有媒体背景的她了解这样的后果有多么令人难堪，但是她还是愿意接受卡梅伦，因为她爱他。

四年后，两人正式举行了婚礼。即使到今天，在公众场合两个人还是经常十指紧扣，感情并没有因为时间和工作而受到损害，反而依旧如胶似漆甚至更胜从前。两人的感情不仅在英国政坛为人称赞，简直堪称是金童玉女，模范夫妻。

2. 出身名流兼具公司高管的贤妻良母

英国首相卡梅伦真的是一个传奇，尽管我们说起传奇这个词更多的是在盖棺定论的评价伟大人物的时候。但是如今50多岁的卡梅伦真的把他的前半生过成了传奇。首先他本人就是贵族后裔，而他的夫人——萨曼莎·卡梅伦竟然也是拥有贵族血统的上流人士。

生于1971年4月18日的萨曼莎和卡梅伦一样，也拥有着不可小觑的出身。萨曼莎的父亲准男爵雷金纳德·阿德里安·伯克利·谢菲尔德，本身就是一位拥有众多庄园的有钱爵士。如果非要考究他们的家族背景的话，则可以一直追溯到十字军时期，并与当时的国王查尔斯二世（也就是以前的译名"查理二世"）有着紧密的联系。

据有关机构调查，萨曼莎实际上就是英国历史上被称为灰姑娘化身的内尔·格温的后代。而与卡梅伦同样尴尬的是，萨曼莎的祖先内尔·格温也仅仅是王室情妇的身份，只不过卡梅伦先祖是为了王位放弃了情人，而内尔·格温则是国王查尔斯二世极其宠爱的一个情妇。

查尔斯二世（1630—1685）是查尔斯一世与亨莉雅妲·玛利亚王后的长子，苏格兰及英格兰国王。查尔斯二世的童年生活是相当幸福的。出身贵族的他，在幼年时期一直过着无忧无虑的生活，而且还受到很好的贵族教育。但是这样美好的日子，只持续到他12岁那一年。

在查尔斯二世12岁的时候，内战爆发了。因为战争的原因，虽然作为王室免于颠沛流离，但是他也不得不与父亲一起经历着战火的考验。直到查尔斯一世被处决之后，查尔斯二世在欧洲大陆的处境变得日益艰难起来。为了保住家族复兴，他试图娶富有的安妮·玛丽亚为妻，但遗憾的是却一直未能如愿。

1605年，查尔斯二世仅带少量随从回到苏格兰，试图夺回王位。但是一直到了1651年，查尔斯二世妄图凭借武力复位的努力依旧是以失败而告终的，所以这一段时间他一直过着流亡生活。而且此时，欧洲各国慑于英格兰共和政府的势力，不敢长期收留查理二世，他生活的艰辛可想而知。

一直到了领导共和政府的克伦威尔死后，英格兰军方与议会纷争再起，相互争权夺势。在苏格兰的蒙克将军的巧妙安排与斡旋之下，查理二世和平复辟。

复辟之后的查尔斯二世，娶了葡萄牙的公主凯瑟琳为妻，并且成功得到葡属海外领地及大宗财产。查尔斯二世的目的达到了，所以婚后很快冷落了妻子，开始其放荡的生活——查尔斯二世非常好色，甚至到了荒淫无度的地步，对于女人查尔斯二世有着无尽的热情，所以没有人能统计出他到底有过多少个情妇，而且他从不在意对方身份、地位。因此，他给自己增加了一大批私生子。白金汉公爵的儿子小乔治·维利尔斯曾经不无调侃地说："国王就该爱民如子，而查尔斯二世本身就是不少人民的父亲。"

不过，在查尔斯二世众多的情妇中，最著名的就要数内尔·格温，她原本只是在特鲁里大道皇家剧院里售卖橘子的小贩。有时候，昏昏欲睡的听众需要无伤大雅的调情来调节气氛。所以那时候，从事这项工作的大多是轻佻的少女。但是，最终她成为查理二世的情妇。

尽管查尔斯二世在挑选情妇时并不在意对方的家世地位，但是售卖橘子的轻佻少女能够入得了查尔斯的法眼，这中间其实还有一个小故事。据说，当时内尔·格温的男朋友查理·哈特是剧院的演员。因为经常在剧场里走动，内尔·格温有了表现欲，十分期待有一天能够登上这座大舞台上。于是在男朋友的帮助下，这个卖橘子的小姑娘竟然真的获得了登上舞台参加表演的机会。

而真正引起人们注意的是她在戏剧《印度皇帝》中的表演。当时有很多人对这场戏剧赞赏有加，于是引起了多西特伯爵查理·萨克维尔的注意。也正是在这个人的帮助下，内尔·格温才得以一步步地走进上层社会的交际圈，并有机会接触到查尔斯二世。

得到了贵族的青睐，很快内尔·格温就不用卖橘子、演戏剧来糊口了，而是可以像那些有身份的人一样，坐在包厢里看别人表演。也就是在这里，内尔·格温与查尔斯二世发生了一场美丽的邂逅。

当天她正在和另外一名追求者在剧院里看戏，英王查尔斯二世无意间瞥到了她的倩影，瞬间就被牢牢地吸引住了。经过一番交谈，国王对她的风情大加赞赏，并邀请她在演出后共赴晚宴，内尔·格温欣然同意了。可

是哪知道等到晚宴结束的时候,查尔斯二世才尴尬地发现自己竟然忘记带钱了,无奈只好让内尔·格温自己为这次约会买单。

内尔·格温见状忍不住失声大笑,并且毫不顾忌地说道:"天哪!你应该是我在酒店里碰到的最穷的同伴。"当时内尔·格温并没有刻意地注意礼节,所以在她周围的很多人都听到了她的话,并且被她的直言不讳吓坏了。但是国王却对她的无礼置若罔闻,甚至很欣赏她的作风,并爱上了她。就这样内尔·格温成为国王的情妇,并为他生下两个儿子,其中一个就是萨曼莎的先主。

据说内尔·格温的魅力让查尔斯二世神魂颠倒,印象深刻。甚至在他最后的日子里仍然对她念念不忘。有传言说,国王在病榻上的最后一个要求就是"别让可怜的内尔过苦日子"。虽然内尔·格温终未被扶正,但英国人对她还是非常认可的,甚至还给了她一个昵称:"俏丽、俏皮的内尔"。所以说萨曼莎和卡梅伦一样,有着尊贵却又有些尴尬的皇室血统。

此外,萨曼莎不仅父亲家族显赫,就连她的母亲也出身上流社会。所以她自幼耳濡目染,常常在举手投足不经意间流露出英国传统上流门第的气息。

英国政治人物的夫人多数出于礼节的考虑都会穿着比较老气,但是年近知天命的萨曼莎却绝对与众不同。优雅自然的穿着打扮不仅十分得体,更是令时尚界印象深刻。原因自然是由于萨曼莎本身就是搞艺术出身,更曾经在英国"斯迈森"奢侈品公司任创意总监,偶尔成为高级杂志的封面人物,在造型设计上自然有更多神来之笔。

萨曼莎每次在公众场合现身时的穿着打扮,常常是英国媒体讨论的话题。更重要的是,她善于把名牌、设计师作品和英国商场的平价货融合起来,混搭成一种完全不同的穿衣风格。在2009年保守党大会上,她穿着出自"玛莎百货"的灰色圆点连衣裙出场,端庄的气质表明她身居高职出身贵族,但不失生活气息的装扮则证明了他作为一个普通的妻子和母亲的身份。

如今陪伴在卡梅伦身边，为他一心打理家事的萨曼莎，除了贤妻良母的身份，还有另外一面：她还是一名精明自信的职业女性，甚至曾经一度希望成为一名职业画家。后来在英国"斯迈森"奢侈品公司担任过高管，薪金可能比她担任保守党领袖的丈夫还高，说起来可是不折不扣的女强人呢。

3. 淡定应对"艳照"风波

卡梅伦问鼎联合政府首相以来，英国第一夫人萨曼莎向来都是以大方优雅的形象而著称的。但这位雍容华贵的保守党党魁夫人除了那颗不羁的心，还有着更大的不为人知的秘密。原来在多年以前，萨曼莎曾经拍过一张"艳照"。

在这张拍摄于十年前的"艳照"被曝光的时候，整个英国政坛甚至整个英国都震惊了。照片中的萨曼莎，身穿朋友设计的多套性感服装，摆出了诱惑的造型，展现着迷人的身姿，尽显她不为人知的奔放一面。

事实上，这组照片是在1997年前后拍摄的，而这组照片也并不是什么所谓的"艳照"，而是萨曼莎为一位时装设计师朋友而拍的。当时的萨曼莎才刚刚和卡梅伦结婚一两年，而卡梅伦也远没有现在这么出名，甚至连议员都不是。即使卡梅伦为人再出色，但是也不能引起人们的过分注意，或许正是因为丈夫寂寂无名，萨曼莎才会没什么顾忌，尽情做自己爱做的事情。

这组照片中的萨曼莎，身上穿着设计师创作的多套不同衣服，不断摆出各种优美性感的姿势。最让人惊讶的是其中一幅，仰躺在地毯上的萨曼

莎身穿羊皮连衣裙，一双长腿优雅的而又不失性感地抬起搁在沙发上，胸前还抱了一只小黑猫。整张照片的画面冲击力极强并且相当撩人。

虽然英国人的思想开放，但是这样一幅照片曝光，还是引起了轩然大波。只是早在成为首相夫人前，还是英国保守党党魁卡梅伦的妻子萨曼莎，就曾经是最佳衣着名人榜上政界最佳着装女性。在时尚杂志《Tatler》评选的整体排行榜中名列第五，这本杂志舍弃名模和女影星，而选择了政治人物与渐露头角的时尚名人作为其最佳着装示范，所以可以想到作为一名政治家的妻子萨曼莎对于艺术的造诣有多深了。

甚至萨曼莎将自己的穿衣风格发展成了一股潮流，那就是大众品牌和奢侈品牌的混搭。比如女人最爱的连衣裙，萨曼莎就喜欢混搭着穿。她认为单纯地按照衣服的固有属性搭配，只能是死板地照搬照抄，而只有混搭才能展现出一个人性格的多面性。所以她酷爱搭配一条亮色腰带在裙装外，认为这样的混合搭配张扬又不失端庄，才真正够抢眼。

萨曼莎还尤其喜欢穿西装。一般女人穿西装都是出于表现自我个性的原因，萨曼莎也不例外，但是又与别人不同。她为自己在不同的场合准备了两套西装，用以展现不同的感觉。灰色西装内搭白色图案衬衫，着重表现职业女性的干练形象；而黑色西装内搭彩色围巾，却在英气中增添了几分优雅。所以作为一位有操守有素养、又具有相当出色的专业知识的女性，她完全不必去拍摄这样一张卖弄身姿的照片。很显然，萨曼莎只是很喜欢这种在聚光灯前的感觉，而朋友的请求她也没有理由拒绝，所以这幅照片就这样诞生了。

虽然这幅照片的来历和内容都是可以明明白白地说清楚的，萨曼莎本人也并不觉得十分难堪，只是由于翻出来的陈年旧照被人议论而有一些不悦，但是保守党却并不这么认为，相反他们还为此表现得十分紧张。

当时的卡梅伦已经不是当初那个不被人关注的小议员了，他不仅在保守党内部成了魁首，还被赋予了很大的期望，不断地朝着下一任英国首相努力。就在卡梅伦的政治事业蒸蒸日上的时候，萨曼莎的"艳照"被曝光出来了。

珍·雷德是一位知名的时尚专栏作家，同时也是这幅令保守党紧张不已的"艳照"的拥有者。不仅如此，她曾经还是法国第一夫人布吕尼的时尚顾问。雷德评价道，萨曼莎有着模特儿的所有特征：干净的皮肤、好看的五官、健康的长发和一双漂亮的长腿。拍照的时候，她表现得相当自信和有感染力。

事实上，如果不是她偶然在家中的阁楼里发现了这些底片，雷德自己几乎不记得拍过这组照片了。虽然照片最后还是公开出来了，但是雷德也坦言："那次拍照只是萨曼莎对朋友的一次帮忙。拍照的过程没什么特别，不过我对模特儿印象深刻。"

不过，雷德认为萨曼莎现在的穿着过于保守。他曾这样评价萨曼莎的穿着："还可以更时尚些""以她的身材和气质，完全能成为英国的新时尚标杆"。雷德当时曾预测道："如果她丈夫真的能够当上首相，时装设计师们一定争着给她设计新造型。"

雷德还说，在当初照片拍摄完成之后，萨曼莎本来是希望能够把照片寄给杂志刊登出来的，尽管照片拍摄得很完美，但遗憾的是似乎没有杂志社对此感兴趣，所以萨曼莎和雷德也只好作罢，只把这次拍摄当成微不足道的一场嬉戏，并且很快将这件事抛在了脑后。毕竟当时卡梅伦声名不显，而萨曼莎尽管对艺术有着自己独到的见解，却也是名不见经传的小人物，包括雷德也完全没有拿这张照片要挟牟利的意思，所以这幅照片才会沉寂许多年。

但是这幅照片实在出现得不是时候，本来在大选前期的准备工作进行的时候，作为卡梅伦的妻子，本就明事理的萨曼莎更是谨言慎行，小心翼翼，生怕因为自己出现什么失误落人口实，成为对手攻击丈夫的借口。甚至恨不得彻查家底，仔细翻翻旧账，以免落下话柄。可是这组照片的出现彻底打乱了卡梅伦竞选团队的计划。

作为知情人，雷德就表示，这幅照片对萨曼莎和卡梅伦的影响有多

大。他说:"有人告诉我,现在她的身份非同一般,因此对那组照片相当介意。她很清楚自己不能拍那么性感的照片,多少有点后悔"。毕竟在卡梅伦开始受到政坛关注以来,萨曼莎一直以高雅形象示人,而在临近大选的时候被爆出"艳照",会让夫妻俩有些措手不及。

当所有人的眼光都注视着卡梅伦,想要看他如何应对这一紧急事件的时候,卡梅伦的做法却大大出乎人们的意料。卡梅伦摆出了一副完全无所谓的样子,依旧每天和萨曼莎高调秀恩爱,大大方方地带着妻子出席各种场合,好像所谓"艳照"根本就是子虚乌有完全不存在的事情。

就在人们都猜不透卡梅伦究竟想要做什么的时候,他又有了新动作,一方面他用实际行动向公众表示自己与妻子之间依旧和以前一样和睦,另一方面又郑重其事地向公众承认,所谓"艳照"是真实存在的,只不过真实情况并没有人们想象得那么不堪,而且作为一位守法的英国公民,萨曼莎有权利决定自己的行为,有权利决定自己拍摄什么样的照片。但他同时也表示,愿意与妻子一起向公众表示歉意。毕竟他们夫妻现在是公众人物,一言一行都会给社会公众带来极大的影响,所以即使拍摄照片是萨曼莎的权利与自由,但是卡梅伦夫妇依旧愿意承担这组照片所带来的后果,并为此向公众道歉。

就在卡梅伦做出了一系列危机公关之后,保守党再也不会感到紧张了,同时英国公众也向卡梅伦和保守党释放出了善意的信号。的确,作为首相候选人的妻子,过于诱惑的照片难免有轻佻之嫌,但是这并不意味着作为公众人物首相夫人就连自己的自由都不能把握了。况且卡梅伦夫妇面对危机彼此扶持不离不弃的真挚感情和诚挚道歉,也令英国选民们从他们身上看到了值得信任的所在。毕竟卡梅伦在从政前的求学过程中,也有着不大不小的污点,只要能够真诚地面对选民,这都没有什么大不了。毕竟英国需要一个阳光的政府。

4. 晴天霹雳痛失心爱长子

一个人也许没有爱人，没有朋友，但是他绝对不会没有亲人。无论你是谁，无论你身在何方，亲人永远是最牵挂你的人。而失去亲人的痛永远是其他伤痛所无法比拟的，即使是一国首相也难逃于此。

对于卡梅伦来说，这一生最痛苦的事之一便是失去他最心爱的长子伊凡。自伊凡出生以后，便患有先天性的脑瘫和癫痫，需要 24 小时的全程护理。虽然医生早就通知他们此病无法根治，但他和妻子萨曼莎从来没有放弃过对伊凡的希望。

纵使工作再忙，卡梅伦都会抽出时间陪伊凡做一些简单的游戏，在他眼里孩子和妻子都健康快乐就是他最大的幸福。他又与妻子萨曼莎孕育了 5 岁女儿南西及 3 岁的亚瑟，就当五口之家享受天伦的时候，晴天霹雳从天而降。在一个充满生机的春天也就是 2 月 25 日清晨，儿子伊凡因医治无效不幸去世。整个英国社会都因这位命途多舛的残疾儿童的离去而笼罩在一片悲伤气氛当中。英国媒体甚至用"这不是一个人的悲剧"来评价伊凡的去世。

伊凡的去世对卡梅伦来说无疑是一个巨大的打击。虽然自小经历种种磨难，考试倒数第一，吸食鸦片差点被开除，险些被录入特务组织，以及政治场上的种种不顺和困难，这些挫折都没有绊倒他，即使再困难再艰险，他都能咬咬牙挺过去。

唯独这次，儿子伊凡的去世令他万念俱灰，他甚至一再考虑要退出政坛。在接受电视台的专访时，他甚至无法控制自己悲伤的情绪，难过得流

出眼泪,令亿万电视观众为之动容。他说:"伊凡过世时我在想,我什么都不要了,这是一个很大的打击,一开始你完全无法接受。"

所谓"男儿有泪不轻弹,只是未到伤心处",所有夸耀自己坚强无泪的人只是没有悲伤到可以流泪的程度罢了。"白发人送黑发人",这世界上还有什么事能与之相提并论呢?亲情面前不分贵贱,即使是高高在上的贵族,也一样拥有寻常人的感情与柔弱,在失去了至亲的人之后也依然会悲观绝望。

然而,巨人就是巨人,巨人的魅力就在于在经历寻常人同样的遭遇时,巨人总能做出不同的反应,由此得到不一样的结果。纵使悲观绝望甚至万念俱灰,卡梅伦依旧凭借坚强的毅力和顽强的精神,重新拾起对生活的希望。

事后卡梅伦曾对儿子伊凡的事做出这样的回应。他说在儿子去世后自己曾无数次地想过放弃,心里的痛苦和绝望不是任何一个人能够理解和体谅的。但是当他决定放弃的时候,他想起了自己的妻子儿女和敬爱的祖国。

原来儿子伊凡的去世最痛苦的人除了自己以外还有妻子萨曼莎,如果自己倒下了,萨曼莎承受的打击将是无法比拟的。另外,祖国此时的政治局势正处在关键时刻,他投身政治不是为了成为一国首相,只是想让英国的公民过上更加幸福的生活,如果自己倒下了,受伤害的不仅仅是自己的小家庭,还将牵扯到亿万的大家庭。

如此,卡梅伦便坚定信心重新开始,因为还有很多更加重要的事情等着他去做,如果儿子在世,也一定会为他的选择感到骄傲。于是,他将悲伤的心情暂时隐没在心里,安慰妻子和家人走出痛苦的阴影,并以饱满的热情重新投入到政治生涯中。

也就是在这个时候,政府的支持率持续下跌,于是他抓住时机,大力呼吁举行临时大选,这番作为可以说为自己当选首相准备了前提条件,也提高了他在竞争对手中的地位和人气,从而奠定大选成功的基础。

这就是巨人教给我们的道理,人生之路不如意之事十有八九,当遇到挫折和困难的时候,逃避是最懦弱的行为,也是最自私的行为,只有坚定自己的信念,勇敢地度过那艰难的岁月,才会迎来明媚的日子。

哲人曾说过，如果你觉得你现在的生活正充满阴暗，千万不要觉得伤心，那是因为你的背后有阳光。而要见到这背后的阳光，只有一条道路可以走，那就是坚持不懈地大步向前，走出原地的阴暗，才能赢得明媚的阳光。

试想一下，倘若卡梅伦在遭遇丧失长子的事件之后，就此沉沦销声匿迹，那会是什么样的结果呢？

萨曼莎将失去一个上进体贴的丈夫，英国将失去一位特立独行开启英伦时代的亲民首相，而他本人也不会被视作典范走进课堂教科书，作为读者的你更不会读到这样一本关于卡梅伦传奇书籍。

是卡梅伦的毅力成就了自己。当上帝给他一个酸涩的青柠檬时，他没有抱怨和牢骚，而是低下头用尖巧的双手将其制成一杯美味的柠檬汁，成就了自己，成就了家庭，甚至成就了整个英国。

生活中，我们同样需要学习这样的毅力，不要因为一点挫折和考验就放弃对生活的希望，放弃对梦想的坚持。考试挂科是因为上帝觉得你在此领域有更高的天赋，想让你更加深入地对此进行钻研；遭遇失恋，是因为还有一个更加优秀的女孩在前方等待你的到来；被炒鱿鱼，是因为你在其他行业还有更高的发展空间……

如果你因此就终止了奋斗的脚步，那么你永远也不会见到上帝送你的那份特殊惊喜，只有坚持不懈地向前，才能看到最后的美景。

对于卡梅伦来说，他的坚强毅力不仅换来了事业的提升，上帝似乎也对他的生活做出另一番补偿。在痛失长子不久之后，妻子萨曼莎又成功诞下一名千金，这对他生活可谓影响巨大，不仅缓解了他丧子的悲痛，更让他坚定了对生活的信心，升华出一个"更加强大的卡梅伦"。

"天将降大任于斯人也，必先苦其心志，劳其筋骨，饿其体肤，空乏其身，行拂乱其所为，所以动心忍性，曾益其所不能"。若想赢得常人所得不到的奖励，必先承受别人所无法承受的考验，遇到一点点困难就想到放弃，必然"沦为众人"。有毅力才有奇迹，你所看见的那些成功之士，并不是因为他们比别人聪明多少，而是当别人都放弃的时候，他们选择了再坚持一下。

对每个人来说，当下次考验来临的时候，不要那么轻易对自己说放弃，坚持一下，再坚持一下，也许你会得到意想不到的惊喜。

5. 危难之中坚强的后盾

1992年，当卡梅伦的妹妹把自己的好友萨曼莎介绍给哥哥认识时，他立即就被萨曼莎独有的气质深深吸引，相恋多年后，他们在1996年结为伉俪。而也正是因为有这位聪明干练的夫人做坚强的后盾，他才在政坛上平步青云。

作为一党领袖，一国首相的妻子，很多人都会选择隐居幕后相夫教子。但是萨曼莎就是个特例，与其他政治领袖的妻子不同，萨曼莎婚后并没有放弃自己的事业：她在悉心照料孩子和丈夫的同时，还担任着英国著名高级文具品牌Smythson的设计总监，她的职业生涯也为丈夫了解广大选民的需求提供了巨大的帮助。

当然，作为英国的第一夫人，萨曼莎既不是也不能是那种只专注事业、不愿生活在丈夫盛名之下的女强人，也更不愿意做一个单纯的只懂得温柔，专心致志相夫教子的贤内助。她就是她自己，一个特别的女人，她身上的这种特质很难形容，要说是高贵，又不乏朴素；要说她是纯粹的职业女性，她又不失温柔体贴；要说是沉默低调，她又不缺闪耀的光环；要说是过于刚强，她又是一个好妻子好母亲……总之，萨曼莎就是一个神秘又迷人的女人，用媒体的话来说：无论做什么，这个站在卡梅伦身旁的女人总是这么恰到好处。

媒体这么说，可不是一味地吹捧。事实上，在保守党选举期间，萨曼莎正好有孕在身，本来不方便行动的她，还是坚持陪伴在卡梅伦身边，亲自为他加油鼓劲。就如萨曼莎曾经说过的一般："我会身着优雅而随意的衣服，陪伴在丈夫身旁。"而卡梅伦呢，也深知妻子的辛苦，每当演讲结束后，他总是会轻轻地拍拍妻子的肚子，那种夫妻间不经意流露出的深情给不少选民留下了良好印象。甚至有媒体说就是这一深情的轻拍，扭转了保守党的命运。

曾经共同为卡梅伦撰写传记《卡梅伦，新保守党人的崛起》一书的英国《独立报》记者詹姆斯·汉宁和弗朗西斯·伊利奥特，也在书中有过这样的描述："卡梅伦拥有一位不可多得的贤内助，正是妻子萨曼莎的非凡才能，让他能够年纪轻轻便在英国政界熠熠发光。"

不仅如此，卡梅伦夫妇的朋友更是在英国《星期日邮报》的采访中多次说到正是在萨曼莎的激励和帮助下，卡梅伦才有机会从一名传统的保守党党员成长为现在的"自由主义旗手"。这不仅仅是从生活上的细微关怀，还因为萨曼莎拥有坚定的意志和敏锐的政治直觉，在卡梅伦身边，她总是喜欢直言不讳地提出建议，而这些建议恰恰都能够在卡梅伦登上保守党最高职位的过程中发挥作用。

如果说作为卡梅伦夫妇的朋友，说出的话会有失偏颇，那么卡梅伦大学时候的好友安德鲁·费尔德曼的话，则更具有说服力。费尔德曼说："萨姆（对萨曼莎的昵称）是绝妙的晴雨表。她能把握什么重要、什么不重要，也了解对他（卡梅伦）而言什么重要。与卡梅伦相比，她甚至更能走在时代前列。"

这些还只是一些小的细节，事实上在卡梅伦的竞选之路上，萨曼莎扮演着极其重要的角色，甚至夸张一点说，卡梅伦的成功有一半源自于萨曼莎。

当时自由民主党的异军突起，打破了英国政坛多年以来的"跷跷板政治"格局，这对于英国政界和英国公民来说，未尝不是一件好事。但对于

卡梅伦来说,绝对是一件坏事。这样的情况不仅使原本清晰地两党之间的竞争关系变得复杂暧昧,更直接增加了保守党上位的难度。所以卡梅伦决定除了竞选政策的吸引力,实行曲线救国的策略,大打"夫人牌"。毕竟艺术专业出身的萨曼莎时尚而又充满活力,亲民的形象更容易打动选民。而令卡梅伦没有想到的是,在这次选战中,萨曼莎与布朗的夫人萨拉、克莱格的夫人米利安的全方位比拼,也成为大选中的一抹亮丽的风景。

萨曼莎对卡梅伦的竞选工作非常支持。她多次表示,每周会计划专门花几天时间与丈夫一起参加竞选活动。并强调说,这个计划不会只停留在口头上,一定会得到具体的实施。同时萨曼莎深知英国选民不喜欢首相夫人爱出风头,她选择扮演丈夫身边的贤内助角色,选择平价品牌服饰,保持一定的曝光率,既不突出又显得不平凡。

而卡梅伦更是宣称妻子是自己的一个"秘密武器",他多次公开地深情表示:"有一天,她对我说:'我每天辛勤工作,打理自己的事业,但现在我最大的愿望是要你赢得选举。我会在你身后支持你,你只要告诉我怎么做能帮助你,我希望看到这样的结果。'所以,在今后的竞选活动中,你们将看到她更多的身影。英国,请准备好吧!"

一直深爱着卡梅伦的萨曼莎,不遗余力地通过各种场合以及各种方式来向选民们推荐自己的丈夫。如在英国独立电视公司2010年3月13日播出的访谈节目中,一向低调的萨曼莎大谈私人生活,并谈到了与丈夫相识的浪漫过程。

萨曼莎回忆道,在她第一次见到卡梅伦的时候,就觉得他"与其他朋友和任何见过的人都不一样……身上散发着一种非常令人着迷的气息,虽然有份严肃的工作,却为人机智风趣"。萨曼莎甚至大方地表示:"我跟他开始交往的时候只有23岁,现在我们已经在一起18年了,他从来没有让我失望过。"

毫无疑问,类似的访谈节目已成为萨曼莎的一个主要宣传工具。她在阐述卡梅伦是怎样一个优秀丈夫的同时,也在暗示他同样会成为一个杰出的领导人。

　　作为卡梅伦来说，他很享受这样的生活，当然不是因为妻子一味地付出，而是他本身也能很好地平衡自己的家庭和事业。或许这就是具有西方特色的政治家与其他国家的政治家们的不同吧，他们更愿意把自己的日常生活当做一种宣传手段。基于这种价值观和生活目标，我们不难理解，为什么无论是作为反对党领袖还是首相，卡梅伦会把鼓吹家庭生活奉为其政治理念的纲领之一。

　　当然萨曼莎的付出并不是仅止于此，为了卡梅伦，萨曼莎会陪伴着丈夫去英国各地演讲，会见选民，和人们亲切地聊天，并且学习着面对媒体的刁钻问题微笑。有一次，她穿一件看起来甚为朴素的米色衬衫到"索马中心"，慰问住在社区的孟加拉裔的弱势群体。没过多久，她就和孩子们打成一片，之后还穿上围裙，亲自为社区里的老人孩子盛饭盛菜，并与他们共进午餐。

　　类似的经历还发生在2005年。这一年保守党在大选中再次受挫，保守党领袖霍华德辞职，因为职位空缺，党内选举又一次开始了。"在本能我觉得自己不应该参选。但是我想得越多，我和萨曼莎谈得越多，我发现自己对改变保守党有一个正确的想法，把它拉回到正轨。"按照卡梅伦的说法，当他虽然失落但却又抱着意思期待地说"我知道这个国家出了什么问题，也知道怎么去修理它"的时候，萨曼莎毫不犹豫地选择再次支持卡梅伦，她半开玩笑地说："和一个被打得无处藏身的政党的议员结婚，是很乏味的事情。如果你可以把这个党搞好，那么就去干吧。"

　　就是这样一个开朗开明能干又温柔的妻子，帮助卡梅伦一步步走到了今天的高度。我们不能否认卡梅伦本身的能力，但也不能忽视作为贤内助的萨曼莎的帮助。就是在这样一系列的活动中，萨曼塔的魅力逐渐显露出来——在Facebook上，有人建立了选萨曼莎为首相的组群，结果支持者大大超过了她的丈夫。

6. 坎坷重重不减竞选决心

自从卡梅伦出道以来，一直被媒体和英国公众视为"政治偶像"。在西方国家，作为偶像，即使是"政治偶像"，他的生活也会被公众关注。1996年，还居住在牛津郡的卡梅伦，与比他小五岁的萨曼塔结婚了。当然彼时的卡梅伦还没有像现在这样出众。

卡梅伦回忆，婚礼上的萨曼塔哭了，耳边是朋友们为他们唱响的童年时候歌谣，他也跟着流出了眼泪。不知道这眼泪是因为什么而起，但迄今为止，这对夫妻的日子过得非常温馨和成功。

结婚后，小两口住进了伦敦的一套公寓里。因为事前跟萨曼莎讨论过，所以卡梅伦继续从事自己的政治职业，并开始展现才华，一步一步往上走。萨曼莎也没有就此隐入家庭，而是开始了自己的职业生涯，只不过与众多英国贵族子女一样，萨曼莎在嫁给卡梅伦之后的表现低调得惊人。由于她大学学习的是艺术设计，所以毕业之后去了英国高档文具公司 Smythson 担任设计师。

与卡梅伦结婚之后，萨曼莎在鼎力支持卡梅伦的事业的同时，基本上都在专注于自己的商业。有趣的是，萨曼莎还是一家华人服装品牌夏姿的代言人，甚至她曾经获得过时尚设计大奖。对于自己太太的品位，卡梅伦曾经毫不隐晦地告诉媒体，自己对于衣着品位毫无研究，但是作为公众人物，必要的装扮还是必不可少的。为了避免不必要的麻烦，基本上每次去商店，都是自己躲到试衣间里，太太从上面把挑中的衣服递进来。卡梅伦认为自己无法拒绝，也没有什么好挑剔的，因为萨曼莎就是时尚。

相爱的两个人，新婚后一直保持着快乐和甜蜜，但是很快这一切就被孩子的到来所打断。2001年，卡梅伦和萨曼莎的第一个孩子伊文诞生，与此同时不幸也将降临到他们的身上。

早在伊文刚出生的时候，卡梅伦夫妇就感到有些不对劲了，按照卡梅伦当时的说法，伊文总是会"做出一些滑稽的身体运动"。于是他们把孩子送到医院去检查，经过一次又一次的检查，医院告诉了卡梅伦夫妇一个不幸的消息，新生儿患有先天性瘫痪和癫痫。卡梅伦至今还记得当时情形，他不敢相信地问医生："你说严重的学习障碍，是指孩子数学不好，还是将来不会走路说话？"结果医生却告诉他说，伊文可能不能走路，也不能说话。"我们彻底被惊呆了。就像一列高速奔跑的火车撞上了你，突然之间你对孩子所有的期待都幻灭了。"

在与萨曼莎多方寻找了很多康复的方法之后，卡梅伦最终接受了残酷的现实。最后他们达成了一致：与其这样毫无希望地寻找康复的方法，不如面对现实，调整自己的生活。因为他们不想让这种毫无希望的寻找来折磨自己。

事实上，伊文确实像医生说的那样，不能走路也不能说话。于是卡梅伦和萨曼莎雇用了保姆，并且共同负担起日复一日的看护工作。卡梅伦翻修了自己的住宅，为的是让伊文能够住在楼下单独的房间里，内有浴室，还特意装了部升降机。每天早上七点半，保姆把伊文送到楼上，卡梅伦给伊文擦护肤霜，给他穿衣服，把他放到轮椅上，做好上学前的准备。晚上，无论多晚，只要卡梅伦从办公室回来的时候，都会给伊文读一些故事。到了周末，卡梅伦夫妇会花很多时间陪着伊文。

伊文的不幸不仅是卡梅伦生活中的挑战，对于卡梅伦的职业生涯更是一个巨大的挑战。曾经有过为卡梅伦写传记的作者这样问过他"你必须整天想着他吗"，而卡梅伦的回答非常坦率："不，我没有。我很爱他，但是我们肯定要做好准备适应这样一个局面：他本能够取代我们的全部生活。

卡梅伦新传
毅力创造奇迹

残障儿童的父母没有必要像天使一样。你不是天使,也没有必要把自己装成天使。如果你这么做了,我想你可能会筋疲力尽,婚姻也许会破裂,其他孩子也会感到痛苦。"

但是令卡梅伦没有想到的是,就是因为他在对待伊文的态度上,使得他再一次赢得了选民们的支持。因为在面对伊文的问题上,卡梅伦的自持已经显露无遗。也许是因为这种自持,让他在政治上获得成功。甚至当2009年2月,年仅6岁的伊文不幸去世的时候,卡梅伦为他所做的一切赢得了舆论的尊敬。

反对者们难免会挑剔地说,这是卡梅伦夫妇事先安排好的,这一切本身就是在"作秀"。但是有一点值得关注的是,卡梅伦夫妇无论工作多么繁忙,但是对待伊文,他们总是会坚持自己照顾。这样的做法就连那些反对者也无法质疑。而且和普通人一样,在照顾伊文的过程中,他们使用的是英国的免费国民保健系统NHS(National Health System)。他曾在公开声明中,对NHS的员工表示深深的感谢。这样的平民化的举动总是自然而然的引起选民的兴趣,并获得了好感。

而之所以被反对者攻击,是因为伊文基本上是卡梅伦和萨曼莎的家庭生活对外界最为公开的部分了。当然除此之外,卡梅伦与很多英国政治家不同,也毫不吝啬地展现了自己家庭生活的某些片断。但是毕竟卡梅伦太优秀了,所以他无论怎么做,都会有人站出来挑出他的错误。所以,即使敞开胸怀展示自己的家庭生活成为了他2005年当选保守党领袖以来,最富有技巧的公关策划,也依旧拦不住反对者的信口开河。

毫无疑问,年轻是卡梅伦的显著标志,也成为他与其他政党代表的最大不同。他比生于1951的布朗小15岁,与撒切尔夫人之后的历届领袖相比,卡梅伦也是最年轻的。而在2005-2007年,担任另外一个主要反对党、自民党领袖的是年近七十的坎贝尔。

与外界的想象有所出入,传统的英国政治家们并不愿意轻易向公众袒露自己的家庭生活。直到20世纪20年代,随着大众媒体的迅猛发展,英国政治家才极不情愿地向摄像机打开了自己家门。撒切尔夫人曾经做过一次尝试，把媒体与自己的职业生涯结合起来。1979 年，她在竞选首相的时候，让英国的独立电视台 (ITV) 拍摄了自己家庭生活一个片断，结果引起民众极大热情。

在这一点上新工党的布莱尔也做得十分出色，是他大规模地把 spindoctor(指竞选首相时雇用的媒体顾问或政治顾问) 的文化应用在英国政治中。而且还慷慨地把自己的家庭生活告诉英国的公众，积极地将妻子和孩子展现在镜头前。英国民众至今还记得，当布莱尔的第二个孩子伊安出生时，唐宁街 10 号前记者云集，布莱尔和切丽向公众展示自己的新生儿。

而卡梅伦丝毫不逊色于布莱尔。尽管伊文的不幸，使卡梅伦一度痛心疾首，整个人的精神状态都显得十分憔悴，但是这样并没有将他打倒，使他从此一蹶不振。相反，他开始了积极地拼搏。

在明白了家庭生活对竞选的有力支持之后，卡梅伦收拾起悲痛的心情，并将精力放在了媒体上。因为他曾在英国的顶尖媒体巨头卡尔顿集团工作了七年之久，精通媒体运作，所以一切做起来，都那么驾轻就熟。而 2005 年之后，大众媒体已不再局限于电视，互联网、网络媒体和社交网络日益深入到英国公众的生活。卡梅伦和他的团队，在这方面进行了大规模的开发和运作。

当然卡梅伦并不是在拿自己长子的去世来做文章，如果真的是这样，恐怕整个英国的选民们一票都不会投给他了。恰恰相反，他这样的做法，实际上是在通过自己的不断努力，告慰去世的孩子，相信他们夫妇深爱着的伊文也并不愿意看到父亲从此消沉下去吧。

第四章　敢于担当、攻坚克难的政坛新星

　　成功的路从来都不是容易的,卡梅伦的首相之路更是如此。初露风头的他面对的是一连串的政治考验,他既不能太退缩也不能太冒进,掌握恰到好处的力度是最困难的。然而困难是人的绊脚石也是人的垫脚石,把握好机遇,化险为夷反而会为自己的成功助一臂之力。

1. 抵住外压选绿树为保守党党徽

绿色是生命的颜色，代表着希望和活力。从人类为了生存栽培树木植物开始，绿色就有了健康和对美好未来的追求。哪里有绿色，哪里就有生命；哪里有树木，哪里就充满了希望。对于卡梅伦带领的保守党来说，绿树是一个特定的形象用语，它不仅仅代表着绿色的有生命的植物，更是彰显出自己对英国人民，对英国的生态环境，对整个英国的万事万物的保护、维护和改善。

在走向保守党领袖的道路上，卡梅伦遇到了重重阻隔，可谓是波折不断。卡梅伦坦言，过去几年的议员道路是自己人生最丰富的经历。在2005年的大选中，保守党再一次落败。这就如同2001年的失败导致领袖邓肯·史密斯下台一样，此次的惨败对时任保守党领袖的霍华德发起了巨大冲击。霍华德深深地明白，此次的败选对自己的领袖位置产生了巨大威胁，很有可能被逼退位。为了保留仅存的威严，不至于出洋相，霍华德选择主动辞职，让位给党内的新一代议员。

但是，霍华德的辞职对于卡梅伦与奥斯本这些等待上位的新人来说并不完全是好事，因为他们在党内的根基并不深厚，如果霍华德过早下台，在没有做足准备的情况下，卡梅伦与奥斯本等年轻一代很难与党内那些德高望重的人物进行竞争。诺丁山组（党内的年青一代）在霍华德身边的眼线雷秋·维斯顿当接到卡梅伦与奥斯本的指示后，千方百计地让霍华德推迟辞职的时间，以便留出充足的时间让卡梅伦等人做好准备。

在保守党内，除了卡梅伦和奥斯本等伊顿帮成员有上位的野心外，还有一位不可小觑的大人物，他就是大卫·戴维斯。令人庆幸的是，尚未下台的霍华德与戴维斯之间的关系并不融洽，这便无形中为卡梅伦制造了难得的机会。然而不幸的是，霍华德虽然与戴维斯之间的关系不好，但他同时也看卡梅伦不顺眼。因此，在辞职之前，霍华德选了一位并不起眼的人物做自己的继承人，他就是佛朗西斯·茂德。

佛朗西斯并不为人熟知，他在党内也没有什么地位，更没有足以让人信服的威信。一来佛朗西斯不属于老一代的保守党人的大圈子，二来佛朗西斯的实力比不上卡梅伦和奥斯本等人。因此佛朗西斯既不在党内被人重视，也不被党外人士看好，甚至有新闻媒体直指佛朗西斯是此次竞选中的炮灰人物。在各种不利的情况下，佛朗西斯也深知自己的尴尬境地，他没做什么挣扎便悄然退出竞选。霍华德看见佛朗西斯是个扶不起的阿斗，便也不在他身上抱任何希望了，转而通过雷秋向乔治·奥斯本传了话。

乔治·奥斯本近些年来一直是诺丁山组及伊顿帮中地位仅次于卡梅伦的二号人物，外界甚至宣称卡梅伦与奥斯本是保守党内的"布莱尔与布朗"。当奥斯本得知自己被霍华德推选为继承人后，他没有喜形于色，而是陷入了深深的思考。此时的奥斯本年仅35岁，资历还很轻，无论是年龄还是经验，都不足以胜任领袖之位。而且最重要的一点就是自己和卡梅伦私交甚好，如果自己被推选为继承人，那么两人之间的关系将急转直下，很有可能陷入危机。如果这种情况出现，代表年青一代保守党人的诺丁山组一号与二号人物之间出现内斗，不仅仅将影响整个诺丁山组和伊顿帮的利益，甚至可能让双方都当不上领袖，两败俱伤，而让其他人坐收渔翁之利。

在权力斗争的背后，到底有多少不为人知的秘密呢？我想除了当事人外，谁也无法进行准确的剖析。然而有一点我们可以肯定，那就是奥斯本最终没有接受霍华德的邀请，而是接下了影子才相的位置。当一切都被敲定后，我们又陷入了新的思考。为什么霍华德要极力邀请奥斯本成为新的接班人呢？是霍华德真的看中奥斯本的能力，还是有意挑拨离间他与卡梅伦的关系，看他们在党内"自相残杀"呢？这一切都不得而知了，或许会

成为永远的秘密。

既然奥斯本主动放弃了接任领袖的机会,那么这场党内领袖之争的人物就只剩下卡梅伦与大卫·戴维斯了。戴维斯作为党内老派人物之一,有着雄厚的人脉资源和实践经验,按理说他要比卡梅伦有更大的胜算。但是卡梅伦也不是等闲之辈,卡梅伦出生在贵族家庭,其家族在商界的关系可以为其笼络大量的物质资源,提供强大的资金支持。其次,卡梅伦拥有大量的媒体朋友,可以在社会中制造利于自己的舆论,顺便打击戴维斯的威信,掌控舆论方向。在英国政界有一句玩笑话:"谁要是能在英国笼络住伦敦金融城或者罗伯特·默多克,便能掌控英国的半壁江山。"虽然仅仅只是一句笑谈,但是却十分尖锐地指出经济实力与媒体影响力在政治中的巨大作用。

虽然卡梅伦掌握了资金和媒体两方面的优势,但是在与大卫·戴维斯的竞争中,卡梅伦还是稍逊一筹,特别是在两人互相较劲的初期。为了能够获胜,卡梅伦已经把自己的家族势力发挥到了极致,然而接下来是否能够胜出,还需要看卡梅伦自己的实力。与大卫相比,卡梅伦在个人魅力上似乎更占优势,他是保守党内现代化最主要的推动者之一。与以往的保守党人不同,卡梅伦在支持减税与私营企业发展的同时,还强调要做好公共服务及国家福利。这一新的诉求让英国民众们耳目一新,相比之下,戴维斯就显得老朽且不知变通。与此同时,卡梅伦善于发挥自己的个人魅力,在演讲上有着高超的技巧,总是能轻易地俘获人心。在与卡梅伦的较量中,戴维斯初期的优势正在一点点丢失。

为了支持卡梅伦上位,诺丁山组的成员乃至整个伊顿帮都忙得不亦乐乎,全员四处奔波,极力为卡梅伦争取到更高的支持率。希尔顿此时负责卡梅伦的宣传工作,每天在电脑和印刷机前亲自过目即将发放的海报与宣传单。奥斯本也倾力相助,他认为,或许卡梅伦的胜利也能为自己的未来带去光明。在各种场合中,奥斯本极力抓住每一个机会往卡梅伦脸上贴金。依靠亲朋好友的大力支持,卡梅伦在支持率上形成了绝对优势,而大卫·戴维斯的名字却被公众们渐渐遗忘。

2005年12月6日，保守党在伦敦艺术大学的皇家学会大厅内公布了新一轮保守党领袖的选举结果：大卫·戴维斯获得64398票，卡梅伦获得134446票。就这样，卡梅伦以极大的优势成为保守党新一任领袖。至此，卡梅伦终于平定了党内各派势力，成为保守党第一号人物。不到40岁的卡梅伦成功竞选保守党领袖一职后，发表了激动人心的演讲，而这次演讲也让所有不服气的人终于愿意承认卡梅伦的能力。

卡梅伦上任后，极力调整保守党政策，更加关注环境和医疗保险，以吸引更多的女性和少数族裔加入保守党的队伍中，赢得更多选票。卡梅伦的政治理念被称为"卡梅伦主义"，像所有保守党一样，卡梅伦想要一个小一点的国家，注重"福利、学校和家庭"。卡梅伦称自己是一个"现代的、有同情心的保守党"，他曾多次公开表示，当前的英国需要一套新的政治来进行管理。

卡梅伦注重环保，对很多环保问题十分关注。据英国的媒体报道，卡梅伦经常骑着自行车上下班，而卡梅伦对于绿色问题更为关注。2006年5月在英格兰地方选举活动中，卡梅伦出人意料地跑到北极进行宣传，并喊出了"选蓝色（蓝色代表保守党），要绿色"的口号，而这次的竞选口号使得保守党获得了大比数的选票。

在2006年10月的保守党年会上，保守党取消了象征团结和力量的火炬标志，转而用一幅像是一名刚会执笔的孩童画出的蜡笔画作为党的新标志。在这幅画中，是一棵生长在蓝色土地上的绿树，全图构思巧妙，活泼新颖。面对这样的新标志，党内的很多人是纷纷表示抗议，很多人不理解，为什么要把神圣庄严的火炬换成葱翠的绿树呢，而且还要花费4万英镑去完成这一新的设计。但是卡梅伦却坚信，改革保守党形象的任务是艰巨的，而选择新的党徽只是改革的第一步。选择绿树作为党徽，代表着保守党将是一个注重环保，热爱环境，向往和谐的政党，保守党必将带领着英国民众走向一个充满生机、活力的新世界。

2. 突破传统"奶爸"示人毫不羞涩

孩子是夫妻二人爱情的结晶，是双方准备很久、期待很久才得到的礼物，他绝对不是因为意外才诞生到这个世界上。当第一声啼哭划破天际，那是人间最美妙的声响，令父母为之欣慰和自豪。可以说，这世上没有一对父母是不爱自己孩子的，而这种爱在卡梅伦身上同样能够清晰地看到。在与萨曼莎·卡梅伦结婚后，两人先后孕育了三个孩子，分别是大儿子伊凡（Ivan Reginald Ian，2002年生）、女儿南希（Nancy Gwen，2004年生）、小儿子阿瑟（Arthur Elwen，2006年生）。对于这三个上天恩赐的礼物，卡梅伦看得比什么都重要。可以说，卡梅伦为了孩子，是不惜放弃一切的。

在伊凡刚刚出生的时候，卡梅伦就做起了称职的奶爸。他专门申请了假期，全心全意在家中照看刚刚生产完的妻子和刚刚降临世间的儿子。身为政党领袖的卡梅伦竟然在家中做起了全职奶爸，这非但没让人抗议，反而被许多人称赞，甚至给了卡梅伦一个称号——新模范男人。在卡梅伦众多的支持者中，有半数以上的人是女性。

在三个孩子中间，卡梅伦最放心不下的就是大儿子伊凡。前面已提到伊凡降生时，体重一直在下降，而且还时常出现抽搐症状。这可把这对年轻的父母吓坏了，他们赶紧把儿子带到医院进行检查，检查结果很快就出来了，卡梅伦夫妇难以置信，摆在他们面前的诊断结果竟是那么残酷。伊凡被诊断为患有先天性疾病——脑瘫和癫痫。这对于卡梅伦夫妇来说，无疑是沉重的打击。在医学界，脑瘫至今依然无法被治愈，而这种疾病将伴随孩子一生，不断折磨他，直至死亡。

如果这样的惨剧发生在一般人的家庭里，普通的父母肯定会失声痛哭或者残忍地将这个可怜的幼小生命抛弃。但是，对于卡梅伦夫妇来说，他们在悲痛之后选择坚强地面对这一噩讯。从悲痛阴影中挣扎出来的卡梅伦决定要尽自己一切努力照顾好这个不幸的孩子，接下来的几天，卡梅伦每天 24 小时不间断地照看伊凡的生活。巨大的精神压力和身体上的疲惫让卡梅伦沉重不堪，但是为了让儿子能够多活一天，甚至多活一秒，多看一眼这美丽的世界，卡梅伦觉得再累再辛苦也是值得的。

在卡梅伦夫妇的细心照料下，伊凡暂时活了下来，虽然他极有可能随时被病魔夺去生命，但卡梅伦从未选择过放弃。被病魔折磨的伊凡不能走路，不能说话，甚至不能自己吃饭，必须用软管把食物流到胃里。此外，伊凡还需要定期到医院接受检查治疗。为了看护伊凡，卡梅伦付出了自己的一切。一旦伊凡犯病，不论是在什么时候，他都会以最快的速度将伊凡送往医院，并且会一刻不离地陪伴在伊凡身边。

为了能够给予伊凡最好的生活环境，卡梅伦还重新装修了自己的房子，他添置了特殊的医疗器械，为的就是能够在家中一步不离地照看这可怜的小生命。伊凡的主治医生曾对卡梅伦坦言，患有这种病的孩子大多活不过幼年时期，即使能够幸运的活到一两岁，但是生活无法自理，只能绝望地面对这个世界。而根据相关的遗传学原理，卡梅伦夫妇如果以后再生孩子，患上这种病的概率在 5% 左右，但幸运的是，卡梅伦夫妇接下来的两个孩子都很健康。

尽管伊凡的病让他缺乏认知能力，但是对于父母的爱他却能有所反应。我想父母之爱的伟大就在于此吧，能让病痛中的孩子被爱的力量感染。卡梅伦看着可怜的伊凡说："伊凡有的时候会微笑，嘴角轻轻上扬，那个时候我的心都要被融化了，觉得一切的付出都是值得的。"但是卡梅伦不得不承认，在病痛的折磨下，伊凡过得十分痛苦，这也让卡梅伦心里很受伤害。但是，卡梅伦夫妻依然尽心尽力地照看着他，希望他能在仅有的生命时光里过得轻松一些。但是不幸的事还是发生了，2009 年的一天晚上，伊凡的

卡梅伦新传
毅力创造奇迹

癫痫病突发，虽然卡梅伦赶忙带着他到医院进行救治，但医生无力回天，小伊凡最终被病魔夺走了生命。

保守党党魁卡梅伦的儿子不幸逝世的消息立刻传遍了整个英国，在英国电视台播放的一档采访节目中，卡梅伦谈论了自己对于失去儿子的痛苦，他说："这是一个令人难以接受的消息，真的很痛苦，让人无法相信。"卡梅伦随后和妻子返回家中，与五岁的南希和三岁的亚瑟一起哀悼他们离去的兄长。此后，卡梅伦请了两个星期的长假在家中陪伴妻子，也陪伴伤心的自己。卡梅伦热爱自己的事业，但他也离不开深爱的家庭，他现在能做的只有尽量调整自己的情绪，让自己尽快地平静下来，才能更好地处理工作。

在爱子刚刚去世的时候，卡梅伦沮丧地想要对一切都不管不顾，他甚至想要离开尔虞我诈的政坛，去寻找一块净土，抚慰自己的心灵。但是在悲痛之后，卡梅伦依然振作了起来，他说："对我而言，我仍要继续我自己的生活，生活就是政治，就是公共服务。我所做出的事情就是成为一名议员，为整个英国社会做出改变。"卡梅伦还曾向一些保守党员发过一条短信，短信的内容是："当我们得知伊凡的病情后，我原以为自己尽量照看他能让他从中受益。但是最终的结果却让我明白，伊凡的痛苦是我和妻子成了最大的受益者，因为我们明白，拥有一个孩子，照看一个孩子让我们明白了很多东西。"

身为政党领袖的卡梅伦深知自己肩上的重任，在面对痛失亲子的悲惨遭遇里，他没有无法自拔，反而化悲愤为力量，坚定心中的理想，立志要为英国贡献更好、更合理的政治体制，带领保守党，带领广大英国民众走向更美好的明天。卡梅伦在随后的采访中也坦言，自己花费了很久的时间才走出失去孩子的阴影，而这也将成为他一生的遗憾。虽然失去了长子，但是卡梅伦还有两个孩子等着他照顾，而为了弥补自己的遗憾，卡梅伦对剩下的两个孩子可谓是进行了无微不至的照顾，尽显"奶爸"风范。

长子伊凡虽然永远地离去了，但是南希和亚瑟却在每天不断地成长，卡梅伦面对两个幼小的生命，发誓要尽心地照看他们，决不能让他们受到一点伤害。每天早晨，在伦敦熙熙攘攘的人群中，除了上班、上学族以外，还有一群忙碌辛苦的群体，那就是送完孩子上学再回头上班的家长一族，而"奶爸"卡梅伦自然也是这一群体中的一员。卡梅伦"奶爸"的称号绝不是虚名，每天早晨，卡梅伦都会步行送3岁的小女儿南希去上幼儿园。没有公车，更没有保镖，人们看到的只是一对普通却有充满关爱的父女。这样的场景每天都会在伦敦街头上演，领袖卡梅伦尽显"奶爸"柔情也让很多人大呼意想不到。

英国的《每日邮报》就曾专门报道过卡梅伦送女上学的新闻，某个清晨，年幼的南希穿着彩色条纹的上衣，牛仔小短裙，滑着一辆紫色充满童趣的小滑板车，欢乐地去往位于威斯敏斯特的幼儿园的路上。卡梅伦则一身西装革履地守护在女儿身边，在路口遇到红灯时，父女俩会静静地停下来等待，直到绿灯亮起才小心翼翼地走到对面去。在伦敦早高峰的街头中，这样的父女一点儿也不起眼，完完全全地被淹没在人潮之中。

送完女儿，卡梅伦还需要处理自己的工作。虽然事务繁忙，但卡梅伦仍然会坚持送女儿上学，虽然不可能每天都去，但他会尽量抽出时间，让自己尽一个好丈夫、一个好父亲的责任。卡梅伦的"奶爸"形象并不是一天就练成的，卡梅伦也曾经闹过乌龙事件，曾经就把自己的女儿南希遗忘在了餐厅中。

面对尽显父爱的卡梅伦，有人支持也有人反对，很多卡梅伦的政敌纷纷质疑他是在作秀。而面对众人的指责，卡梅伦只是淡淡地说道："虽然在工作中我是保守党的领袖，但是下了班之后我也是一个普通人，我也有自己的家庭和孩子，我需要充当一个丈夫的角色，我也需要承担做父亲的责任。"

"奶爸"卡梅伦，用自己厚实的肩膀为孩子撑起一片天地，护着自己的家庭，他用羽翼呵护孩子健康成长，期待着他们振翅飞翔的那一天。我们相信，卡梅伦是一个极有责任心的男人。同样地，他也一定能带领保守党做出一番业绩，为英国灿烂的明天做出不朽的功绩。

3. 为时尚界迎来新气象

说起政治和时尚，人们会觉得这是两种风马牛不相及的事物。但是两者虽然看上去相距甚远，却有相似之处。对于政治人士和时尚人士来说，自己每天都要被聚焦在镁光灯下，接受人们的采访和追问，获得极高的曝光率。如果说政客们能够将时尚掌握在手中，用时尚装点自己，打造成自身不可缺少的王牌，那么对自己的政治仕途一定会产生不可估量的作用。政客利用时尚，而一些商家也瞄准了其中的商机，他们在暗中"利用"政客们，把政坛打造成了时尚T台，不管政客们是否愿意，他们都成了商家们不化钱的"明星模特"。

在政治领域中，由于位高权重，很多政治人士对时尚的影响力要远远超出人们的想象，他们往往是精英一族的典范和楷模，自己的吃、穿、用、戴都成为许多时尚人士、高端贵族们效仿的榜样，他们也在无形之中引领着消费导向。当然，这些也会因地域、国籍的不同而有所差别。政界名流的衣装品位一直以来都是各国媒体最重视的话题，很多普通民众也愿意对国家重要人物的穿着品位评头论足。各国政要不仅是公众的焦点，更代表着国家形象。而身为英国保守党领袖的卡梅伦对于时尚也有自己的一番见解。

身为英国王室的远亲，出身于伊顿公学和牛津大学的保守党领袖卡梅伦，在英国不仅仅是精英人士们效仿的典型人物，更是大众瞩目的时尚男人。2007年，卡梅伦更是被英国版《GQ》评选为英国最佳着装男士第二名，仅位次于英国男影星007电影中邦德的扮演者丹尼尔·克雷格。

与许多英国上流社会的绅士一样,卡梅伦也是萨维尔街的忠实顾客,他一反此前工党领袖布莱尔的朴素作风,屡次邀请著名的时尚裁缝为自己量身定做衣裳。卡梅伦最喜欢穿剪裁得体的西装,白色衬衫配上蓝色的领带,显得十分挺拔精神。衣服既不僵硬也不松垮,领带既不宽大也不太过窄小,展现出一个政党领袖应有的风貌。卡梅伦的穿衣风格就像他的政策一样,既不会特别引人注意,也不会令人反感,总是觉得十分顺眼。

如果我们以"David Cameron"为关键词在谷歌中搜索后,我们会发现许多关于卡梅伦的时尚新闻。据《GQ》的一位编辑称,政客们的新闻日程是由他的外表和语言共同决定的,卡梅伦深知这一点,从他用这一知识的方式就能够说明。例如,卡梅伦在户外进行演讲时,喜欢穿着普通休闲的服装来展示自己的亲民性。而在重要场合中,卡梅伦便将自己的形象交托给自己的太太萨曼莎。萨曼莎是高端文具和皮具公司斯迈森公司的创意总监,同时也是一位极具创意的着装者。如果说卡梅伦是时尚的,那么他的时尚必须要归功于他的妻子。

萨曼莎的穿着风格犹如一缕清风掠过整个英国,她也曾被英国《Tatler》杂志评为"女性名人着装排行榜"第一名。作为卡梅伦的妻子,萨曼莎有着优越的家庭背景,他的父亲是准男爵,她自己也有一份体面优越的工作,曾被《Glamour》杂志评为最佳配饰设计师。比起其他政治人士的妻子,萨曼莎的穿衣风格显得更加优雅和平易近人,她让人想起已故的戴安娜王妃,在穿衣风格上更具多元化,三个着装关键词体现出萨曼莎不随波逐流的时尚品位。这三个关键词是"亲民、混搭、低碳"。

萨曼萨并不热衷于追求国际奢侈品牌,而是一些英国本土的平价品牌,比如Top Shop、Reiss、Next和玛莎百货,鞋子则钟爱西班牙的ZARA。萨曼莎拥有极强的混搭能力,即使在正式场合,一身混搭的风格仍能让她屡屡出彩。而在网络上,更是有关于萨曼莎穿衣的主题网站,将她平时的混搭饰品收集起来,搭配好供人参考,很多人纷纷以她为样板效仿她的穿衣风格。很多女人的衣柜里总有一件衣服从来没有穿过,而这样的事情却没出现在萨曼莎的身上,同样的一双鞋,同样的一件外套会在萨曼莎身上频频出现,即使是在庆祝卡梅伦当选的时候,萨曼莎仍是穿着一双出过镜的旧鞋。萨曼莎低碳、环保的做法践行着丈夫的政治理念。

可以说,卡梅伦的穿衣风格深受到妻子萨曼莎的影响,在不断摸索中逐渐形成自己的一套时尚法则,而卡梅伦又把这套时尚法则运用到政治中,借助服装上的不同来区别于他的竞争对手,并将自己同大洋彼岸的政治童话世界联系在一起。卡梅伦特别钟爱于西装和衬衫之间的搭配,这与工党领袖戈登·布朗的风格迥然不同。布朗的穿着让人看着不顺眼,总觉得他脖子上套着一个银色的吊索,显得郁郁寡欢。卡梅伦在对待年轻一代的选民时,总是喜欢将领带摘下,这与肯尼迪在就职演说中扔掉帽子的做法相同,名副其实的从头改变和挣脱过去束缚自由的举动,这样的策略也为他赢得了年青一代的支持。对于保守党来说,卡梅伦的做法是在同以头盔为代表的撒切尔年代的决裂,意味着要打开一个崭新的时代。

对于普通民众,卡梅伦会解下领带和他们打成一片,而在重要场合,卡梅伦还是会系上领带以示尊重。当卡梅伦真系上领带时,我们会发现绝大多数都是蓝色的,这也与保守党传统上是蓝色党派的理念相一致。但在2005年竞选保守党领袖期间,卡梅伦的领带颜色却十分丰富,有红色、绿色甚至是银色。

在日常生活中,你绝不会见到卡梅伦西装笔挺地站在公众视野里,他往往更加偏爱休闲服饰,而这也招致了保守党派的不满。服装上的冒险让卡梅伦远离了西装裁缝公司的帕特里克·格兰特这样的传统主义者。格兰特代表的传统主义者认为,这种不正式、不系领带的服装风格"令人震惊"。但是,卡梅伦的某些招人喜欢的政策也存在着触怒老派政党人士的风险。在日常生活中,卡梅伦一直践行者自己的政治理念,这从他经常骑自行车上班中就能看出来。为了提倡"绿色"和环保的理念,卡梅伦从不配备专门司机和公车。

对于卡梅伦来说,政治就像是掌握在手中的游戏,作为政客它需要有意无意地炫耀出自己身为男性的雄壮和威猛，因而他把这种表现的机会体现在了着装上，并且把它变成一种有效的政治工具。身为政要的卡梅伦，他深知自己的举手投足都被人关注着，如果出现了一丝小问题都会被公众们狠狠地批评，因而卡梅伦在穿着上会下一番苦功夫。

卡梅伦在选择服装时，会尽量考虑到环保主义者的心情，因而他会在日常穿着时加点绿色的饰品。比如他会经常穿着系着绿色鞋带的环保运动鞋，彰显自己的环保理念。某时尚杂志在评价这位喜欢穿限量版匡威运动鞋的保守党领袖时说："卡梅伦会最大限度地发挥自己的外表和语言。"

卡梅伦的秘密时尚武器是一名叫蒂莫西·埃佛勒斯的人，埃佛勒斯曾为许多大牌明星量体裁衣，诸如汤姆·克鲁斯，大卫·贝克汉姆都是他的客户。有趣的是，布朗也钟情于埃佛勒斯的设计，不过布朗的穿着却完全没有获得卡梅伦的认可，布朗还曾被时尚杂志评为"最差着装男性"第二名。正如英国《独立报》曾评价过的那样，重要的不是你穿的是什么，而是穿在了谁的身上。

4. 信心满满对抗布莱尔挑战

2005年12月6日，英国最大的在野党，保守党正式宣布，该党副主席、现年39岁的戴维·卡梅伦以68%的得票率击败竞争对手戴维斯，成为保守党10年来选出的第五位领袖。面对成为保守党的新任领袖，卡梅伦并不觉得意外，因为在这之前他就已经做足了准备。卡梅伦在竞选时就亮出了与其他竞选者不一样的风格。他不用讲稿，手上也并没有准备好的提纲，一切都是随意发挥侃侃而谈。虽然看似随意，但往往话锋伶俐又充满谦和，让人为之倾倒。卡梅伦的形象彰显着英国专业人士和学者的风范，而他本人也被评为英国年度政治风云人物。

在卡梅伦竞选党魁的记者招待会上，现场的布置如同高级酒吧一般，有充足的水果奶茶共赢，显得十分新潮别致。当卡梅伦被媒体追问是否在学生时代吸过毒时，卡梅伦半开玩笑地回答那是普通学生都有过的经历。此外，卡梅伦还透露自己喜欢喝啤酒，钟情于摇滚乐和自行车。在第二天英国报纸的评论文章中，他们认为卡梅伦是一个新潮时尚、贴近时代的政客。卡梅伦的行事风格也让他收获了极高的支持率，创下了15年来的最高水平。

在赢得党魁选举的胜利后，很多民众被这位年轻的政客所吸引，年仅39岁的他比布莱尔首次当选英国共党领袖时小2岁，因此很多人称卡梅伦为"翻版布莱尔"。对于这个称呼，卡梅伦似乎并不喜欢，显然他不愿做第二个布莱尔，而要做第一个卡梅伦。

12月7日，卡梅伦发表了任职演说，在演讲中他表示今后会全力配合布莱尔政府，但是如果政府做出了不利于国家前途的决策，他将率先提出反对意见，并决心要在党内进行一番改革，打造一个全新的保守党。在演讲中，卡梅伦也对时任首相的布莱尔进行了一番质询，虽然气势稍弱，略有结巴，但信心满满的卡梅伦仍然向布莱尔发起了示威。

卡梅伦在演讲中宣称布莱尔是过气的未来，这句奚落的话语也成了当日英国报纸的头条标题，给很多人都留下了深刻的印象。在发表演说后，这位保守党的信任领袖来到伦敦东区非白人族裔聚居的地区，参观学校，会晤当地的社区首领。第二天，英国当地报纸争相报道保守党领袖的新表现，很多标题醒目的描述卡梅伦：不系领带，保守党革命性的新行为。

卡梅伦一直以亲和的形象示人，而这是布莱尔所不及的。当上领袖的卡梅伦已是三个孩子的父亲，最小的一个孩子在当上党魁之后出生。在一般的私人场合里，卡梅伦面对突然冒出的媒体也毫不厌恶，总是会平静自然地回答一切问题。卡梅伦家住伦敦豪华的辛顿区，每天上班却总是骑着自己的自行车，戴上头盔，穿着鲜红色的风衣，一身运动员打扮显得活力十足。

在卡梅伦的眼里，自行车可不仅仅只是代步工具，而是自己的政治工具。卡梅伦曾被拍到骑车时多次违反交通规则，但公众们却表示了大度的宽容，认为偶尔犯点小错误的政治家才更真实，更可信。卡梅伦显然在公众心中树立了一个良好的政治家形象，而这一切只是为了他日能够更好地对抗布莱尔，而布莱尔必将面对一场极具危险的挑战。

卡梅伦带领的保守党和布莱尔带领的工党之间的矛盾由来已久。早在20世纪90年代，保守党失去连续执政18年的江山，其中很大的原因就是因为公众们担心保守党会将公立医院私有化。当时布莱尔带领的新工党政府则向公众承诺，势必维护公立医疗制度。这也成了两党医疗政策之争的源头，为日后的对抗埋下了导火线。

在卡梅伦走向保守党领袖之位之后，便马上推介自己的医疗政策。卡梅伦宣称，首先，保守党非但不会取消公立的医疗制度，还会大力维护这一公共事业；其次，对于2005年保守党大选政纲里面的"病人护照计划"，建议补贴那些有能力选择私人医疗服务的病人，卡梅伦表示，他将取消这一计划，因为这一政策等于是用纳税人的钱来鼓励人们离开公立医疗，这是绝对错误的。保守党在2002年提出"病人护照计划"，而卡梅伦在2005年作为保守党的政纲撰写者，又是他将这一政策写进大选政纲。但是面对如今的形式，卡梅伦很明白保守党在医疗方向是不受选民欢迎的，为了更好地对抗布莱尔，卡梅伦必须审时度势，及时更改。卡梅伦表示，国民医疗服务是20世纪英国最伟大的成就之一，如今保守党的最重要任务就是不遗余力的维护这一项制度。

对于卡梅伦的大肆改革，党内很多保守派感受到了不安，而那些急于求变的改革派却欣喜若狂，认为这回保守党终于有希望战胜布莱尔带领的工党了。紧接着，卡梅伦又开始陆续更改保守党的一些既往政策。对于保守党一向的地税政策，卡梅伦认为今后应该先把经济稳定和公共事业放在第一位，把减税政策放在第二位。换言之就是卡梅伦在批评保守党的旧政策，只顾用减税的办法来讨好选民，忽略了更重要的公共事务，让公共事

业走上私有化的道路。

比起上一任保守党领袖，卡梅伦对于欧洲的观点十分清晰，卡梅伦十分反对英国脱离欧盟，批评对欧洲一体化持反对态度的人，有批评英国独立党是关起门来的种族主义者。针对英国青少年犯罪率越来越高的情况，工党政府提出要严加处罚那些犯罪、酗酒、扰乱公共秩序的青少年，还要对他们的父母处以罚款。对于工党的做法，卡梅伦十分不屑，他只回应了一句话："最蠢最笨的孩子也需要别人的关爱。"

在卡梅伦大刀阔斧地进行了各项改革措施之后，他也招致了许多非议和批评。撒切尔夫人时代的保守党主席特比德就曾警告过卡梅伦，如果他企图将保守党引向中间政党的位置是极其危险的，那会使得保守党丧失大批右翼选民，就像布莱尔失去左翼选民一样。保守党著名经济学家蒂姆·康登更是不满卡梅伦就任党魁，愤然宣布退出保守党，并加入英国独立党。蒂姆·康登指责卡梅伦误导全党，没能指出清晰的防线，反而推行不合理的环境保护主义。与此同时，不仅党内存在众多批评的声音，党外也有许多人指责卡梅伦拿不出具体的政策措施，只会抄袭工党走中间路线。

面对纷至沓来的批评声音，卡梅伦进行了辩解。他说："现代保守党就是要不断吸取新工党失败的经验，而不是学习他们。我根本不会抄袭布莱尔的经验，我正在从他犯的许多错误上吸取教训。"卡梅伦在任的一年时间里，基层选区内出现了许多女性候选人，妇女和少数族裔候选人占了该党基层候选人的43%，这是一个很好的变化，是保守党作为右翼政党从未有过的现象。对于这一巨大变化，卡梅伦评论道："我们党现在有了不少相当好的黑人候选人，但是还不够多，不如我想象中那么多。"

2006年，卡梅伦提出限制首相在未经议会表决的情况下对外宣战或签订条约的权力。在保守党拥有的六个政策研究小组中，民主研究小组是其中的一个，专门来研究首相和内阁如何能够更负责任地代行君权，在紧急情况下做出决策。卡梅伦认为，对于重大事务，议会更应该有发言权，而且这种权力需要不断扩大。

和布莱尔相比，卡梅伦显得更加重视民意，而这也是布莱尔饱受诟病的一方面。很多英国选民时常批评布莱尔漠视民意，将英国卷入了伊拉克战争，再加上布莱尔紧紧跟随美国的表现，令舆论不断指责布莱尔，纷纷批评布莱尔政府的各项决议。虽然保守党也支持伊拉克战争，在这一方面并不占优势，但卡梅伦依然选择用这一事件让公众降低对布莱尔的支持率，将矛头指向布莱尔。

在卡梅伦接任保守党领袖的一段时间里，虽然保守党的民意时起时落，但总体来说，卡梅伦受民众的欢迎程度远高于布莱尔。这位年轻党魁正努力洗刷过去保守党留下的陈旧面目，努力打造一个全新的、讲究实际的、贴近民心的政党，以信心满满的姿态对抗布莱尔的挑战。

5. 风趣新星调侃与奥斯伯恩比拼声音

幽默是智慧和思想的结晶，能够让语言在瞬间闪现耀眼的火花。它往往以夸张、讥讽、调侃的方式，让人在会心微笑的同时有所警觉。政治人物在交往时，会经常开玩笑，展现自己的幽默和风趣，在谈笑风生中把信息传递给对方，既能显示自己的风度，也能维护自身的形象，收到积极的效果。卡梅伦便是一个极具幽默细胞的政客，他年轻俊朗、活力四射，总是语出惊人，用幽默诙谐的方式改变一直以来在民众心目中"高傲公子"的印象。

风趣幽默的性格既为卡梅伦赢得了大量的支持率，但同时也招致了不少麻烦，此前卡梅伦就曾嘲讽过法国总统萨科齐为"侏儒"而饱受批评。法国总统萨科齐身高约 167 厘米，一向最忌外界以此来开玩笑，但分别比

他高七英寸和六英寸的卡梅伦和他的影子财相奥斯本却偏偏故意拿此来开涮,公开嘲讽萨科齐的身高。而这一事件迅速招来法国政府的不满,并向英国提出了正式抗议。

事件起缘于卡梅伦接受英国《每日电讯报》访问时,卡梅伦提及自己与众多外国政要合照,当提到与萨科齐的合照时,卡梅伦随口说出了"隐蔽侏儒"的话。之后卡梅伦又指着自己与美国加州州长阿诺舒华辛力加的合照说:"我最喜欢这张照片,因为我比未来战士还要高。"

就在这则新闻被刊登在报纸上的第三天,卡梅伦的影子财相奥斯本又将萨科齐"踩了一脚"。当时他正在威斯敏斯特的一个商界会议上发言,把之前一名演讲者使用的小板凳笑称为"萨科齐专用的踏板",此话一出即惹来哄堂大笑。因为萨科齐曾与美国总统奥巴马和英国首相布朗同台演讲时,为了避免看起来太过矮小,特地准备了一个六英寸高的小板凳,而这一幕却被摄入镜头中,萨科齐也因此沦为了笑柄。

对于保守党两名高层相继嘲讽法国总统的身高,巴黎方面对此感到"震惊"和"不高兴"。而法国普通民众更是怒不可遏,并向保守党提出了强烈抗议,直斥对方不尊重萨科齐,毫无礼教。对于法国方面的指责,保守党却声称这是执政工党的阴谋,强调卡梅伦与萨科齐的关系仍然良好。

卡梅伦除了嘲讽过法国总统萨科齐,还嘲笑过英国首相布朗。英国首相布朗个性十分严谨,在重大场合中一般极少出错。但是,在一次英国议会下院举行的"首相问答"中,布朗却出现了口误。那次,保守党领袖卡梅伦起立质问布朗,为何政府花费的数十亿英镑的救济款未能及时惠及纳税人时,布朗却脱口说:"我们不仅拯救了世界……"随后布朗急忙改口:"哦,拯救了银行……"

这句话立马被反对派人士抓住,进行了起哄,他们高声叫喊着,甚至把手中的文件抛向空中,一时间,场面甚是混乱,毫无英国议会应有的样子。布朗虽说贵为一国首相,见识过许多大风大浪,但是面对此景,仍然感到十分尴尬。面对如此混乱的场面,布朗极力掩饰自己的情绪,他试图保持微笑，但随后他的声音变得低沉，经过一个漫长的停顿后，布朗说道："我们不仅与世界其他国家一起拯救了世界银行业，而且还会保证我们英国的每一位储户都不会蒙受任何损失。"

然而这句话说出口又再次引发了哄堂大笑，就连几位位高权重的内阁大臣也忍不住了。卡梅伦此时再次站立起来对布朗问道，甚至调侃他的口误，他说："好的，首相您的话已经被记录在案了。那么你是如此忙于讨论拯救世界的事情，忘记了你应该做的，处理本国事务的责任了。"

布朗没有理会卡梅伦的调侃，他反过来对卡梅伦拒绝他的金融刺激计划进行了攻击。布朗大声喊道："你们竟然还抱着上个世纪的失败的经济政策不放，实在是太愚蠢了。"当卡梅伦指控政府正在引领英国走向破产时，布朗的脸上立即表现出了十分难看的神情，他被愤怒吞噬了，立刻向卡梅伦高声吼道："看来我得教教你什么是经济学了。"布朗的此次出丑立刻被广大的媒体人士们抓住了机会，他们把他描绘成身着紧身衣的超人，自信只有自己能够拯救世界，摆脱金融危机。而卡梅伦也借此次机会挫败了布朗的锐气，让自己的保守党在民众心中的形象顿时高大起来。

作为卡梅伦的影子财政大臣，乔治·奥斯伯恩被视为保守党内的一颗政治新星，卡梅伦也十分看重他的才能。自从经济爆发以来，他便频频在电视上露面，言辞激烈地批评政府的经济政策，使得保守党在政治上捞到了不少好处。但随着奥斯伯恩的频繁露面，公众和媒体们也开始对他指手画脚起来，他们嫌他的声音太过刺耳。一些媒体纷纷撰文批评奥斯伯恩的声音太过"时髦"，显得高高在上，与卡梅伦温和亲民的形象相去甚远。甚至有的人还批评奥斯伯恩的声音像是带着公子哥似的轻浮，而且在激动的时候会变得十分尖锐，给人十分不舒服的感觉。媒体将这种强调归结于他优越的出身。

奥斯伯恩出生在一个贵族家庭，先后在圣保罗学校和牛津大学接受教育。对于奥斯伯恩的声音问题，卡梅伦也十分头疼，他也想帮助自己的得力搭档改变当前的窘境。卡梅伦指出："由于出身的原因，奥斯伯恩的语音

的确需要得到帮助,他应该听起来更加亲民。"其实,奥斯伯恩并不是第一个因为声音而被挑剔的政客,"铁娘子"撒切尔夫人在刚刚上台时,由于声音尖锐,也曾饱受批评,甚至被媒体形容为"足以使唐宁街10号大门上的油漆脱落"。

撒切尔夫人为了改变自己的声音,提升自己的公众形象,特地找来专门的语音教练帮助自己改善发音。她不断练习"oooh car gah"等短语,学会控制口腔后上部的肌肉,从而改善口腔共鸣。语音教练对撒切尔夫人说道:"你要学会把你的口腔当成是一架大提琴,而不是小提琴来使用。"在语音教练的帮助下,撒切尔夫人的声音有了极大的改善,变得更加有深度和庄严。这样的声音帮助撒切尔夫人更具权威感,有时甚至能把小孩子吓哭,发火时能让房顶颤抖。

对于奥斯伯恩遇到的困境,一位语音教练提出了建议:"你需要寻找一位资深的语音教练来帮助你,同时你还要付出艰苦的努力。"讲话的腔调是一种习惯,它是十分独特的,就像是指纹一般,很难改变,尤其是在承受巨大压力下讲话时,你原有的腔调便会不由自主地流露出来。为了改善自己的公众形象,奥斯伯恩接受了瓦莱丽·塞维奇的辅导,一位资深的演讲和语言顾问。卡梅伦认为,奥斯伯恩目前最需要做的就是要反复练习,放松自己的语音,让自己学会控制口腔。

塞维奇建议奥斯伯恩模仿新闻播报员讲话的方式来说话,这样既可以把每个词说得足够准确,还能降低自己的语速,显得更加权威可信。经过一段时间的学习,卡梅伦惊讶地发现奥斯伯恩在语音上有了极大的变化,"他听起来更加深沉了,不再那么局促。他的声音似乎得到了控制,显得特别放松和自信"。

一个人说话的方式有时候会比你所讲的内容更重要,改善声音会改变你的自我感觉,以及人们对你做出反应的方式。对于演讲者来说,语音并不是一切,但美妙的语音却能战胜一切。相比奥斯伯恩,卡梅伦就特别懂得如何运用自己的声音,专家们认为卡梅伦的语言十分幽默、真诚,而奥斯伯恩则显得高傲、疏远。"卡梅伦擅长控制自己的情绪,擅长用轻松的方式讲话,并且声音里充满了温暖和信心,这绝对是一个受欢迎的领导者的形象。"一位评论员曾这样评价卡梅伦。

6. 志高气傲不做美国跟班

英国一向唯美国马首是瞻,两国之间也一直存在一种"特殊关系",这种关系根植于同盎格鲁·撒克逊人的血统、理念、语言和共同利益。一直以来,英国人都极力宣扬与美国的"特殊关系",希望借助美国的实力登上更大的政治舞台。但是对于美国来说,却对这种关系闭口不提,更说不上强调。传言两国"特殊关系"的形成要归功于英国首相丘吉尔对美国总统罗斯福的"袒裸相见"。

"二战"时,日本在偷袭珍珠港后,丘吉尔前往美国商谈军事结盟事宜。在白宫住宿的时候,罗斯福未提前通知便前往丘吉尔的房间探访,结果却发现丘吉尔正赤身裸体的躺在浴缸中泡澡。尴尬的罗斯福急忙转身要走,但丘吉尔却毫不在意地站起来对罗斯福说:"总统先生,大不列颠的首相在你面前是没有什么要隐藏的。"这个广为流传未经证实的故事一直流传了下来,并且英美之间的"特殊关系"也贯穿了整个"二战"时期。

英美特殊关系不仅仅只是个概念,更是现实的制度化的存在。首先,"二战"后两国领导人经常进行互访,张口闭口必谈双方之间的深厚情谊。由于双方有着共同的历史、文化和语言传统,在许多方面存在共性,也是当今世界所谓的"英语同盟"的核心;其次,英美两国有着基于自由主义的哲学、政治、经济和意识形态,都是自由资本主义和民主政治制度的坚定执行者和捍卫者；最后，英美两国在多年来一直保持着亲密的合作关系，有共同的利益和彼此都认同的敌人。在各种条件的基础上，英美两国领导人一直坚定的维护双方的"特殊关系"，绝不容任何人打破。

这种特殊关系的维持，还有一个重要原因，就是英国首相都努力想成为美国总统的个人朋友，且必须是让美国人民认为的外国领导人中最亲密的朋友。随着中国实力的不断提高，在国际事务中发挥着越来越重要的作用，中国的崛起已明显威胁到英美之间的"特殊关系"。更重要的是，英美之间的特殊关系将面临被削弱的局面，而这种局面可能是长期性的，最后将导致特殊关系的消失。

为了分析这个原因，我们可以从两个方面来进行解读。首先，英美之间的特殊关系是建立在双方地位严重不对等的基础上。在这一关系中，美国是老大，英国则是陪衬甚至是跟班。英国必须全力配合美国的任何行动，服从美国的外交政策和全球战略，不能有丝毫违抗。这也导致到了后期，英国领导人已被美国"洗脑"，认为美国的外交战略目标就是英国的目标，这在伊拉克战争中体现得十分明显。在1990年和2003年的两次海湾战争中，英国对美国的忠心程度便能看得出来，英国出钱出枪出人，首相布莱尔甚至在四处奔走解释侵略伊拉克的"争议性"，可谓是煞费苦心，忠心耿耿，为美国对外战争贡献巨大。但是英国为美国的全心付出并未得到什么实质性的东西，这也让英国人不断反思。

其次，特殊关系的存在是英国人长期别无选择的结果。对于实力稍弱的国家来说，为了实现国际关系中利益的最大化，必须要在大国之间进行游走，与多个大国同时交好，针对不同的国家发展不同层面的关系，只有这样才能跻身世界舞台。英国在冷战时期面临的状况便是除了美国别无选择，苏联在意识形态上便与英国大行径庭，若想在政治经济军事上同其他国家相对抗，英国必须在美苏之间选择一个靠山。结果可想而知，英国选择跟随美国，做美国的跟班，以求在世界舞台中呼风唤雨。

英美双方的特殊关系体现在很多方面。2003年伊拉克战争爆发,时任首相工党领袖布莱尔选择跟随美国,并且派遣部队驻扎伊拉克,直到2009年7月才撤军。多年来,英国部队一直驻扎在巴士拉的空军基地内,作战部队规模一度达到4.6万人。战争期间,英国士兵损失惨重,共有179名战士惨死在战场中。对于布莱尔紧紧跟随美国的政策,国内很多民众表达了强烈的不满和抗议。尽管英军后来决定全部撤出伊拉克,但给英国人留下的创痛却永远无法复原。与此同时,阿富汗问题也开始成为英国另一个棘手的问题。

英国紧紧跟随美国的步伐,甚至是做美国的跟班就是为了能够获得更高的国际地位。但是在伊拉克战争中的表现却让英国人感到颜面无存,英国的地位甚至比其他的国家更没尊严。在伊拉克战争打响后,英国的议员和反战人士就一再要求政府举行公开的质询,检查战后规划中所谓的"一系列错误"。虽然布莱尔之后的首相布朗也反复承诺,将就伊拉克战争期间及结束后的一些错误决策展开调查,却一直没有实际行动。伊拉克战争使得英国的国际地位不升反降,英国一直奉行的对美国"跟班"政策也开始让英国民众越来越不满,英美之间的关系埋下了一颗"定时炸弹",而英国的外交也需要重新规划。

2008年金融危机爆发,这是英国自二战以来面临的最严重的金融危机,阴云下的英国惴惴不安,再加上国际影响力日渐下降的情况,曾经的"日不落"帝国俨然已经成为一个无助的、失魂落魄的迷失者。对于严重依赖金融服务业的英国经济来说,英国此时正面临着极大的困境。在贸易上,虽然英镑的不断贬值有利于出口,但这需要与其他国家进行贸易往来,购买英国的商品和服务。可是作为英国最主要的贸易伙伴如美国和欧盟们都自顾不暇,又怎会兼顾到英国呢。英国的经济陷入金融危机的泥潭中无法自拔,导致英国全国内都弥漫着一股不满情绪,他们迫切渴望能改变现状。

2009年,亚洲新兴市场经济体复苏迹象日益显现,英国经济却停滞不

前。根据英国中央银行——英格兰银行公布的季度通货膨胀报告显示，此时英国的经济仍是一派萧条。截止到2010年5月，根据英国政府公布的官方数据显示，英国经济已经遭受了六个季度的萎缩，经济规模缩水达6.1%。2009年英国经济整体下降了4.8%，是88年来下滑最快的一年，甚至超过了20世纪30年代经济大萧条的任何时期。与此同时，英国民众消费能力大幅下降，就业市场也萎靡不振，而频频爆发的罢工和示威游行也令千疮百孔的经济雪上加霜。此时的英国俨然到了要爆发的边缘，他们正等待着一个极具智慧的人来改变这一切。

英美之间的特殊关系正逐渐"变质"，不得人心的伊拉克战争实际"毒化"了英美关系。布莱尔甚至被抨击为布什的"小跟班"，工党也深受其害。布朗在接替布莱尔的职位后，有意与美国拉开距离。在布朗执政的几年时间里，英美在一些问题上经常出现摩擦，全然没有过去的和谐样子。比如，英国政府决定要释放利比亚籍的洛克比空难肇事者，这却招致了美国的不满，而英国与阿根廷围绕马尔维纳斯群岛的领土争议中，美国甚至未对英国给予声援。

对于这种变化，有多方面的原因，一个是由于英国社会已到了必须转型的地步，它不再需要拥有过多的海外利益，因此在外交政策上便不再积极，英国民众也不希望英国在海外多生枝节，认为这是在浪费有限的资源，英国政府首先需要解决国内问题。其次，中国的崛起给了英国一个独立自主的外交选择，因为双方并无根本上的利益冲突，彼此之间毫无威胁。

为了让英国能够重新焕发生机，保守党领袖卡梅伦政府在奥斯伯恩的带头下，改走撙节政策，奥斯伯恩认为，英国此时早已不是原来的大国，为了挽救经济，必须要削减国防支出，而卡梅伦也同意这个决定，他拒绝参与美国的海外军事行动。在卡梅伦的带领下，英国志气高昂，决意绝不再做美国"小跟班"。

7. "实用主义"赢得众人拥护

随着英美关系的逐渐降温，英国内部也在讨论着英国接下来的外交政策。在过去的十几年中，无论是在政府内部，还是在群众方面，都对英国推行的外交政策颇有不满，甚至有人指出其缺乏"战略思维"，没有考虑到英国自身的利益。

自"二战"以来，英国就积极推行与美国的特殊关系，立志要做美国的跟班，而这也让英国付出了惨重代价。20世纪90年代以来，为了维护英美之间的特殊关系，英国接连卷入科索沃、伊拉克、阿富汗和利比亚等地区的多场战争和军事行动。沉重的经济负担，不断上升的军队伤亡人数，再加上2008年全球金融危机的伤害，英国内部不时响起要求从海外收缩、削减对外援助的声音。与此同时，越来越多的英国人开始思考这样的一个问题：这些所谓的"人道主义干涉"、打击恐怖主义活动、推行西方价值观的军事行动真的符合英国自身的利益吗？

此外，很多英国学者还指出，在未来的一段时间里，英美之间的"特殊关系"并不会马上破裂，还将作为英国外交政策的基石，但是两国在国际很多领域的问题上不断产生分歧，对于气候变化、国际刑事法院等问题的主张上更是相距甚远，这也会对两国关系产生巨大影响。此外，英国一直奉行跟随美国的政策也很难证明其合理性。比如，美国当初以消除伊拉克大规模杀伤性武器为由发动战争，但后来这种武器却被证明根本就不存在；而且在参与美国人领导的反恐战争后，英国国内的恐怖主义和极端主义因素并没有消失，反而更加猖狂，这对英国造成了极大的威胁。而那些

被美国"解放"了的国家,更是哀鸿遍野,局势更加动荡不安。

英国的外交政策正面临着选择的十字路口,正当英国民众不知所措之际,卡梅伦作为保守党领袖提出的"实用主义"外交政策很快赢得了民心。所谓的"实用主义"外交政策就是指在制定外交政策时,英国应该回归传统,树立以"国家利益"为重的核心地位,摆脱过去那种将英国的自身利益同美国捆绑在一起的做法。实际上,"国家利益"一直以来都被国际关系现实主义学派视为外交的终极目的。这也印证了一句老话"国家与国家之间没有永远的朋友,也没有永远的敌人,只有永恒的利益"。

几个世纪以来,英国的外交政策一直波谲云诡,纵横捭阖。19世纪,英国奉行"光荣孤立"的外交政策,从欧洲大陆的均衡权利出发,总是选择站在实力偏弱的一方,以确保欧洲大陆不会出现一个占主导地位的霸权国家。到了20世纪,英国的外交逐渐失去独立自由的选择,世界形成东西两大格局。在冷战的时代背景下,英国在制定外交政策的时候会首先考虑对盟友的义务。根据历史记载,在1982年的马岛战争中,英国政府的出发点也是为了整个西方与苏联阵营对抗,丝毫没有顾忌自身的利益。

1997年,布莱尔领导的工党上台,新工党在上台后在外交上的突出特征便是将国家利益与推广英国的价值观、履行国际义务相融合。时任外交大臣库克在上任后的首次演讲中宣称:"提升民众的生活质量,让民众感受到安全,显然是最重要的国家利益。而在国际上推广我们的价值观则有利于提升我们的自信心,同样符合我们的国家利益。"库克的继任者斯特劳在2003年也发表了讲话,他说:"放弃推翻萨达姆政权,不仅仅是对英国国家利益的背叛,更是对国际主义者的价值观和信仰的背叛。"正是在这种外交政策的指导下,英国在这一时期参与了很多国际军事行动,甚至成立了负责对外援助的国际发展部。

在2010年英国大选即将来临之际,作为保守党领袖的卡梅伦也发表了自己的竞选宣言,他明确提出,当今的英国应该实行更加"实用主义"的外交,并且更多地考虑到英国自身的"国家利益"。但与此同时,卡梅伦又宣传自己是一个"自由的保守主义者",其中"自由"指的是他认为英国应该更加积极地参与世界事务,努力推广英国的价值观;"保守主义者"则是要在参与国际事务的同时,更加谨慎和小心。而卡梅伦提倡的"实用主义"主要体现在对华外交上。

在历史上,保守党的政策偏右,但在中英发展的几个关键时期,都是保守党当政。这其中包括英国在 20 世纪 50 年代率先承认新中国,以及之后中英就中国恢复香港行使主权进行谈判等。在卡梅伦就任保守党领袖后,更是显示出对中英关系的高度重视。

2009 年 2 月,时任中国国务院总理温家宝对英国进行友好访问,卡梅伦率领保守党 5 名高层一起拜会温家宝。卡梅伦当时便表示,英国保守党及其本人一贯坚持一个中国原则,坚定不移地发展对华友好关系,将继续致力于加强同中国的交流与合作。此外,卡梅伦还高度评价了中国在金融危机发生后采取的负责任的做法,希望在今后能同中方一道,继续加强双方和多边的沟通合作,共同应对危机。

作为在野党,卡梅伦坚信自己能够获得大选的胜利,成为最终的执政党,而在竞选的过程中,中国一直都是不容忽视的一支关键力量,因此保守党早就开始为执政后发展对华关系采取务实行动。2009 年 10 月,保守党成立了党内中国小组,当时的影子外交大臣黑格在中国小组成立仪式上强调:"英国和中国的共同利益不容忽视,中国一直都是我们的友好伙伴。"黑格还对当时的驻英大使傅莹说:"我们应该加强了解,加深对中国的认识程度。之前我对中国的访问留下了很多美好的回忆,那是一段难忘的经历,我衷心的希望能有机会再次访问中国,了解一个更加真实、完整的中国。"

2009 年 11 月,中国驻英大使傅莹来到卡梅伦的一个选区进行访问,卡梅伦在得知这个消息后,亲自陪同中方人员一起参观了学校、工厂,并且一起种下了象征中英友谊的树苗。作为保守党领袖的卡梅伦,能够对一国大使的活动如此重视,实属不易。为了拉近同中国的距离,在英国举行的

一些关于中英关系的活动上,也时常能够看见保守党高层的身影。

为何卡梅伦高度重视同中国的关系呢?首先,几年前的金融危机使得英国政府债台高筑,国内一些基础设施的建设由于缺乏资金而难以动工。这也是为什么保守党党魁卡梅伦高度重视同中国的关系了,因为中国的资金正好可以解决英国政府的燃眉之急。等到卡梅伦赢得大选上任之际,一切便都水到渠成。用卡梅伦接受采访时的话来说:"我们期望得到来自中国的投资,因为中国对于英国的投资远高于任何欧洲国家。"

除了经济上的原因外,英国目前还面临着身份认同及适应新的世界格局的难题。一些英国的学者指出,以英国目前的实力来说,已经很难同时做到一个"欧洲主义"和"大西洋主义"的国家。同样地,在世界格局不断变化的今天,随着中国的不断崛起,英国必须重新审视自己的外交政策,只有根据自身地位不断调整,才能重新赢得大国地位。卡梅伦推行的"实用主义"收到了许多实际效果,同时也赢得了众人拥护,这也为他赢得之后的大选起到了不小的帮助。

8. 意气风发不做"世界警察"

有的人说美国是世界警察,因为自"二战"以后,美国的军事力量遍及全球,在世界各地建立的基地曾高达5000多个。对于世界警察的称号,美国是当之无愧的。但也有人说,英国也是世界警察,因为英美之间的特殊关系,英国在相当长的一段时间内都帮助美国参与了许多战争。但英国在出钱、出兵、出力的情况下并没能换来什么好处,甚至让本国的经济一度停滞不前,严重消耗了本国的资源。

1982年，英国无休止的削减国防开支使得军事力量受到严重影响，为了消除不利影响，只有发动战争。英国自1833年开始便占领南大西洋上的群岛，但阿根廷却一直宣称该岛是其领土的一部分，名为马尔维纳斯群岛。虽然马尔维纳斯群岛距离英国有13000多公里，但是岛上的居民都统一地认为自己是英国人而非阿根廷人。

20世纪70年代，阿根廷开始使用武力手段准备收复马尔维纳斯群岛，但在英国派遣一支小型舰队后，阿根廷便偃旗息鼓，不再作声。然而到了1982年，阿根廷又开始重新商议夺回马尔维纳斯群岛的主权问题。与此同时，英国由撒切尔领导的保守党政府也同样焦头烂额，在那个时候，恐怕没有人会为了这几个小岛去打一场战争。而且很多英国本土人甚至都不知道这些岛屿的存在，更不用说去打仗。

1982年3月19日，战争的导火线终于要爆发了。一群阿根廷人扮作拾荒者，登上了福克兰南乔治亚岛，并且在岛上插上了国旗，以此宣誓主权。而就是他们这样的小举动却引发了一场外交风波，当时南乔治亚岛上正有一群英国人进行实地勘察，为了保护这群人的安全，英国政府派出了一支皇家海军陆战队的小型分遣队，登上南乔治亚岛。虽然这支小分队仅有22人，但它却让英国的科考队员们感受到了来自祖国的安全保护。4月2日，阿根廷总统加尔铁里下令出兵占领马岛，马岛战争正式爆发。

1999年，英国加入北大西洋公约组织，并在美国的带领下对科索沃发动战争。战争从3月一直持续到6月，共78天，对世纪之交的国际战略格局和军事理论的发展都产生了重要影响。美国想要借此次战争推行全球霸权，争夺欧洲事务的主导权，而英国则想借助"英美之间的特殊关系"重振其日渐衰落的大国地位，增强对欧洲事务的影响。但是事情的结果却远没有想象中那么简单，在战争爆发后，人们逐渐看清了美国在冷战后推行的新霸权主义的本质，而且也暴露出英国对美国的严重依赖程度。英国显然已经认清这样一个事实，如果美国没有参加这场战争，凭借欧洲自身的力量是绝对无法解决科索沃危机的。同时，英国也猛然醒悟到，欧盟想要

凭借自身力量来解决本地区的军事危机都无法达到的。

就在科索沃冲突爆发后的2000年,英国又派军到曾是大英帝国一部分的狮子山地区,介入狮子山内战。2001年,美国在发生911恐怖袭击后,英国加入美国对阿富汗的行动。之后英军在阿富汗派兵驻扎近13年,其中大多数部署在暴力猖獗的南部地区。英国是此次国际任务中的第二大出力者,仅次于美国,共有454名英国人在阿富汗服役时不幸殉职。2003年,英国再次加入美国对伊拉克的军事行动中,此时的美国总统是布什。对于英国多次同美国合作参与国际战争事务,很多英国群众纷纷指控英国时任首相布莱尔,说他的政府为了替战争说出充分的理由,而不惜隐瞒真相,谎称伊拉克存在大规模杀伤性武器。在伊拉克战争中,共有179名英国士兵丧生。

多年来,英国跟随美国进行的所谓"反恐行动"在国内招致了许多不满和抗议,人们纷纷指责政府的错误行动,在军事上的错误决策拖累了经济的发展,导致英国在2008年金融危机中饱受重创。卡梅伦深知战争对国内的影响,如果继续跟随美国参与全球性的军事行动,那么英国的未来就会更加渺茫。因此,卡梅伦在竞选时就提出了"不做世界警察"的口号,坚持要把在阿富汗等地区的军队实力撤回英国。卡梅伦在一场选举活动中说,英军驻扎阿富汗已经有八九年的时间,这足够长了,我们不能在那里再待八九年。卡梅伦还提及,在接下来的几年时间里,英国会逐步在这些地区撤军。

就在卡梅伦竞选期间,一批高级官员到阿富汗访问。在与阿富汗政府和驻阿美军的会谈中,一位国防大臣这样说道:"当前的最重要任务就是收集阿富汗局势的第一手资料,为英国今后制定合理的对阿政策提供参考。阿富汗战争耗费了英国大量的时间和精力,当务之急就是全面了解阿富汗局势。"英方人员希望借助这次访问,找到对阿富汗进行援助的有效途径,实现阿富汗的安全和稳定,逐步恢复经济,减少饥饿和贫困人口的产生,消除极端主义,保护英国利益。

卡梅伦在竞选期间曾宣布，阿富汗事务将会成为自己上任后对外政策的重点。除此之外，卡梅伦还说，他不会认为设定英军从阿富汗撤军的具体期限，但在今后的五年时间里，英军一定会全部撤离。英国不能再在阿富汗地区当世界警察了，更不能在任何其他地区当世界警察。英军来到阿富汗的目的，不是为了关注一个破碎的国家教育政策，而是为了英国民众和英国在全球的利益，这才是英国自身安全的中心所在。

第五章　愈挫愈勇迎接竞选挑战

所谓"行百里者半九十",越是快到成功的时候挑战越多,用这句话形容卡梅伦的首相之路再恰当不过了。经历的重重波折终到大选,而这也是挑战和困难最多的时刻。作为一个王者,他用坚忍不拔的毅力化解了前进路上重重困难险阻,最终摘得胜利的果实。

1. 无所畏惧挑战首相布朗

前首相布莱尔自2005年在大选中获得胜利后，为工党赢得了五年任期，布朗作为继任者可以不举行大选，一直执政到2010年。同时，自从布朗上任以来，支持率居高不下，一度超过40%。面对外界的不断质询，布朗并没有排除提前选的可能性。作为一国首相，布朗自有他的考虑。如果现在赢得大选的胜利，便能够更好地树立自己在政府和工党中的威信，获得五年完整的任期。特别是在当前金融市场极不稳定，经济增长前景不明的情况下，任何一个政客都希望能够尽早确定自己未来的任期。

2007年9月25日，布朗以首相的身份参加工党大会并发表了长篇演说，在演讲中表现得中规中矩，全面阐述了自己未来的施政纲领。尽管在如此重要的时刻，布朗仍未宣布何时举行大选。七天后，保守党领袖卡梅伦率先向布朗下了战书。年轻的卡梅伦抓住了布朗这种想赢却怕输的性格，想要发起一场漂亮的进攻争夺战。卡梅伦甚至向布朗叫嚣道："快点宣布大选吧，我将奉陪到底。"

卡梅伦的这番话让很多民众十分惊喜，在之后保守党举行的年会闭幕式上，卡梅伦还以完全脱稿的方式进行了即兴演说。即便自己手头上准备好了四页纸的提纲，卡梅伦也仅仅只看了三四次。在整个演讲中，卡梅伦充分发挥了自己的才华和水平，语言连贯、逻辑清晰，仿佛是将莎士比亚的经典台词娓娓道来。

卡梅伦在演讲中直指工党在欧盟宪法公决上出尔反尔的作为，完全忽视了选民的议员。之后又顺理成章地把话题引向选举上，抓住布朗在大选时间上的含糊态度，向布朗施压。卡梅伦多次要求布朗立即进行大选，"把最终的结果交给选民来定夺吧！"卡梅伦高喊道。在卡梅伦声情并茂的演讲之后，经过民意调查显示，保守党的支持率迅速攀升，赶上了工党的支持率。《卫报》的 ICM 调查数据显示，在卡梅伦的演讲发布之后，工党的支持率跌至 39%，保守党的支持率为 38%，而就在一个月前，保守党的支持率只有 32%。而在布朗宣布推迟选举后，《泰晤士报》提供的民意调查显示，保守党已经以 41% 的支持率远超工党三个百分点，这在布朗出任首相后第一次出现。

保守党的逆袭在一定程度上要归功于工党自己的失误，而另一方面更取决于卡梅伦自身的发挥。他重新塑造了一个光辉亮丽的保守党形象，也重新将自己塑造成现代的领袖。作为英国国王威廉四世的直系后代，卡梅伦身上一直就流淌着贵族的血液，一身的气质更是无人能比。凭借这种得天独厚的优点，卡梅伦极力扩展自己的社会空间，而且他还能放低姿态，表现出亲民、爱民的形象。卡梅伦时常奔走全国各地，与选民们亲切握手交谈，并且还开通了自己的专属博客，不定期上传与选民们的视频以及家庭生活。

尽管卡梅伦一直践行着低调行事的作风，显得平易近人，但他在温文尔雅的外表下却掩藏着一颗斗志昂扬的内心。曾经与卡梅伦争夺保守党党魁的戴维斯说："卡梅伦的能力真的很高，他善于表现自己，更善于在电视前发表演讲，在政策和外交上更是有独到的专长，可以说，卡梅伦没有一丝短处。"

年轻的保守党领袖卡梅伦以极强的气势威逼布朗举行大选，但是布朗却踌躇不定。在数周的猜测后，英国首相、工党领袖布朗终于决定不会在年内进行大选。布朗的表态一出立即就让保守党对他进行攻击，卡梅伦甚至公开在议会下院指责布朗"愚弄了英国选民"，而此时保守党的支持率依然在不断攀升。布朗为自己的犹豫付出了惨重代价，在卡梅伦率先发难之后被动的推迟选举，让布朗承受着从未有过的压力。然而面对气盛凌人的

卡梅伦和一场没有胜算的选举，布朗究竟该如何选择呢，他是否该拿工党的执政地位去冒险呢？一切都不得而知。

对于布朗这样久经沙场的老将来说，卡梅伦的嚣张气焰并不能强压布朗很久。在短暂的回避之后，布朗又重整旗鼓，准备挽回局面，稳住工党的执政地位，并且在未来的选举中击败保守党。56岁的布朗同卡梅伦相比尽管在年龄上不占优势，还显得古板严肃，但是其能力却十分出众，令所有的人有目共睹。在担纲财相，掌管经济的十年时间里，布朗使得英国的经济持续繁荣，而这也成了他最大的政治资本。作为布莱尔的重要盟友，布朗辅佐了布莱尔走完全部的首相任期，也为自己赢得了稳重、尽职的好评，成为英国200年来任期最长的财政大臣。

在布莱尔执政时期，稳重务实的布朗和善于言辞的布莱尔可谓珠联璧合，为英国的发展积极寻找新的出路，在"新工党，新福利"的口号下，英国经济持续增长，实现了自二战以来最大的繁荣。布莱尔推行的赋予英格兰银行完整独立性、减税、反贫困等一系列经济政策更是对英国经济的发展功不可没。尽管布莱尔在最后一个任期内风光不再，与布朗之间的关系也分崩离析，甚至连累工党的支持率不断降低，但布朗在继任新首相之后，面对恐怖袭击、自然灾害、传染病危机、信贷危机、银行金融危机面前，处理的井井有条，迅速笼络民心，让工党的支持率节节攀升，远超保守党。

2010年4月，保守党在竞选纲领中提出了要建造"大社会"的构思，诚挚地邀请全体英国民众"参与建设英国政府"。这是卡梅伦宣布的第一个构思，他立志要改造英国，改造这个"破裂的社会"。但是，卡梅伦仍有一丝遗憾，那就是在大选中没能赢得议会单独多数之争，只能和自由民主党结盟。这就意味着卡梅伦的某些政策不能够完全实现，必须有所让步。但令卡梅伦欣慰的是，自民党和保守党在"大社会"的构思下没有产生太大的分歧，双方观念一致，朝着共同的目标前进。

英国保守党领袖卡梅伦尽管总是保持谦逊的态度，但是他领导的政党却十分"猖狂"地占领了除唐宁街 10 号以外的所有地方，尽管卡梅伦被人认为是下一任英国首相的不二人选。倘若此时便骄傲自满，那么必定会对自己的政治前途产生不小的影响，甚至带来严重的后果。在如今激烈的竞选中，容不得半点闪失，曾经被人称作是"自大狂"的卡梅伦如今也收起了自傲的神采，在这样的关键时刻，他当然明白自己该怎么做。

在 2005 年卡梅伦刚刚当上保守党领袖的第三天，他就对时任首相的布莱尔讥讽道："你现在看起来很风光，但你只是过去了。"而如今，布莱尔早已远离政治的舞台，他的继任者布朗所能够享受的美好时光也快要到达尽头，保守党定会趁此机会一举击溃工党，赢得大选的胜利。

2. 要求大选遭拒后借罢工"报复"布朗

2009 年初，英国审计员托马斯·莱格接受议会的委托，调查议会下院议员在 2004 年到 2009 年间的津贴报销情况。在调查后发现，在 752 名前议员或现任议员中，共有 392 人曾超额或以虚假名目骗取补贴，总额高达 112 万英镑。在一份调查报告中，我们可以发现，超过半数议员为了骗取补贴，巧立各种名目，骗取的津贴大多用来清理烟囱、雇用保安、修建房屋、购置家具等。从厕所用纸、厨房器具到泳池清理费、有线电视费等无所不有。审计人员在一份长达 230 页的报告中揭露了他们骗取津贴的把戏，很多理由更是让英国民众们大跌眼镜。

英国内政大臣雅基·史密斯为自己点播的成人电影报销 10 英镑的浏览费；自由民主党前领袖孟席斯·坎贝尔为房屋粉刷费报销一万英镑；自由民主党内政事务发言人克里斯·修恩报销熨烫费 119 英镑；国务大臣芭芭

拉·福利特报销2.5万英镑的私人安保费用……

在这份报告中，大多数的骗补都与住房有关，按照英国的有关政策规定，议员们可以获得"第二套住房"的津贴，每年的补贴数额可以达到二万多英镑。议员们可以在自己所在的选区以及伦敦各购置一套住房，规定"第二套住房"必须是议员们居住时间最少的那套，但是不少议员为了骗取补贴纷纷打起了歪主意，他们不断更换"第二套住房"，从而使得两套房子都能获得补贴，以此来翻新装潢、添置家具。英国财政大臣达林更是在四年的时间里更换了四次"第二套住房"。此外，英国的议员们每月还能拿到400英镑的伙食补贴，且无需收据。而一些议员不管当月的伙食费是多是少，一定会全额报销400英镑，决不会浪费一分钱。

在此次"骗补门"事件中，涉及的议员数量之多，范围之广，让很多英国民众愤愤不平。其中，曾因"出轨"丑闻辞职的前民主统一党议员艾丽丝·鲁滨孙曾报销过1600多英镑来购置一张豪华床。英国外交大臣戴维·米利班德更是用纳税人的钱来为自己的舞蹈课报销学费，更把自己在舞蹈课上的照片传到网上，供选民们欣赏。这次的"骗补门"事件在英国掀起了轩然大波，甚至连前首相布莱尔和现任首相布朗都难逃干系。审计人员调查出布朗曾在2004年到2006年间有不少"骗补"行为，他曾在2006年为家中的水管安置费报销过两次，还向自己的兄弟安德鲁·布朗报销过6577英镑的房屋清洁费。前首相布莱尔在即将下台之际，更是不忘大捞一笔。他在2007年6月向政府提供了一张近7000英镑的报销单，而报销的内容则是自己所在选区一处房产的维修费用。

"骗补门"事件一经曝光，便迅速升温，在英国国内引起了强烈的反响，很多议员更是付出了惨重的代价。许多议员因承受不住公民的责难和社会的压力，纷纷向议会递交辞呈。而在此次"骗补门"实践中，也显示出了英国报销制度的严重缺陷，许多议员即使没能提供有效证据，却依然能够获得补贴。当英国民众发现自己尊敬的议员做出了如此不堪的事件后，他们受到了严重打击。觉得议员十分不负责任，在这个金融危机仍未过去的时间里，没有把精力放在整顿经济上，却不断挖空国有资产，中饱私囊。

为了平息公愤，英国议会开始了"大扫除"式的改革，首先开始填补议会体制漏洞，其次让议员们交回不该得到的财产，最后让这些犯了事的议员走人。尽管英国议会做出了整改方案，但布朗政府若是想要把失去的民心再收回来，可就没那么简单了，这次事件也促使卡梅伦立即进行大选，在"内忧外患"的英国政坛内部，带来新鲜的血液，将一个更能代表民意的政府推上舞台。

尽管保守党领袖卡梅伦借此次事件向布朗喊话，要求立即解散议会举行大选，但是顽固的布朗却以保守党政府会让英国社会陷入混乱为理由，拒绝卡梅伦的要求。布朗在和卡梅伦在辩论中甚至亲口承认，如果立即举行大选，工党将失去保持了12年的执政地位。保守党领袖卡梅伦则通过媒体向布朗喊话，称其政府制造出的"骗补门"时间已让民众怒不可遏，此时的政府已无法正常运转，这个时候解散议会是最聪明的选择，只有这样才能恢复民心。

但是布朗对此置之不理，他依然拒绝进行大选，并在接受采访时说："如果此时让保守党上台执政，那么英国会更加混乱不堪。我觉得此时的民众希望我们继续执政，我和我的政府会还公众一个交代。"听到布朗的回应，卡梅伦并没有就此放弃，他在英国下院向接受议员质询的布朗再次发问："你上次说保守党上台会制造混乱，这到底是什么意思？"布朗回答："我说的就是你们保守党上台后必将削减财政支出，如果那样做的话，势必会给社会带来动乱。"

卡梅伦立即抓住布朗的把柄，他说道："太好了，你终于承认如果现在进行大选，你们工党会被击败。我知道你害怕选举，但是你竟然还好意思说出口，我们这个全世界最民主、历史最悠久的国家如果进行选举会引起混乱？这真是闻所未闻。"卡梅伦的此番讲话立即赢得许多议员的赞同，他

们纷纷拍手叫好，而这也让布朗如梦初醒，他觉得自己犯下了大错。作为处境艰难的执政党首领，他在如此咄咄逼人的在野党面前竟然留下了"我们会输"的印象，这的确令人失望。

就在"骗补门"事件爆发后，英国航空公司上万名机组成员举行了为期三天的大罢工，保守党更是见机行事，拿此次罢工事件继续向布朗施压。在得知英航罢工的消息后，保守党领袖卡梅伦正好在伦敦进行演讲，他利用这个绝佳的场合对布朗隔空喊话。卡梅伦声称，工党目前既要解决"骗补门"事件，又要解决罢工的难题，而这是工党目前无法做到的事情。因为工党是工会的支持者，他们依靠工会的力量才能生存。卡梅伦还举出了具体的数字来支撑自己的观点，在布朗2007年成功上台成为首相后，他四分之一的政治资金都来自工会组织。

卡梅伦指责布朗对待英航罢工的软弱态度，声称他无视国家和人民的利益。卡梅伦试图将此次的罢工事件与20世纪70年代工党执政期间行业工会罢工引发的社会动乱联系在一起。卡梅伦说道："这一次，在工党的领导下，在布朗的指挥下，既得利益集团取得了胜利，但是民众们却尝到了失败的恶果。英航是英国最重要的企业之一，这次的罢工事件将引发一系列的不良后果，导致数千人失业。"

在卡梅伦的不断宣传下，英国此时的局势显得十分微妙，保守党的民调更是远远领先工党。在这个危急的形势下，任何一点风吹草动都会对最终的选情带来影响，更何况此次英航的罢工已经影响到了社会的各个层面，保守党紧紧抓住这个难得的机遇来"抹黑"布朗。在之后的竞选中，保守党更是公布了一张戏谑布朗的宣传画，画上的布朗被塑造成了飞行员的样子，而一旁还写着："布朗操纵着英航，是不是因为他拿了工会1100万英镑？"

3. 两党竞争大打"夫人牌"

2010年4月6日，在卡梅伦施加的压力下，英国首相布朗不得不宣布举行大选。宣布选举日期后，有望竞争首相之位的三巨头——布朗、卡梅伦和克莱格开始积极谋划竞选策略。三个人除了依靠竞选政策的吸引力来拉选票外，还打出了"夫人牌"，这不失为大选中一个"曲线救国"的高明策略。很多英国人也表示，相比较男人的政治斗争，他们更喜欢几位夫人的较量。在这次竞选中，萨曼莎与布朗的夫人萨拉，克莱格的夫人米利安进行了全方位的比拼，成为大选中一抹亮丽的风景。

三位夫人在大选的微妙时刻，频频以出色的造型出席各种公开场合，为自己的丈夫宣传造势。艺术专业出身的萨曼莎时尚靓丽充满了活力，她擅长进行服装搭配，本人也是知名的设计师，无论什么样的衣服穿在她的身上都能显得十分高贵、典雅。在英国知名时尚杂志《闲谈者》发布的"全球最佳着装女性"排行榜中，萨曼莎获得了第五名的好成绩，而其他四名则都是当时红透半边天的顶级名模。就连模特出身的法国总统萨科齐的妻子布吕尼也排在萨曼莎的后面。萨曼莎深深地明白，英国的选民不喜欢太过高调的首相夫人，所以萨曼莎尽量低调行事，扮演丈夫身边的贤内助角色，在穿着上很少选择奢侈品牌，尽量穿着平价品牌服饰，保持一定的曝光率，虽然显得不够突出，但是也绝不平凡。

萨曼莎十分支持卡梅伦的竞选工作，她每周都会花几天时间与丈夫一起参加竞选活动，并且通过各种场合以及各种方式来向选民们推荐自己的丈夫。在一档访谈节目中，萨曼莎更是毫不忌讳地大谈自己的私人生活，并且将自己与丈夫的相识过程一一透露了出来。萨曼莎回忆说，她第一眼

看到卡梅伦就觉得他和别的男人不一样，有一份严肃的工作，本人充满风趣和幽默，有着巨大的魅力。"我和他刚开始交往的时候只有23岁，但是我们现在已经在一起18年了，这18年里，卡梅伦从来没有令我失望过。"萨曼莎充满甜蜜地说道。毫无疑问，萨曼莎把访谈节目当成了一个重要的宣传工具。对于这种做法，选民们是很买账的，一时间，卡梅伦的支持率不断上升。

卡梅伦一直都宣称自己的妻子是一个"秘密武器"。他说："萨曼莎对我说过，她最大的愿望就是能看到我赢得选举的胜利。她会永远在我的背后支持我，只要有需要她的地方，她一定会毫不犹豫地帮助我。所以，在今后的竞选活动中，选民们一定能够看到萨曼莎更多的身影。英国，我们准备好了。"

面对萨曼莎的挑战，布朗夫人萨拉似乎处于劣势。萨拉已经46岁，比萨曼莎要大8岁，衣着搭配方面也不如萨曼莎那么抢眼。但是，萨拉并不认输，她花费了大量的时间向时尚界人士和名模们请教穿衣之道，并且积极参加时装展览活动。同萨曼莎贵族出身相比，萨拉的出身就显得平凡得多，但这平凡的出身却让她显得更加亲民。萨拉的母亲是一位教师，爸爸在出版社工作。萨拉童年的大部分时间都在坦桑尼亚度过，直到父母离异才回到英国，在大学期间，萨拉主修心理学。

萨拉和布朗是在工作中相识的，在萨拉结婚前，就已经把丈夫当上首相的责任主动地承担过来。尽管在遇到萨拉之前，布朗的工作能力很强，但是在公众心中却是个十分怪异的单身汉形象，会通过抱着别人孩子来展示自己温柔的一面。值得注意的是，萨拉本人是一家公关公司的老板，在布朗竞选期间就一直参与布朗的形象包装。就在竞选进行得如火如荼的时候，萨拉还帮布朗策划了一次电视采访活动。布朗在节目中大谈自己爱子早逝的故事，煽情的节目也赚足了许多观众的眼泪。一位节目观众表示，当时采访的现场十分感人，我们有些人都默默地流泪。节目播出后，尽管有人指责布朗以个人生活作为政治筹码进行宣传，但却依然赢得了不少公众的支持。

萨拉和布朗的关系直到1997年才被媒体公开，那个时候报纸上刊登出两人在餐厅亲密用餐的照片。但是这张照片并不是记者们偷拍而成，而是布朗和萨拉精心策划之作。目的就是为了改造布朗单身汉的形象，然而布朗并不知道如何才能表现出浓浓的爱意，照片还是经过不断调整才最终登报的。同布朗相比，萨拉莎显得十分聪明，为人十分谨慎，精于人情世故。在同布朗结婚后，萨拉时常带着孩子在财政部的沙发上玩耍。在家中，萨拉时常亲自烘焙蛋糕，展现出一位贤妻良母的形象。

精明老练的萨拉还会通过社交网络这种新型的方式为丈夫进行宣传，在Twitter上，萨拉拥有77万粉丝。萨拉还积极投身各种慈善活动，尤其是旨在改善全球女性生活和地位的慈善机构。萨拉还资助了"白丝带联盟"，这一举动还获得了许多名人的支持。萨拉的长期努力都是为了让自己的丈夫能够再次当选英国首相。当布朗处于不利局面的时候，萨拉甚至会公开对媒体说"我的丈夫，他是个英雄"之类极度煽情的话。

同萨曼莎和萨拉相比，克莱格的夫人米利安就显得默默无闻，她也是三位夫人中曝光率最少的一个。萨曼莎支持卡梅伦的竞选活动，萨拉更是把丈夫的竞选当成了自己的事业，但是米利安却并不在意丈夫是否能够当选。不过，她也在默默地向其他两位夫人学习，用自己的方式为丈夫拉票。

在西班牙出生的米利安，是三位夫人中唯一未冠夫姓的一位。米利安本人是一名国际律师和一间著名国际法律公司的合伙人，她的收入要比丈夫高出三倍。米利安的父亲是西班牙国会议员，因此米利安从小就对政治十分熟悉。在三位夫人中间，米利安显得最为特别，他只在周末的时候才参加丈夫的助选活动。不过，在公开场合，两个人还是选择和其他人一样，打出"温馨的家庭牌"来吸引选民的支持。

克莱格在接受采访时坦诚，自己在结婚前有过一段混乱不堪的岁月，但是在遇到迷恋的人之后，自己就如同获得了新的生命一般，有了心灵的归宿。为了追求米利安，克莱格曾经疯狂地学习西班牙语，这也算是克莱格对米利安最大的贡献。克莱格表示，不管自己是否当选，家中做主的依

然都是自己的妻子。

英国大选之争正式开打,这次英国大选将首次进行电视辩论的方式,三党分别举行电视辩论,如同美国总统选举模式一般,但这对首相布朗来说未必有利。相比较卡梅伦的年轻、活力来说,布朗就显得缺乏亲和力,而这也是其最大的死穴。据相关报道来看,布朗长期生活在布莱尔的阴影下,等待了足足10年终于登上首相宝座。现在布朗面临执政生涯中最大的考验,如果自己不能成功连任,那么自己就将成为英国历史上最短命的首相,不满三年便下台。虽然布朗在金融危机中,通过投资银行的方式挽救了经济,但风光短暂,在英国国内,因为脾气火暴的原因,布朗被嘲讽为"憨豆先生"。而且更有人指出,布朗时常拿手下的人发脾气,经常会用暴力方式对待他们。

同顽固、暴力、缺乏亲和力的布朗相比,卡梅伦则积极树立自己的慈父形象,靠着家庭的温馨来打动选民们为自己投票。作为保守党的领袖,卡梅伦更是带领保守党们攻击布朗的性格,谴责其作为首相缺乏必要的魅力和交流技巧。在竞选过程中,双方都不断攻讦对方,企图用抹黑的方式来为自己赢得更多的选票,而夫人之争更是在竞选过程中进行得如火如荼。积极打出"夫人牌"只是英国效仿美国总统大选的一种方式,很多政客也十分赞赏这个策略,因为女性选民们的投票也不容忽视。

4. 半路遇"黑马"增加竞选难度

如果你在2010年4月15日晚8点半前,在伦敦的街头向人问讯"尼克·克莱格是谁",恐怕没有人会准确地说出他的具体情况,你能听到的大部分回答都会是"不认识",然而这种状况在一个半小时后就发生了翻天的逆转。在英国历史上第一次党派领导人电视辩论的过程中,自由民主党领袖尼克·克莱格从一个默默无闻的陪衬角色一举成为"万人迷",这匹从半路中杀出的黑马,能否对竞选产生足够的影响呢,他是否能一"黑"到底呢?我们慢慢往下看。

时年43岁的克莱格出生于英国南部的白金汉郡,父亲是一位有着一半俄罗斯血统的银行家,母亲是一名荷兰裔的特种教师。"二战"期间,克莱格的母亲和她的家人曾被日军关在印尼的一所战俘营里。虽然克莱格的祖父曾是沙俄时期的贵族,父亲也有一半的俄罗斯血统,但是在克莱格掌握的五种语言中,却没有俄语。

克莱格中学时期就读于著名的威斯敏斯特学校,那是英国顶尖中学之一。在校期间,克莱格力求成为话剧舞台的中心人物,热衷于学校的各种演出。由于正值青春期,脸上长满了痘痘,但是这却没有让他失落,依然充满着自信和快乐,朋友们则亲切地称呼克莱格为"粉刺男孩"。16岁的时候,克莱格作为交换生被派到德国慕尼黑学习,在此期间,克莱格曾和同伴们纵火烧了一位教授收集的稀有仙人掌而被处罚进行社区服务。整个夏天,克莱格都和自己的同伴待在花园里伺候绿色植物。可以说,这是克莱格一生中唯一的污点。

中学毕业后,克莱格没有直接进入大学学习,而是去了奥地利当起了滑雪教练,之后又辗转到荷兰的一家银行工作。一年之后,克莱格选择回到英国,继续自己的学业。克莱格进入了剑桥大学学习人类学和考古学,在此期间,克莱格撰写了多部小说,后来克莱格认为那些文字是"极其糟糕的"。在大学里,克莱格又重新返回到聚光灯下的舞台上,他曾同海伦娜·博翰·卡特一起同台表演,而后者在后来成为英国"国宝级"的演员,曾出演《爱丽丝梦游仙境》里"红桃皇后"的角色。

在大学中,克莱格担任网球队队长的职务,他热衷于滑雪,更喜欢在深山里远足。一次他曾同瑟鲁兄弟开车穿越美国,每天他们最大的乐趣就

是坐在公路边静思冥想。克莱格后来谈起此事说道:"那个时候我们十分快乐,经常坐在路边冥思,可能很多人觉得好笑,但这对缓解生活压力十分有帮助。"从剑桥毕业后,克莱尔获得了美国明尼苏达大学的全额奖学金,克莱格远渡重洋,赴该校进行深造。在校期间,克莱格撰写了关于环保主义运动的论文。在硕士毕业后,克莱格前往纽约一家左翼杂志当实习生,不久又在比利时布鲁塞尔一家为苏联国家提供援助的机构里做了半年实习生。接下来,克莱格来到比利时布鲁日的欧洲学院准备攻读自己第二个硕士学位。而就是在那里,克莱格遇到了自己一生的挚爱、他的妻子米利安·杜兰特。

1993年,克莱格成为英国《金融时报》的记者,并且被派遣到匈牙利报道当地大规模的工业化私有运动。而在这期间,克莱格撰写的相关报道更是被《金融时报》颁发了"大卫·托马斯奖"。但是,克莱格并没有选择继续留在媒体中发展,而是前往布鲁塞尔,为当时的欧盟委员会副主席、英国保守党党员布里坦工作。也就是在这个时候,克莱格开启了自己的政治生涯。

1999年,克莱格作为自民党欧洲议会议员的候选人成功当选,不久他的政治才能就被当时的自民党领袖发现,随后从欧洲议会回到英国议会。尽管年纪尚轻,政治资历也相对较浅,但是自从克莱格在2005年加入英国议会下院开始,有人就曾预言他将成为一位领袖人物,而这一预言也在2007年成为现实。虽然那个时候,克莱格只是以微弱的优势战胜了对手,成为自民党领袖,但他却是英国历史上最年轻的党派领导人。在克莱格获胜后,很多媒体人士更是给出了极高的评价,他们说:"没有人会质疑克莱格担当这份工作的能力,许多人仅仅怀疑的是,克莱格本人是否愿意担当这样的工作。"

在就任演说中,克莱格的演讲更是富有煽动性,他承诺要打破英国政坛沉闷的"工党与保守党"的两党体系,势必要给英国政坛带来积极的变化。但是由于自由民主党的支持率有限,克莱格的知名度和媒体曝光度并没有卡梅伦和布朗那么高,因此,克莱格的角色一直被定位在"千年老三"的位置上。

作为政坛中出现的第三党，自由民主党最有可能吸引对保守党摇摆不定的选民。自由民主党成立于1988年，是由自由党和短暂存在的社会民主党合并后而成的政治同盟。此党目前是英国国会中的第三大党，拥有55个席位，紧随工党和保守党之后。自由民主党主张维持与工党的合作关系，积极推动地方选举以及下院选举中实行比例代表的制度。而在公共服务、社会公正上，自由民主党显然做得比工党更好，在环境保护问题上，自由民主党又与保守党相一致。

在与工党领袖布朗、保守党领袖卡梅伦的辩论中，克莱格深深抓住英国选民对现行政治体系方案的心理，赢得了部分选民的赞同和好感，很多人认为，克莱格在辩论中"富有生气""态度十分诚恳"。在辩论中，克莱格高喊："不要听他们说的花言巧语，你们唯一的选择是在两个老党派之间选择一个。在过去的65年中，他们一直在玩这样的接力游戏。"在克莱格发表完辩论后，根据一项实时的民意调查显示，61%的受访者认为克莱格表现得最好，68%的受访者表示愿意因为克莱格而选择自由民主党。

随着越来越多的人通过互联网或是电视重播的途径观看辩论录像后，克莱格的名声更是越来越响亮。一家英国的民意调查机构公布的结果显示，自由民主党的支持率甚至突破了33%，一举超过工党和保守党，而克莱格本人的支持率更是飙升到了72%，这真的是史无前例的支持率。

面对自由民主党的高昂态势，保守党喊出了"选择克莱格就是选择布朗"的口号，因为如果大选时三大党都无法获得议会多数席位，那么工党就有可能和自由民主党联合组阁，那时布朗依然是首相。在此次选举中，自由民主党积极主张削减地方税，改善居民住房环境，提高退休人员的津贴，向社会中的弱势群体提供更多的帮助，减少政府的浪费行为。

尽管克莱格的名声不断上涨，但媒体们却拿起了放大镜寻找克莱格身上的"污点"。而就在4月21日，《太阳报》公布了克莱格遗忘在出租车上的一份竞选手稿，其中提到了克莱格应该在第二场辩论中"抄袭"卡梅伦的辩论方式，而这一新闻一经爆出，便在社会各界掀起了广泛热议。此外，

还有媒体人士爆料，在克莱格任自民党内政事务发言人时，有多名自助者曾定期给克莱格汇款，而这也让一直以清廉形象示人的克莱格蒙上了阴影。有的媒体甚至大胆预言，克莱格的好日子不会太长，他即将面临一场"枪林弹雨"，会受到更多的非议和争论。

5. "三党鼎立"辩论争高低

在金融危机的刺激下，英国终于拉开了大选的序幕。此时的英国国内财政一片混乱，预算赤字达到二战后的历史新高，英国此时已经失去了明确的政治方向，急需一位丘吉尔式的领导者重新带领英国驶向正轨。面对英国年度选举的重头戏，各党派的主要领导人纷纷出马，为本党派竞选拉票。英国执政党工党领袖布朗同保守党领袖卡梅伦，在议会下院进行了一番火药味十足的辩论，而双方的辩论首先围绕在英国经济的问题上。

保守党领袖卡梅伦率先进行质询，指责工党的不负责态度，致使英国陷入经济衰退的境况，而工党推行的加税政策更是让疲软的经济雪上加霜，扼杀经济复苏的"幼苗"。保守党领袖卡梅伦说："布朗首相推行的经济复苏政策是愚蠢的，他给每一份工作加税，给每个收入超过 2 万英镑的人加税，让本来可以复苏的经济再一次陷入了困境，这个需要重新发展经济的国家因为加税政策可能会再次陷入危机。布朗首相的政策一定会破坏经济，让经济复苏无法实现。"

对于卡梅伦的责难，工党领袖布朗进行了反驳。布朗说："既然工党承诺复苏经济，那么就一定会做到，而且兑现承诺的时间是最短的。大家可以看我们的医保政策以及其他的贡献。在 1997 年至今，我们工党共为英国创造了250万个新的就业岗位，这在任何一个国家而言都是极为重大的事件。我们让更多的适龄儿童走入学校，接受优质的教育，让更多的人步入大学，不断地深造，为国家培养优秀的人才。我们对贫困人口提供了更多的自主，让退休的人们更有尊严，不会因为失去经济来源而过着贫困的生活。我们工党带领的政府才是考虑未来的政府，是真正的高瞻远瞩的政府，而保守党什么都做不到，只有动动嘴皮子，说一些空话。"

这是保守党和工党的第一次较量，但是很多人却认为双方都没有拿出解决英国经济问题的良策，并且预测此次英国大选很可能呈现焦灼状态。之后，英国工党领袖布朗、保守党领袖卡梅伦和自由民主党领袖克莱格举行了电视辩论，这是英国历史上首次举行的大选电视辩论。这场电视辩论在英国中部城市曼彻斯特举行，是2010年英国大选举行的三场电视辩论中的首次较量，三党领导人就国内政策方面的问题展开辩论，并且进行实况直播。

三党领导人就现场观众提出的关于移民、教育、医疗、军事、议员丑闻、社会治安等多个问题发表了自己的看法，阐述自己的政党在这些问题上的政策，同时指责对方政策上的缺陷和不足。

1. 移民问题

对于英国民众最关心的移民问题，三党领袖各自进行了回答。布朗首先表示，工党目前推行的计分制移民政策能够吸引许多优秀人才，为英国提供最需要的技术型人才。卡梅伦认为，由于多年来实行的移民政策，让英国人口暴增，给国家服务部门造成了巨大压力。卡梅伦反对实行原有的移民政策，要求必须降低移民人数，并希望对欧盟以外的移民进行限制。自民党领袖克莱格说："工党只是表明了自己的立场，阐述了移民政策带来的好的一面，却忽视了消极的一面，而保守党则是混乱不堪。"克莱格表示，他希望恢复移民离境监督机制。

对于卡梅伦提出的移民人数过多问题，布朗进行了反驳，他说，目前入境的移民人数正在不断减少。但是卡梅伦却说，尽管人数在降低，但依

然需要采取具体的措施来限制移民人数,并且对漏洞百出的移民系统进行改革。克莱格表示,移民中也有好坏之分,如果实施过于严格的移民政策,会将许多优秀的移民人才排除在大门之外,因此克莱格主张将移民输送到英国急需特定人才的地区。

2. 社会治安

对于社会治安问题,卡梅伦直指先前的惩罚措施太轻,要对罪犯施以严刑。克莱格则表示,应该增加目前街头的巡逻警察人数,提供更多的资金确保法律和秩序能够得到有效维护。布朗称,目前社会中的犯罪率正在逐步降低,政府在今后还会做出更多的努力,消除暴力事件发生的可能性。布朗还表示,警察应该把大部分时间花在巡逻治安上,家长更应该对孩子负起责任,管教好他们。

卡梅伦接着说,政府应该把街头小巷中的吸毒者聚集起来,让他们接受统一的戒毒治疗。克莱格严厉地批评了两位竞争对手,形容他们只会表态,拿不出具体的解决措施,根本解决不了实际问题。布朗称,现今应该增加年轻人的志愿服务活动时间,这有助于减少年轻人的犯罪率,而且目前工党已经增加了警察人数。

3. 议员丑闻

在大选前闹得沸沸扬扬的"骗补门"事件一直都是民众们最关心的问题。对于议员报销丑闻,克莱格说,政治人物根本不值得民众信赖,除非他们能够彻底改正错误,否则无法赢得信任。布朗说,他对议员的丑闻感到震惊和失望,他希望选民们能够行使手中的权力,向上下两院发出请愿,解除议员们的资格。卡梅伦说,这些犯了错的议员必须付出代价,至少是在政治上。

克莱格指责两位竞争对手说得多,做得少,在廉洁方面拿不出具体行动。布朗表示,他同意克莱格的说法,认为改革是必要的。他说保守党要求减少议员人数的想法不够现实,因为这将会减少选民的代表,上院议员人数应该减少一半。卡梅伦说,工党有13年的时间可以进行上院的改革,但一直都没拿出具体的措施,不见任何行动。他说将议员人数减少10%将更有利于工作的进行,且能够减少不必要的行政成本。

4. 英军装备

在英军作战装备的问题上,克莱格表示,英军部队的装备不足,薪水不高,士兵们的福利待遇太差。他认为这是现今应该优先解决的问题,而不是先解决三叉戟核威慑的问题。布朗称,政府目前为部队做出的任何努力都很到位,并且正在逐步打算提高装备预算,且今后不会在部队没有任何准备的情况下奔赴战场。卡梅伦称,目前工党做出的努力是徒劳的,只有保守党才能够维护后备军的预算。

克莱格还说,应该利用英国的技术为前线部队提供救生设备。布朗说,军方提出的各种要求都已经得到了有效满足,派兵驻扎阿富汗只是为了减少英国受到的恐怖威胁。卡梅伦则说,今年是阿富汗战争最关键的一年,必须对国防开支进行彻底的检讨。克莱格同意了卡梅伦的看法,认为当今必须对国防开支进行检讨。此外,克莱格还认为三叉戟核威慑不应该更新,因为冷战时代早已结束。卡梅伦却不认同这个看法,他认为放弃独立的核威慑是错误的,因为未来是个未知数,对于未来的危险仍不清楚。布朗赞同卡梅伦的观点,他认为目前在很多国家大力发展核武器的情况下,英国放弃核武器是错误的。

5. 教育问题

对于英格兰的教育问题,布朗称在过去几年已经得到了有效改善,而且他确保自己将做出更多的努力,确保教育的高水平发展。卡梅伦希望现在的年轻人解放思想,让自己更加开放,但目前的教育体制太过官僚化,对学生的成长不利。克莱格说,应该让教师们获得更多的自由,拥有更广阔的空间。

对于教育预算问题,布朗不认同减少教育开支。而对于逐步增多的学生人数,卡梅伦希望要严格维护好学校的纪律,开除那些闹事的学生。克莱格认为,应该让学校教师得到更多的自由,减少过多的班级和学生人数。

6. 国民保健

在国民保健制度的问题上，卡梅伦说，英国的国民保健制度十分特殊，在保守党政府的领导下，国民保健的预算会大大增长，且必须对现今的体制进行大力改革。布朗说，他将把重点放在保健和教育的一线服务上。克莱格说，政府的重点是错误的，他将服务于国民，而不是当今的官僚制度。

7. 预算赤字

在预算赤字的问题上，卡梅伦表示，今年可以节省60亿英镑，以防提高国民保险税。卡梅伦表示，过高的税率会损害经济复苏，带来不堪设想的后果。克莱格表示，自民党通过减少支出可以节约150亿英镑，措施是通过取消儿童信托基金和冻结公营部门的工资来办到。布朗说，工党政府在经济问题上做出的政策是完全正确的，不应该减少政府支出。

在辩论的末尾，三党领导人进行了结尾陈述。克莱格说，自民党能够回到选民们提出的各种问题，敢于接受来自各方的挑战，他希望选民们相信自己，在自民党的带领下，英国会过得更加美好。

布朗表示，政治家必须对经济复苏做出正确的抉择，他将继续实行公平的原则，而卡梅伦则无法做到这一点。卡梅伦对布朗的话进行了反驳，他说："工党试图利用保守党政府来恐吓选民，希望选民们不要恐惧。英国是一个了不起的政府，但是需要全体人民团结一致，才能创造美好的明天。"

6. 肢体语言丰富，荣获电视辩论赢家

英国三大党领袖在议会选举前进行了最后一次的电视辩论，保守党领袖卡梅伦高举"改革"的大旗，在这次辩论中展露最多的光彩。执政党工

党领袖布朗支持率一直处在垫底的位置，工党有意邀请前首相布莱尔出手相助，为自己的竞选班子增添一丝"明星光彩"。卡梅伦在电视辩论中说："工党已连续执政超过13年，对于当今英国疲软的经济态势要负全责。"卡梅伦在辩论中屡次提及"改革"，承诺在自己上台后一定会为英国带来一番新气象。

自由民主党领导人克莱格也仿照卡梅伦的竞选方式，打出了"改革"的旗帜来吸引选民的支持。克莱格在总结时说，希望选民们相信，自由民主党有能力推动改革，为英国创造新的明天。对于克莱格和卡梅伦的豪言壮语，布朗不屑一顾，他形容这两位竞争对手是执政的"新人"，根本不懂得执政的要点，大谈保守党和自由民主党联合执政是很危险的。

在第三次电视辩论中，经济问题仍然是大选的"头等大事"。第二次辩论的时候，财政部长出身的布朗发挥失常，面对自己的强项没能占到多少便宜，因而远远落后其他两位竞争者。此次辩论前，英国财政研究所发布的一份研究报告显示，所有的三个政党都未能拿出有效的改革方案削减开支，未能避免520亿英镑的财政空缺。

为了挽回不利局面，布朗在此次辩论中势头盖人，表现得十分强硬，但是却没能掩盖住卡梅伦的光芒。卡梅伦首先做了开场陈述，并且把矛头指向工党政府。卡梅伦说："经济的车轮已经卡在车辙里了，我们必须做出变革，让它重新运转起来。"面对卡梅伦的指责，布朗抨击保守党的"意识形态"，他指责保守党仍然活在20世纪八九十年代，并且警告保守党的经济政策很可能为英国带来"双重衰退"。布朗多次强调，只有富有经验的人才能领导英国实现经济复苏，而自己就是一个经验老到的领导者。

当布朗指责保守党削减遗产税等经济政策主张时，卡梅伦则反驳布朗，并称他为"绝望的首相"，将英国弄得一团糟，还暗示布朗向民众说谎。卡梅伦甚至拿出了苏格兰皇家银行前CEO弗莱德·古德温被封为伯爵一事来进行辩论，称在工党的带领下，英国的经济只为银行服务。并且卡梅伦还指责布朗取消了10%的收入所得税，这让很多低收入群体受到了冲击。

面对卡梅伦的不断攻讦，布朗坦言："正如你们看见的那样，我不能把每一件事情都做得完美。但是，我的确懂得如何在顺境或是逆境当中管理经济。"虽然布朗意识到了自己欠佳的表现，在总结陈词时，布朗也承认卡梅伦在竞选中保持的领先地位。他说："如果八天后的形势还如同这样，卡梅伦或许会在克莱格的支持下当选首相。但我要说的是，工党已经为未来制订好了规划，有一套清晰的蓝图。"

面对布朗和卡梅伦就经济问题展开的激烈交锋，在首场辩论中一鸣惊人的克莱格此时就显得有些沉默，他显然被边缘化了。在谈到具体的措施时，克莱格显得颇为生疏，沦为主流政治中的"局外人"。而在关于移民、教育等问题上，克莱格的回答也不尽如人意，明显逊于其他两位竞选人。在辩论结束后，克莱格敦促选民们不要因为其他两个政党而害怕改革，他说："这是你们的选举，你们要选出自己的领导人，选出你们真正希望看到的未来。"

在辩论后，布朗与工党支持者会面。他说："从现在开始一直到选举结果揭晓的那一刻，我们都必须付出前所未有的努力投入战斗。你们绝不愿意周五早上醒来，发现因为没有做出足够的努力而后悔吧。"连着三场的电视辩论后，对于不善言辞的英国首相布朗来说的确太过难熬了。"布朗似乎在一个星期内白了头发，他看上去至少有100岁了。"英国《苏格兰人报》在文章中这样说道。很多细心的人都发现了布朗的变化，他在辩论中的确是付出了很多的努力，很多英国媒体都达成了一个共识，那就是布朗已经疲惫不堪。

与疲惫不堪的布朗和不知所措的克莱格相比，卡梅伦就显得十分乐观。最后一场辩论刚一结束，主导保守党竞选阵营的乔治·奥斯本就迫不及待地向卡梅伦表示"已做好你当首相的准备"。为何卡梅伦以及他的竞选团队能有如此的信心呢？一切都是因为卡梅伦在辩论中的精彩表现，卡梅伦的"唇枪舌剑"吸引了英国840万民众的观看，而在辩论结束后，一项民调显示，卡梅伦以超过38%的支持率遥遥领先。而在三党领导人的辩论现场，辩论主办方英国广播公司更是邀请了各路专家对三人的辩论进行分析。在一群专家中，最吸引人的就是"肢体语言专家"，他能通过解读人物的动作和表情分析当事人的心理状态。随着电视辩论走进英国大选，肢体语言专家也一路吃香，在英国几家大型媒体中都陆续出现了他们的身影。

根据肢体语言专家的分析，在此次辩论中，布朗犯了两个禁忌，他的悲观情绪则是造成失败的首要原因。在竞选前，布朗因为自己的失言而造成了不小的风波，伤害了工党支持者的感情，更严重损害了工党的自身形象。在电视辩论的一开头，布朗就解释道："正如你们看到的那样，我犯了些错误，但是我的确懂得如何管理经济，不论是在顺境中还是逆境中。当银行倒闭时，我立即采取行动，阻止了危机的继续蔓延，也阻止了经济从停滞转向倒退。"

尽管在辩论中，布朗表现得十分诚恳，似乎是真情实意地展现自己的决心，但在专家的眼里，布朗的表现"太假了"，似乎像在演戏一般，而他却又是个蹩脚的三流演员。对于布朗提出的政策和解决方案，观众和媒体分析师一致认为"缺乏新意"。跟踪研究电视辩论的肢体语言学家彼特·考利特说，布朗在气势上就已经败给其他两位竞选者了。除此之外，布朗更是犯了两个致命的禁忌，当布朗听到卡梅伦反驳他的观点时，布朗总是垂着脑袋，大幅度的摇头，给人十分慌张、信心不足的感觉。这很难让民众们相信，布朗能够坚定的带领大家走出困境。此外，布朗总是尴尬的保持微笑状态，颇有强颜欢笑的嫌疑，尤其是在总结发言后的笑容。"看他的面部就知道，那笑容是装出来的"，肢体语言学家这样说道。

对于克莱格，肢体语言专家称："他显得太过焦躁了。"克莱格在第一场电视辩论中，显得从容大方，表述清晰有逻辑，甚至被人誉为"黑马"，但是在最后一场辩论中却令人失望。克莱格在开场不久就错误的两次提到"副首脑"这一并不存在的职位。而在回答第一个提问的时候，甚至紧张的忘记称呼对方的姓名。一位观众说："在辩论中，克莱格好几次抢着说话，引发了现场的混乱，这和他之前的表现太不一样，太令人惊讶了。"肢体语

言专家说:"其实克莱格可以做得更好,他只要保持第一次电视辩论的状态就可以了,但是他显然急躁了。"

在第三场辩论中,卡梅伦一直保持着自己的从容姿态,这也让肢体语言专家们大加赞赏。肢体语言专家说,卡梅伦当晚一直保持着优雅的风度,还使出数个狠招。当晚卡梅伦一直直着脖子抢镜头,几乎不撇过脸去和其他人争辩,直管面对着镜头,而且很注重表情,俨然一副信心满满的样子。或许正是凭借着丰富的肢体语言,卡梅伦俘获了大批观众们的欢心,使得自己的支持率远远超过其他人。但卡梅伦能够笑到最后吗?我们拭目以待。

7. 冲刺阶段抛出执政蓝图

2010年5月4日,英国政党领袖将继续为即将到来的大选做最后的冲刺,根据民意调查结果显示,在野党保守党领袖卡梅伦有极大的可能击败现任首相布朗,接任新的英国首相。在普遍被看好的情势下,保守党领袖卡梅伦更是做出了一个惊人的举动,在大选前就率先公布自己的执政计划。这在英国历史上是绝无仅有的事件,卡梅伦如此大张旗鼓地宣传自己的执政蓝图,是否显得太过自信呢?如果最终的结果与自己的设想不同,那么一切都将成为笑料。

卡梅伦对质疑声显得毫不在意,他坚信自己带领的保守党能够最终获胜,卡梅伦本人也说,如果保守党获胜,在上班的第一天就会卷起袖子为民众们打拼,保守党不会削减前线士兵的一分国防费用,同时还会更贴心地照顾年老者以及弱势群体。卡梅伦的誓言显得雄心勃勃,他立志打造一个有别于当前的工党政府,并且宣布,在执政后的50天内会出台一项紧急预算，就阿富汗冲突建立一个"战争内阁"。不过，卡梅伦同时还强调自己并不会视胜利为理所当然的事情，卡梅伦还表示自己计划组成少数党政府，但他无意与自民党联合组阁，因为要确保保守党在国会开议初期提出的重要法案能够通过。

相比支持率不断攀升的卡梅伦，在初期崭露头角的克莱格在此时就过得不那么顺利。为了获得选票，克莱格甚至闯入执政工党的腹地拉票，进行最后的挣扎。克莱格称他的巴士战车进行竞选之旅期间，在英国西北部集镇伯恩利一间教堂向几百名民众说："我想你们已经对执政多年的工党灰心丧气了，对于你们来说，现在的感受一定是失望透顶，我明白你们有多艰难，那种感觉和背叛没什么两样。"伯恩利距离曼彻斯特并不远，在历史上一直都是工党的根据地，是支持工党程度最高的地区。此番克莱格不惜冒风险潜入工党的腹地，可见他已决定"冒死一拼"。而这会不会是"垂死挣扎"的举动呢？没到最后，一切都是未知数。

克莱格还在北部工党的另一根据地马斯登对民众宣传说："人民早已放弃了工党，工党在执政13年的时间里，使我们的经济严重衰退，制造业衰落的幅度比起戴卓而夫人那时还要厉害。"尽管克莱格的支持率一度低迷，选情十分不利，但是克莱格从未选择放弃，仍然拼尽全力拉票。之后，克莱格还分别前往伦敦的警局、教堂、超市以及酒吧等地密切接触选民，在宣传过程中，克莱格不断讽刺对手虚有其表，只会用花言巧语来迷惑民众。尽管克莱格做出了许多努力，但根据英国各大报刊的民意调查结果显示，克莱格的支持率一直处在最低位。

竞选进入最酣畅淋漓的时刻，离最终的大选日期越来越近，执政党工党在此时抛出了自己的竞选纲领，提出"扶持企业"为核心的经济政策，而保守党的竞选纲领则表示要"授权于民"，两党对英国的未来都有不同的构想，但是哪种构想更能吸引民众的意愿，为他们迎来更多的选票呢？我们拭目以待。

卡梅伦选择在伦敦南部的地标性建筑巴特西发电站宣布自己的政党的

竞选纲领。在宣布当天,巴特西发电站簇拥着聚集的观众们,他们兴趣高涨,等待着卡梅伦的发言。卡梅伦在竞选纲领中表示,自己要建立一个"大社会",而不是一个"大政府",这也是其竞选纲领的核心之处。在竞选纲领的扉页,清晰地写着"加入英国政府的邀请函",这是竞选纲领的标题,它清楚地表明保守党的核心是承诺将政府的权力下放到民众手中。在这一原则下,纲领提出一系列加强民主权力的措施。如果民众们认为地方的增税政策过高,民众有权进行否决。只要征集当地5%民众的支持,就可对某项议题进行公决。

卡梅伦在宣布竞选纲领后,对媒体记者们说:"权力应该是属于民众的,而非国家。"卡梅伦强调:"只有集中国家的全部力量,才能解决英国当前面临的问题。"他说:"真正的改革不是来自政府,而是来自有激情,能够被动员起来的人民,来自全体为英国的未来奋斗的数百万民众。"

经济问题一直都是大选中的焦点问题,多次的电视辩论都紧紧围绕这个问题进行讨论,对于民众们极度关心的高额财政赤字问题,保守党也通过竞选纲领做出了承诺。卡梅伦表示,在上任后一定会积极面对赤字问题,会立刻调动政府相关部门做出行动,不论是在行动的速度上,还是削减赤字的规模上一定会比工党做得要好。不过,这份150页的厚厚纲领并没有详细解释,保守党将如何实现削减赤字的目标。在保守党公布的竞选纲领中,还有一系列旨在平息公众对"骗补门"时间的愤怒情绪。卡梅伦向公众承诺,会将议员的数量削减10%,并且会及时公布政府账目,接受民众监督。如果有哪位议员有不当的行为,民众有权行使权力,"罢免"议员。

为了最大限度地获得民众的支持,保守党对各个层面的选民都相继抛出了橄榄枝。根据竞选纲领中的规定,老年人能够享受到冬季取暖补贴,免费搭乘公共交通工具和免交电视执照费。工作岗位受到移民挤压的民众获得的保证则是,新政府将严格控制移民人数,确保不会让本国居民受到利益上的损失。

面对卡梅伦如此慷慨大方的承诺,舆论也开始产生了质疑,很多分析人士认为。保守党即使未来组阁，也很难实现他们现在做出的承诺。很显然，民众不可能什么事都能做主。面对非议，保守党则表示，希望这份诚挚的邀请能够帮助选民们了解保守党的政纲核心，保守党希望建立一个"大社会"而不是一个"大政府"，所以一切都是为了民众的利益出发，为了社会的繁荣稳定出发。

英国工党公布的竞选纲领侧重于恢复经济、改善民生和政治改革。保守党的政纲显然与工党承诺的"积极的政府干预"背道而驰。工党认为，政府应该积极地发挥主导作用，干预经济的发展，扶持新兴的企业尤其是环保企业。英国首相选择在伊丽莎白女王医院公布自己的竞选纲领，这家医院专门负责治疗阿富汗战争中受伤的士兵，布朗的开篇词以一段"向在阿富汗战争中做出贡献的士兵致敬"开始，紧接着，布朗话锋一转，开始阐述工党的治理宏图。

布朗向民众们承诺，如果自己能够获得连任继续执政，工党不会提高所得税税率，将靠削减政府开支来降低赤字水平。与其他党派的主张不同，工党主张提高最低工资标准，此外，政府还承诺将积极建设公共基础设施，提高公共服务水平，那些管理不佳的学校和医院将由管理好的机构接管，势必为民众们提供一流的公共服务。布朗承认，工党的这次选举是一次"生死之搏"，最终的结果将会对工党产生巨大影响。但布朗还强调，"工党的未来也是民众的未来，工党将会为所有人打造一个公平的未来，一个美好的未来。"

在竞选纲领相继公布后，双方的领导人也开始进行嘴皮上的较量。工党领袖布朗指责卡梅伦的竞选纲领空洞无物，尽管说得花枝乱坠但没有一点变革，这份纲领对于英国的经济没有丝毫的帮助。保守党所说的让人民做主，其实就是要让民众自己面对经济的衰退。面对布朗的恶意揣摩，卡梅伦也不甘示弱。他说："工党的竞选纲领毫无新意，根本没有慎重考虑到英国当前的经济状况，他们的措施根本无法解决财政赤字的问题。"

英国政治评论家马丁·凯特对于两党公布的竞选纲领进行了解读，他

说:"双方的竞选纲领是各个党派政策的精华部分,选民们可以通过双方的竞选纲领了解到各党的理念和政策上的不同。对于最终获胜的政党,纲领将成为衡量政府作为的标准,有多少能够最终实现,有多少又被他们抛到脑后。"

尽管各个党派都兴致高昂地公布了自己的执政纲领,但这些努力并不能完全赢得民众的认可。工党和保守党在传统上都有自己坚定的支持者,且都是忠实的、不可动摇的支持者。因此,公布自己的竞选纲领主要是为了迎合那些摇摆不定的选民以及心存疑虑的选民。另外,选民对于政府的各种口头承诺早已司空见惯,他们最终的选票会投给谁,一切都无人知晓。

8. 邀请奥巴马团队为自己出谋划策

2008年,奥巴马成了全球最受瞩目的人物。在竞选总统的过程中,奥巴马的选举战术令人佩服,使得那些摇摆不定的选民相信他并最终把选票投给了这位非裔美国人,使之成为美国历史上第一位黑人总统。奥巴马之所以能够胜出,主要是因为他身边聚集了一群精于打动民心的选举谋士。奥巴马的成功经验也直接影响了2010年的英国大选,时任首相布朗在节节败退的阵势下,期望最终的结局不要输得太惨。为了能够保存一点尊严,布朗力争至少能够保持第二大党的实力,因此,他专门邀请了一位选举战略家——贝宁生,为自己设计起死回生的选举技巧。贝宁生不是英国人,而是美国人,但他绝不仅仅是一名普通的美国人,他曾经一手帮助奥巴马赢得选举,是一名传奇性的选举战略高手。

虽然保守党领袖卡梅伦暂时获得了优势,但是在最终的结果还没揭晓前,卡梅伦仍然不能掉以轻心,何况现在还没到完全单独执政的安全警戒。

当卡梅伦得知布朗向美国借将后，他也仿照布朗的举动，请到了为奥巴马搞政治宣传的艾尼达丹，为自己设计个人形象及电视辩论时的言语举止。

两位最具可能性的首相候选人相继请来了奥巴马的团队为自己出谋划策。《星期日泰晤士报》评论说："此次的英国首相选举充满了美国总统奥巴马的味道。"而卡梅伦更是模仿起了奥巴马的经典名言"改变"，在多个竞选场合都一念再念。其实，这并不是卡梅伦第一次模仿奥巴马，早在2010年年初，卡梅伦就公开表示支持美国总统奥巴马提出的银行改革方案，并称将会借鉴这一方法，用于英国的经济改革，力争扭转国内赤字，重塑投资者对英国经济的信任。

在世界经济论坛峰会接受采访时，卡梅伦就向记者透露，将会在任期内对英国的银行业予以改革。卡梅伦表示："储户将零星的存款存放在银行内，而银行则将这笔钱用于自营买卖，这是绝对不行的。"同时，卡梅伦还表示他十分欣赏奥巴马关于向新银行征收费用的措施，而征收的费用则主要用来救助金融业的纳税人资金。

虽然卡梅伦对自己推行的政策充满希望，但是民众却并不认同，这一措施在国内也没有赢得广泛的支持。卡梅伦表示，这一举措的推行一定会遇到许多阻挠，但是我们必须要明白，纳税人将储蓄存入银行，银行应该明白当自己陷入困境时，损失最严重的应该是纳税人的利益。纳税人应该学会抗争，反问银行不应该做什么。银行改革不是政党之间的相互斗争，不是政党之间的相互报复，而是重建英国银行业的诚信标准，重塑强大稳定的金融体系。

在奥巴马强大后盾的支持下，布朗稳住了局势，没有让自己的支持率继续下跌。而卡梅伦高喊的"改变"也起到了极好的效果，他让民众对保守党的传统形象产生了新鲜感，给民众展现了一个具有摩登现代的保守党形象。

自2010年4月6日英国首相布朗宣布于5月6日举行大选以来，各党派领导人的拉票活动便随即展开。访问选民、上台演讲、上电视辩论等等措施都是围绕着竞选而战,而各方的竞选声势波及了英国的每一个角落。从争取竞选连任的首相布朗,到第一在野党领袖卡梅伦,再到第三大党自由民主党领袖克莱格以及其他一些小党的领导人,每个人都在忙于自己的拉票事宜,个个忙得不亦乐乎。

其中,最引人注目的竞选活动,必定是英国首次举办的电视辩论。这被称为英国历史上一次具有"划时代意义的政治事件"。其实,电视辩论并不是什么新鲜事,早在1960年,美国肯尼迪便在电视辩论中击败尼克松,赢得总统选举大战。自此,电视辩论便成为美国历届总统选举的重头戏。而在英国,政党领袖们对"电视政治"就显得不太热衷,在历届首相选举中从未见到过电视辩论的身影。而此次三名新任首相进行同场电视辩论,堪称历史上的头一回,比美国整整晚了近半个世纪。

作为西方的强国,英国和美国有着深厚的历史渊源,在许多方面互相影响,互相融合,而美国大选的竞选形式也对英国的大选产生着潜移默化的影响。为了赢得此次大选的胜利,保守党聘请了白宫通讯联络办公室主任邓恩以及奥巴马顾问比尔·鲁安作为卡梅伦的助手,而工党也跃跃欲试,先后请来了奥巴马首席民意测验专家兼策略家约尔·本尼森和奥巴马演讲训练师迈克尔·西恩辅佐布朗竞选。此次的英国大选在各个方面都流露着奥巴马竞选时的味道,无论是从竞选口号,还是从竞选策略上看,都有着浓重的美国痕迹。因此,很多媒体宣称,这是一场"奥巴马对奥巴马"的决斗。

在利兹举行的一场竞选集会上,卡梅伦在演讲情绪高昂的时候突然脱掉了夹克和领带,解开衬衫衣领,并将衣衫卷到手肘部位。同样的动作,同样的场合,同样的衣着,都曾在奥巴马身上上演过。卡梅伦作为保守党领袖,提出了"为变革而投票"的竞选口号,他对支持者表示,为保守党投票是一个正确的选择,选择保守党就是选择了"希望、乐观和变革",这深深地流露出奥巴马的痕迹。

除了大喊"改变"的口号外,奥巴马在竞选中也喜欢打"家庭牌",并且还占据了重要的分量,而这也被卡梅伦和布朗学以致用。作为布朗的夫人,萨拉在社交网站上有超过100万的粉丝,她公开宣称自己的丈夫是一个英雄,而卡梅伦则宣扬自己的妻子是"秘密武器",并且还把萨曼莎怀孕的消息向民众公布。这一消息立即引起轩然大波,卡梅伦一度俘获了许多家庭主妇们的心,为卡梅伦的竞选做出了巨大贡献。

曾经,奥巴马在竞选时充分运用了互联网来争取支持,这一举动也收效显著。同样的,为了最大限度地获得高支持率,工党和保守党也效仿起奥巴马,竞相开通竞选网站,在社交网站中培养起忠实的粉丝,而卡梅伦更是学习奥巴马,在Facebook上开设了个人专页,发表自己的宣传短片。

英国政坛的首相选举不像美国总统大选那样激动人心,英国也较少出现像克林顿或是奥巴马那样意气风发的领导人,这是因为英国政治一直重视党纲而轻视个人。但是,此次的英国大选却受到了前所未有的关注,甚至破天荒地推出了电视辩论这样的竞选方式。五年一次的英国大选采用革新的方式进行选举,在诸多方面借鉴了美国总统奥巴马的竞选方式,此举也颇受好评,顺应了民意,给金融危机下的英国带来了新鲜的气息。在糟糕的经济环境背景下,英国人迫切的需要一位英明的领导人来带领他们进行革新。因此,无论最终是谁赢得大选,"变革"都是最重要的议题。

9. 夫妻同心大打亲情牌

眼看离大选截止日期越来越近,竞选也呈现着白热化的状态,各首相竞选人纷纷拿出最后的杀手锏——"亲情牌",期望能够靠亲情来助力,斩获最终的胜利之冠。布朗夫人萨拉在工党大会上对丈夫发表了感人肺腑的颂词。作为回应,卡梅伦的夫人萨曼莎也十分温馨动人地评价自己的丈夫。

她说:"我的丈夫不一定是最完美的,他也有许多令人不快的习惯,例如经常把屋子弄得乱七八糟。但是在十多年的相处中,我们经历过许多,有过痛苦,也有过欢笑,但更多的都是幸福和喜悦。我只能诚实地说,这些年卡梅伦从未让我失望过。"

尽管卡梅伦已在政坛摸爬滚打了10多年,但他却从未像布朗那样显得陈朽迂腐。因为萨曼莎一直让卡梅伦保持接触政治以外的东西,接受不同的信息。可以说,萨曼莎是卡梅伦观察世界的一扇新的窗口。当初卡梅伦在竞选议员时,萨曼莎就是他的演讲老师。当上保守党领袖之后的卡梅伦曝光率逐渐增加,而这时的萨曼莎则退居幕后,做起了丈夫背后的贤内助。

保守党为了赢得此次英国大选的最终胜利,开始打起了"亲情牌"。党魁卡梅伦更是将妻子怀孕的消息散之于众,更把妻子的生活片段放在网上,同网民们一同欣赏。短片中的萨曼莎在简洁时尚的家中,认真地看着卡梅伦工作,不声不响,为卡梅伦创造了一个没有打扰的工作环境。卡梅伦不忘提及妻子怀孕的事情,他抚摸着妻子日渐隆起的肚皮,爱意绵绵的样子让很多观众为之感动。为了提升丈夫的形象,萨曼莎还多次陪同卡梅伦前往室内的青年中心,为丈夫进行政治宣传。保守党们相信,凭借卡梅伦夫妇年轻健康的亲和形象,有利于吸引更多的女性选民。

自从卡梅伦担任保守党领袖后,萨曼莎也自觉地充当起领袖夫人的角色,她从不躲避媒体的追访,大方地展示自己的生活,甚至经常公开自己的家庭照片以及视频。作为某著名文具品牌的创意总监,萨曼莎一直以得体的穿着著称。为了帮助丈夫赢得更多选票,萨曼莎在某次活动中穿着一身朴素的米色衬衫来到郊区,慰问住在当地的少数民族弱势群体,并且与他们共进午餐。

已怀有身孕的萨曼莎应该注意自己的饮食,但此时的萨曼莎丝毫不顾及今天午饭的味道及营养,她边吃边开玩笑地说:"我不得不承认,自从怀孕以来我就特别想吃些辛辣刺激的食物,这次终于有机会在这里吃到传统的孟加拉咖喱,味道好得就像是在天堂一般。"萨曼莎在离开之前,还对当地的居民们说下次有机会一定要再来这里品尝美味。

邀请萨曼莎参加此次活动的国会议员李泽文表示，作为保守党领袖的妻子，萨曼莎丝毫没有架子，她非常的亲和，就像是朋友一般。虽然她很少亲自来到少数民族地区，但这次她却提供了不小的帮助，让这里的老人和妇女儿童们得到了应有的重视，这不仅表达了保守党对家庭观的重视，也表现出他们对少数族裔的关注。

卡梅伦自2005年出任保守党领袖后，便立志要把保守党转型成走中间路线及亲民路线的政党。在多年的执政中，终于把当时的保守党改革成现今领先于执政工党的政党。卡梅伦在担任领袖时期，进行了多项改革，做出了许多令人称赞的功绩。卡梅伦抚平了保守党对欧洲事务看法的分歧，对于国会议员的"骗补门"事件，卡梅伦处理得也要胜过布朗。尽管卡梅伦在许多方面表现得十分出色，但也有人批评卡梅伦的出身背景太过高贵，很难理解英国平民的问题。也有人质疑卡梅伦经验尚浅，缺乏实力和治国经验，并对此次大选的结果持悲观看法。而卡梅伦的一些言论更是招来其他国家领导人的非议，特别是他的疑欧派言论，让德国总理默克尔十分猜疑。

在竞选中，各派领导人如此大力地打亲情牌就是为了能够获得女性选民们的支持，由于同男性对政治的看法存在差异，女性选民们将成为左右大选的重要政治力量。实现男女平等一直是所有政党的希望，更是所有政党一直努力的目标。在这次的首先选举中，"母亲王选民"成了大选中的新焦点。

三大政党十分关注这个群体，都希望能够获得妈妈网的采访，因为该网站有着大量的女性会员，是一支不容忽视的重要力量。保守党领导人卡梅伦曾三次前往布里斯托尔，与那些对自己不满意的网民进行互动，讨论女性及儿童问题。在活动开始之前，卡梅伦先做了一番热情洋溢的讲话。他表示，未来的保守党政府将会大力推广妈妈网这类优秀的育儿网站，并且大力支持妈妈网提出的让有经验的妈妈和新妈妈一对一的互助方案。卡梅伦认为，这将有利于发动社区力量，阻止"保姆国家"的过多干预。在

下午一个多小时的访问时间里，卡梅伦灵活地应对妈妈们提出的各种质疑。谈话内容涉及产假、托儿补贴，也包括经济衰退、遗产税、欧洲政策等重大问题。

但是，在访谈中间却出现了一个小插曲。一位署名"雷文"的妈妈控诉政府歧视残疾儿童，由于自己的女儿严重残疾，每天只能从政府拿到四片免费的尿不湿，这让她愤怒不已。当卡梅伦看到这个问题后，他却表现得令人失望，而当网友继续追问的时候，卡梅伦更是一言不发。这下子，妈妈们炸开了锅，纷纷指责卡梅伦只会对自己的出身背景大做文章，以前的所有举动都是作秀。但好在卡梅伦灵机一动，借口自己的电脑出现问题，回避了这次小风波。

早在2009年，布朗就曾出席妈妈网的对话直播，同网友们进行互动。在一个多小时的提问阶段里，网民询问了布朗的健康状况，对政府及家庭的看法，以及公共健康等问题，对于这些问题，布朗畅所欲言，回答得十分干脆。但是当一位网友问及布朗喜欢吃什么饼干时，布朗却避而不答。这种奇怪的行为让细心的网友们十分诧异，他们纷纷议论，是不是因为没有政治公关提供的标准答案，布朗就不敢回答。而为了平息公众的议论，布朗只好在社交网站上披露自己最喜爱吃的饼干种类。在这次风波后，布朗亲自派人给妈妈网送去唐宁街品牌的巧克力饼干，甚至还要请妈妈网的负责人到首相府喝茶。布朗表示，自己特别喜欢和网上的妈妈们聊天，表示今后还会去做客。

卡梅伦同样出席过该亲子网站的互动直播，在被问到喜欢吃什么饼干时，卡梅伦没有像布朗那样忸怩犹豫。一位网民曾抱怨道："我真的是不喜欢政客回避所有重要问题的方式。"另一位网友则嘲讽道："或许政客们需要与自己的公关商量，找出哪一种饼干能让自己拉到更多的选票。"

三大党有一个共识，那就是家庭政策将成为大选中的关键，女性是必须重视的选民群体。而各大领袖在竞选中大力打亲情牌，就是为了吸引更多女性的关注，将她们宝贵的选票投到自己身上。

第六章 大选结果尘埃落定

聪明的人就是善于抓住每一个机会展现自己的实力,并为未来的道路埋下伏笔,这是一种智慧,也是一种毅力的表现。时刻谨记自己的目标,抓住机遇为之奋斗,这何尝不是毅力的表现呢?卡梅伦就是这样坚持不懈地为自己的首相之冠努力着,在混乱的局面中保持清醒,赢得成功。

1. 大选之后挥斧砍木

英国政党大选进入最后的阶段，2010年5月5日是竞选拉票活动的最后一天。虽然已经进入拉票活动截止前的24小时，但是各政党依然没有放弃最后一搏的机会，仍马不停蹄地奔走于各个选区。保守党领袖4日晚彻夜未眠，誓要为每一张可能得到的选票而战斗。现任首相布朗更是起了个大早，表示自己"有决心为英国的未来而奋斗"。自民党领袖克莱格一如既往地呼吁选民们慎重投出手中的一票，要争取改变英国两党轮流执政的历史。

根据相关报道显示，工党希望争取在三党间摇摆不定的选民，以及原先支持自民党的选民。布朗认为，目前很多选民还未做出最后的决定，工党当务之急就是要把这些选民拉入到自己的阵营内。而根据相关的调查结果显示，截至4日，仍有超过四成的选民仍未决定把选票投给哪个政党。目前在各个政党中，保守党的支持率暂居第一位，但是卡梅伦仍有些惴惴不安，他仍在努力，力争得到议会的绝对多数席位。北爱尔兰第一大党民主统一党表示，只要卡梅伦答应在几年豁免北爱尔兰推行的大幅削减公共开支的计划，他们就保证支持保守党上台。

但是，即使保守党在大选中获胜，还缺14个议席才能够完全控制下议院。如果答应北爱民主统一党的要求，保守党的议席就将增加9到10个，这对保守党夺取政权至关重要。而根据有关人士的透露，只要保守党能够成立新的政府，卡梅伦愿意让北爱的政党人士加入内阁，出任某些部门的首长。

此前一直被看好的自由民主党则力求巩固现状，以便向其他有意靠拢的政党提出条件，在未来的执政联盟中发挥作用，甚至夺取更大的权力。

英国的政治评论家们说，此次大选是英国近现代以来，选情最为激烈、形式最为紧凑的一次。依照目前的选举情况来看，最终的结果扑朔迷离，谁都没有把握能预言哪个政党会获得最终的胜利，一切都充满了悬念。

不过，无论最终的胜利花落谁家，哪个领袖人物入住唐宁街10号首相府，都将面临着一个无法改变的严峻挑战——新任的首相将要带领英国走出"二战"以来面临的最为惨烈的经济危机。执政者只有出台切实可行的措施，才能挽救当前经济不断衰退的局面，抚平经济倒退带给民众的创伤，赢得选民们的信任。

对于三大政党的领袖来说，投票率一直都是最为头疼的问题。在2001年和2005年的大选中，投票率分别为60%和61%，成为1900年以来投票率最低的两次大选。但此次大选，各位候选人就不必有这样的担心，因为根据地方政府的统计，截至4月30日，投票率相比上次的大选增长了近17%。而在表示对大选感兴趣的人中，有40%为18至24岁的年轻人。但是根据一项民意调查数据显示，仍有超过三分之一的选民未投出手中的选票，他们仍有可能在最后一刻改变主意。

5月6日，在经历了许久的拉票活动后，以及三场电视辩论，首相布朗批评女选民的"偏执门"等一系列事件后，英国终于迎来了最重要的一天，最终的投票日。在最后的时刻，各党派仍然抓紧时间在中间选民中拉票。有望改写英国历史的一次大选即将于这一日举行，而在此前破天荒举行的三场电视辩论更是大大提升了许多选民们的关注度。有媒体指出，此次英国大选将会成为18年来最激烈的一次选举，不过也有人士分析指出，已经连续执政13年的工党此次注定要输。

投票活动很快就结束了。在投票后，卡梅伦带着自己怀有身孕的妻子回到在牛津郡威特尼选区的家中，静静等候最终的结果。当天晚上9点20分左右，有消息称卡梅伦在家中抡起斧头砍树。而这一行动进行了两个多小时，并没有人知道为什么卡梅伦要砍树。但也有人指出，砍树只是为了缓解多日来的紧张情绪，让紧绷的神经得到放松。

当天,英国首相布朗和妻子萨拉回到在苏格兰北昆斯费里一座投票站投下选票。在经历一个多月的拉票活动后,布朗终于可以有时间休息一下,他当天躲在自己的山顶公寓里,等候选民们最终选出的结果。随着计票工作的持续进行,布朗小睡了一段时间,在醒后与妻子共进晚餐,这是夫妻二人多日来第一次慢悠悠地享受美食。而在投票结束后,有人向布朗问道,是否有信心连任首相,布朗笑而不答,但一位布朗的支持者高喊:"会的,当然。"

自民党领袖克莱格则在投票结束后向选民们道歉。他说:"为了获得更多选民的支持,我近一个月来到各地去四处游走拉票,没有与所在选区的选民们亲近。我为自己的行为向你们道歉。"

随着投票的结束,有分析人士指出,自己的结果可能有三种:一是保守党赢得超过半数的议席,顺利组建政府;二是保守党和工党的投票都没有超过半数,自民党左右大局;三是保守党赢得工党,并取得接近半数的议席,与小政党联合组阁。

据悉,第一个出结果的选区是英格兰东北的桑德兰南区,由于该选区今年被分割成两个选区,因此计票工作在一个小时内就完成,但是其他选区的投票结果则需要等到7日凌晨才能完成。三党的领袖都在静静地等待最终的投票结果,在没揭晓之前,一切都是未知数,而这段时间也是最难熬的。那么,最终的首相会是谁,我们只有静静地等待着。

2. 英国遭遇 30 年来最难读懂的大选

英国大选的投票终于在 2010 年 5 月 7 日下午结束。根据公布的结果显示,保守党获得 306 席,工党获得 258 席,由于现任执政工党以及在野的第一大党保守党以及自由民主党都没能获得超过半数，因此，英国自1974年第一次出现了首个"无多数议会"，也称"悬浮议会"。有媒体评论称，以卡梅伦为首的保守党憋了13年终于要扬眉吐气的时候，却遭遇了如此状况："虽然赢了，但是赢得还不够。"而以布朗为首的工党虽然没能守住阵脚，失去了不少议席，但未必就是真正的失败了。

本次大选是几十年以来最为激烈的一次选举，各个党派，尤其是在野的第一大党保守党、工党以及自民党三大政党更是使出了浑身解数，力争要夺得最终的胜利，而本届大选中出现的种种状况也是近30年来最难读懂的。在大选开始之前，有民调显示，各党的支持率没有明显拉开距离，有人预言最终可能会产生"悬浮议会"。本届大选也是历史上最富戏剧性的大选之一，传统政治家在竞选时，都会拿着一个肥皂箱走街串户地拜访，时不时把肥皂箱往地上一扣，自己便站在上面发表激情洋溢的演讲吸引民众。而如今的大选早已淘汰了这种陈旧的形式，引入了电视辩论，且一辩就是三场，极大地震惊了英国社会，空前地吸引了许多人的关注。

不管竞选之前拉票活动进行得多么丰富，最终的结局已定，"悬浮议会"已成事实。根据英国现有的法律和惯例，在没有党派获得多数席位的情况下，现任首相拥有组建联合政府或者少数派政府的优先权。卡梅伦和布朗也先后同自民党领袖克莱格进行会谈，磋商合作事宜。

有分析人士指出，此次英国出现"悬浮议会"后，再次进行大选的可能性几乎为零，因为各党派的竞选资金有限，本就已经举行过竞选活动，如果再举行一次必将花费巨额资金，而且还有可能触发民众的愤怒情绪，有"惹怒选民"的风险。此次"悬浮议会"的出现在英国国内造成了广泛的影响，为英国的未来带来了更多的不确定性。对步履蹒跚的英国经济，以及受危机重创的制造业带来了不可估量的危害。因此，无论最终是由谁来出任首相，如果不能拥有超过议会半数议席"稳定而长期"的支持，就有随时可能翻船的危险。

布朗在成功当选自己所在选区的议员后，他表示自己有责任确保英国

建立一个稳定的政府。布朗说:"在此次大选中,我最重要的责任就是扮演好自己的角色,确保英国建立一个强大和稳定的政府,带领英国走向可持续的经济繁荣,实现我们进行深层次政治体制改革的承诺。在政治改革的这一点上,已经有越来越多的人达成共识。"

第三大党自由民主党此时成了两党竞相追捧的"香饽饽"。在谈到获得议席最多的保守党时,克莱格表示,现在是保守党证明自己为有能力寻求执政的最佳时机。克莱格说:"所有的政党,所有的政治领导人都要以国家利益为重,而不是只考虑自己政党的利益来行事。我曾经说过,如果没有一个政党获得绝对多数的票数,只要他得到了最多的投票,就有优先组阁的权力,不管是单独组阁还是联合其他政党组阁都行。我坚持这个立场,而根据结果显示,保守党得到了最多的票数和最多的席位,因此他们应该努力争取,证明他们有能力以国家利益为重,寻求执政。"

对于克莱格的支持,卡梅伦表示了感激。卡梅伦表示,他愿意同自民党商讨组成联合政府的问题,寻求在联合执政方面达成一致。卡梅伦说:"我想向自民党提出重要的、开放的、全面的邀请,希望我们能够联起手来共同努力解决我们国家目前面临的最重大而紧迫的问题。"

面对英国数十年来首次出现的"悬浮议会",英国国内做出了许多猜测,而《大公报》网站更是预言了可能出现的四种结果:

第一个可能就是保守党与自民党进行联合,组成新政府。赢得议会多数席位的保守党党魁卡梅伦提出与自由民主党签订的结盟协议是最终的正式协议,由此自民党成员可以被接纳为新政府内阁。卡梅伦在做出这个决定后,必须确保自己在达成协议后,能够给全党上下一个满意的交代。克莱格也承受着同样的压力,因为自民党党内规定,如果要与其他政党结盟,必须在事先征得全党的同意。

第二个可能就是保守党成立少数派政府,卡梅伦出任首相,而且自民党承诺会把信任票投给新政府,以表示自己的支持,并且会投票支持新政府提出的各种以税收筹集拨款的方案。保守党和自民党宣布,自民党的拨款支持以两年为准。在该段时期内，两党会积极寻求在关键政策上的共识。不过，自民党不会参与组建内阁。有分析人士认为，自民党如果不参与内阁将会造成政局动荡，因为当自民党不满保守党的政策时，将随时收回支持，迫使政府提前进行大选。

第三个可能就是保守党执政到 6 月份，同样由卡梅伦出任首相领导新政府，而且与自民党无任何协议，两党只承诺支持新内阁撰写的议会开幕式女王致辞以及第一笔预算案。如果按照这个方向走下去，卡梅伦至少可以留任到 6 月份。但有报道指出，新政府很可能缺乏必要的强势态度，屈服于其他政党的威严，造成政局动荡。

最后一个可能就是工党和自民党进行联盟。如果自民党和保守党的谈判最终失败，自民党便有可能会和工党进行联合。英国工党党首、现任首相布朗已经表明，他乐意为选举改革上的计划向克莱格做出让步。但是，布朗的支持率持续下跌，而且两党的议席加起来也没有超过半数席位，这应该是几种方案中最难达成的一项。

3. 克莱格成为决议的关键

大部分英国人以为，自己一觉醒来便能知道新任的英国首相是谁，然而这个愿望却并未得到实现。英国 36 年来首次出现了无多数议会，没有一个政党获得了绝对多数。在这之后，各个政党又开始了为联合组阁而奔波忙碌，最终英国首相是谁仍然是个问号。

根据英国宪法规定，如果出现了无多数议会的情况，现任首相有优先组阁权，只要布朗现在辞职，英国女王就能够直接接见卡梅伦，任命他为

新政府首相。但是，顽固的布朗却并没有辞职的打算。2010年5月7日，布朗发表了一段讲话，他同意让保守党和自由民主党先行展开组阁谈判，并准备在双方谈判失败后再尝试与自民党联合组阁。

尽管布朗信誓旦旦地发表了这样的讲话，但真正的决定权却掌握在自民党的手中。许多英国媒体甚至评价自民党为"有能力左右政局的王者"。自民党领袖克莱格公开表示，他将支持在大选中获得支持率和最多席位的政党，将优先同他们进行组阁谈判。

不过，克莱格要首先明白，同卡梅伦进行组阁究竟能给自民党什么好处。对于实力相对弱小的自民党来说，最重要的是改革当前"得票最多者胜利"的选举制度，因为对于自民党这样的小党派来说，想要获得最多票实在是不可能的事情，自民党需要为今后在选举中胜出做好准备，打下制度的基础。

顽固的布朗始终霸占着首相的职位不愿意辞职，但是根据一项民意调查结果显示，约有70%的受访者希望现任首相戈登·布朗因败选立即引咎辞职。此外，还有超过半数的受访民众希望卡梅伦领导的保守党应该单独执政。该民调一出，立即在社会上引起了轩然大波，面对强烈的民意要求，首相布朗似乎也坐不住了。

5月10日下午，英国首相布朗在伦敦唐宁街宣布，将主动辞去工党党魁一职，为共党及自民党谈判筹组联合政府铺平道路。三个小时后，保守党也在政府组建和选举改革问题上，向自民党做出了进一步的让步。布朗说："我不希望在不需要我的位置上继续占据着，只要经济危机过去，我们达成一致的政治改革也将有所进展。"

对于布朗首相的主动辞职，在英国国内也引起了不小的反应，英国《每日电讯报》撰文称"这是英国民主上最黯淡的一天"。文章毫不掩饰对布朗辞职的惋惜之情，评价布朗是一个为国家利益而牺牲自己的政治家。但实际上，布朗的辞职只是一个赤裸裸的基于党派利益基础上玩世不恭的决定。

随着自民党领导人克莱格令人难以理解的纵容和让步，他的名声会越来越差，且再难恢复，而布朗得以趁机抵消上周大选给工党带来的不利影响。这个并非由选举产生的领袖将继续行使首相的职位，即使他的党派得票数要比保守党少48票，而布朗可以选择一个适当的时机将权力交给新的工党领袖。

除此之外，工党还向自民党提出了联合政府以及就改革投票制度进行公投的条件。联合政府意味着，内阁将有两个政党联合组成，而改革大选选区的投票制度则能够在很大程度上改变自民党在下一次大选中所获得的议席比例。在工党宣布这一决议后，保守党影子外交大臣威廉·黑格也对媒体发表了讲话，他一方面指责工党与自民党在关键时刻的谈判内容都是表面文章，另一方面也做出了适当让步，表示联合政府与投票制度改革公投的条件，保守党也可以尽量满足自民党的要求。

尽管联合政府会给本已动荡的英国政坛带来更多的问题，但是中国社会科学院欧洲研究所的田德文研究员却认为，即使组成以保守党为核心的联合政府，其执政政策也不会有太多改变，总体上还是会按照原有的方向前进。在具体政策上，国内的专家学者表示，保守党在应对经济危机的解决策略上，将提前退出"救市"。目前，英国正遭受着严峻的财政赤字的困扰，保守党对于削减赤字的主张十分坚决，要求立即、大幅地削减赤字，工党则为了保持经济的发展主张推迟削减赤字。由于希腊债务危机的影响，英国民众普遍更接受保守党的主张。

工党政府已连续执政13年，对于公共服务领域投入巨大，但是由于缺乏效率，工党政府的执政效果并不明显，对于公众生活的改善也不大，反而造成赤字的不断攀升，引起群众的不满。现今，如果主张小政府、大市场的保守党，必定会提出冻结公务员的涨薪计划，下决心要改革政府机构，一些公共部门和政府机构有望被解散或是推向市场。

在对待中国的问题上，卡梅伦曾经多次访问中国，与中国的高层交往密切，况且中英关系如今正朝着稳定、积极的方向发展，保守党上台执政

不会导致英国的对华政策出现大幅度的变化。同时，保守党执政并不会改变英国对欧盟的政策，英国不会考虑加入欧元区。

总的来说，自民党最后究竟会和工党组阁还是和保守党联合组阁都不得而知，一切都未见分晓，而不论哪种选择，都会对英国产生巨大的影响。新一届的政府到底是怎样的，我们只有静静地等待。自民党此时显然已成为解决英国政坛难题的关键，说起自民党与工党的关系，可谓深厚，且历史悠久。在17世纪，英国议会中就出现了托利党和辉格党之争，后来辉格党发展成为自由党，也就是现在自民党的前身。在20世纪20年代，随着工党的崛起，自由党沦为英国的第三大党。

但是，进入20年代后，无论是英国工党内部的知识分子还是温和派，都对当时"左倾"的工会势力大为不满。在1981年，有四名资深的工党议员出面，宣布脱离工党，成立社会民主党，这就是英国政治史上著名的"四人帮"时间。社会民主党在英国政坛中存在了八年时间。1988年，社会民主党和自由党合并，成立自由民主党，也就是今天的自民党。

可以说，自民党有着悠久的历史，但却有着年轻的面孔。在本次英国大选中，自民党领袖克莱格曾经激动地对着支持者高喊"终结爱舍顿勋爵"。说起爱舍顿勋爵，他是自民党的第一任领袖，1988年上台，一直到1999年退位。爱舍顿勋爵在领导自民党时期，与工党私交甚厚。而在布朗上台后，有媒体爆料，布朗曾经私下邀请过自民党加入工党政府。由于被媒体曝光，自民党十分愤怒，反咬布朗一口，指责其试图分裂自民党。布朗不得不出面平息此事，当时这个事件闹得沸沸扬扬，场面十分尴尬。

克莱格的口误显得十分微妙，也暗示了他与爱舍顿勋爵之间的关系。而克莱格作为现在自民党的领袖，成为大选中的关键。现在自民党要如何选择，全在于克莱格本人的意向。虽然自民党与工党有着悠久的历史渊源，意识形态也十分接近，但是想要快速获得权力，也并不是一件简单的事情。

保守党和工党现在都迫切地需要自民党的支持，区别在于，自民党与保守党联合时，所取得的联合政府可以形成相对多数的优势，组成政府以后，可以保证在两党保持一致的前提下，通过任何他们想要通过的法案。如果自民党选择同工党联合，两党所占的议席仍不能够形成相对多数，还必须联合其他的小党派，从而形成占多数的政府。但显然这需要更多的协商和谈判。

尽管与工党有很多相似之处，但为了长远考虑，自民党还是选择同保守党保持更多的接触。虽然自民党表示如果无法谈成一致，自民党会重新与工党谈判。但是，实际上这一选择已经暗示自民党将与保守党联合组阁，因为苦等了13年的保守党绝不会因为政策上的分歧，放弃了这一难得的机会，失去重新成为执政党的绝好时机。特别是对卡梅伦而言，自己在竞选首相上已经倾注了五年的心血，他和他的团队都不会轻言放弃。

4. 民心所向，获得克莱格力挺

2010年英国大选在历经数日的激烈竞争后终于落下帷幕，虽然保守党的席位并没有达到单独组阁的要求，但是自民党领袖克莱格却力挺卡梅伦，表示要和保守党一起联合组阁。胜利的天平此时正向保守党倾斜，工党13年的执政生涯即将走到尽头。

几个月前，人们还信心十足地认为保守党一定能击败民意不高的工党赢得议会下院多数席位，但是这样的设想最终却并未实现。保守党副主席阿什克罗夫特认为这是今年首次进行的电视辩论惹的祸，让他们无法把布朗立即踢出唐宁街10号。"混乱的辩论把原本就动荡的政坛搅得乱七八糟"，阿什克罗夫特充满抱怨地说。

尽管最终的结果并不让人开心，但英国的媒体却认为这个结果是在情

理之中的，因为根据大选之前的各项分析和民意调查显示的数据，保守党能够获得压倒性的胜利，只是让人惋惜的是，原本以为是黑马的自民党却并没有获得较多的议席。

自由民主党主席克莱格在此次英国大选电视辩论中大出风头，让人直呼想象不到，克莱格的出现让民众眼前一亮，他们第一次发现，英国居然还有一个自民党的存在。经过三次辩论之后，自民党的民调远远超过工党，一度成为"英国第二大党"。由于自民党分散了许多选票，这让卡梅伦大为光火，他感受到了极大的压力，面对突然崛起的自民党，自己的预设是否会落空呢？

而烦恼的不仅仅只有卡梅伦一个人，布朗也承受着许多压力。就在第三场辩论的前一天，布朗在街上为自己的大选造势，在和一名买面包的老妇人亲切交流之后，布朗上车就骂对方为"老顽固"，但身上的麦克风未及时摘下，于是整个英国的民众都知道了。第二天，布朗满眼通红，好像哭了一个晚上。人们觉得布朗肯定会受到重创，但出人意料的是，他却更加激情四射，展现了政治强人的本色。

虽然克莱格有着出色的表现，但是他的高人气却并未为他换来有实际意义的选票。克莱格对最终的结果也感到伤心。他说："很明显，这是一个让自民党遗憾的夜晚，我们没有实现之前期望得到的结果。"克莱格还表示，虽然自民党一直被人们看好，但最终的失败也是难以避免的。自民党前主席帕迪阿什当同样对这样的结果表示惋惜。他说："虽然这个国家的选民发出了心底的声音，但是他们的行为却没有按照他们所想的去行动。"

最终的结果令人遗憾，而英国政治的前途更是扑朔迷离。曾经在1997年，工党以绝对性的优势赢得大选，虽然在1992年有过一次失败的预演。当年，工党领袖金诺克的支持率要远远超过保守党首相梅杰，然而在谢菲尔德，基诺克却导演了一场美国式的政治机会，现场宣布自己未来的组阁名单，但最终却未能如愿，保守党在最后奇迹般地胜出了。

这一段历史告诉我们，在英国，当一场历史性的胜利到来之前，你往往是看不到任何胜利希望的，而当你觉得自己没有希望了，又总是会出现奇迹，很可能会绝地重生一次。这个预演似乎也在暗示卡梅伦和布朗今后的命运。

在选举结果大致锁定后，摆在人们面前的问题就是究竟谁能组阁，保守党和工党都表示自己拥有组阁权，但必须要征得自民党或者是其他党派的联合才能成为现实。按照英国传统的选举办法，由于没有出现多数党，现任首相依然能够被女王授予优先组阁权，而工党和自民党的纲领更相近，两党联合组阁的可能性要更高一些。但是没到最后谁都不能断言最终的结果。按照目前的形势看，自民党和工党的席位不增反降，即使联起手来也未必能在议会占据多数。况且新崛起的自民党一定会以各种理由要挟工党，而工党是否能接受自民党提出的苛刻条件还是个未知数。

结果揭晓之后，由于保守党未超过议会半数席位，必须联合其他政党一起组阁。由此，一场割据战拉响。双方都在拉拢自民党加入自己的阵营，而自民党究竟会选择哪个政党一起联合组阁呢，我们拭目以待。

5. 危急之下首提组阁之见

面对动荡不安的政局，面对疲软的经济态势，英国急需一位领导人建立起新的政府，带领英国度过危机。在各方的压力下，卡梅伦是时候做出决定该如何筹建新政府了。卡梅伦向克莱格抛出了橄榄枝，并发表了声明，愿意同自民党组成联合政府，愿意同自民党"共同努力以解决我们的国家面临的重大而紧迫的问题"，愿意达成自民党提出的"友好、开放和全面的条件"。卡梅伦表示，会用最快的时间同自民党开始会谈，以寻求在联合执政方面达成的一致。

就在议会下院选举结束后的下午，卡梅伦就邀请克莱格进行单独会面，

并交谈了大约70分钟。两党代表的首轮谈判则于5月9日上午进行。虽然最终的谈判结果没有达成协议，但是保守党新议员将继续听取同自民党的谈判情况，并将于10日晚召开会议。自民党高层党员、议员、执行机构开会，表示"完全支持"克莱格同卡梅伦的会谈。自民党方面还宣布，在与卡梅伦进行会面后，克莱格还将接受布朗的邀请，同布朗电联。

中右翼的保守党与中左翼的自民党就一些政策表达了双方的看法，虽然有较大的分歧，对结盟产生了不少的障碍，但是双方在会后表示，这是一次气氛友好的会面。卡梅伦还向支持者发出了电子邮件，他做出保证，在政策层面上，就与欧洲联盟的关系、移民、防务等问题，保守党绝不退让。不过，在其他的一些方面，保守党可以做出适当的让步。卡梅伦还说："我希望，双方能够从国家的根本利益出发，尽快理清头绪，不要匆忙地为了各自的利益而达成协议。"

自民党的最大要求就是改变当前不合理的选举制度，实现按得票比例分配议席，以便工党和保守党以外的小党派能够获得更多的机会加入议会中。但是保守党方面却无意这么做，他们并不愿就这一方面进行妥协。

保守党打算立即削减公共开支，降低巨额财政赤字。自民党却认为，削减财政开始不利于当前的经济形势，甚至有可能拖累好不容易复苏的经济。克莱格在与自民党高层开会时，有大约1000名自民党支持者在场外进行集会，他们高喊着新一届的政府必须改革议会选举制度。

英国三大政党在大选之后一改原本互相仇视的态度，选择温和、频繁地接触，为大选出现无多数议会该如何组阁的问题进行磋商和谈判，努力为本党争取有利地位。本次英国大选没有一个政党获得半数以上的议会席位，从而形成了自1974年以后第一个"无多数议会"。虽然保守党获得了306个议席，但是离组阁还差20个议席，因此不得不同其他的党派联合，才能组成新一届政府。

保守党与自民党会谈小组与2010年5月9日举行了长达六个多小时的会谈，双方表示，这是一次"有积极意义和富有成果"的会谈，双方决定在 24 个小时内立即筹备第二次会谈，为之前尚未解决的问题做一个圆满的了断。而在保守党和自民党会谈结束后，保守党领袖卡梅伦又以个人身份会见了自民党领袖克莱格，双方进行了大约 45 分钟的会面。

工党领袖此时也没有闲着，他同工党高级阁员举行了会议，并宣布要争取自民党的支持。之后，布朗离开首相府，到外交部同克莱格举行了会面。双方"相互通报最新消息"。克莱格此次私下会见布朗引发了社会的强烈议论，布朗之前便表示，如果自民党与保守党谈判失败，工党很欢迎与自民党进行组阁谈判。布朗表示，如果卡梅伦和克莱格都没能在他们认为的必要的时间内达成协议的话，他愿意会晤任何政党领导人，但首先会与自民党主席克莱格首先讨论组成联合政府的问题。

自民党主席克莱格表示，自民党愿意同工党政府和保守党进行会谈，但会同保守党保持更为密切的接触。虽然保守党和自民党之间阻碍重重，在某些关键的问题上分歧过大。但是，双方表示，会为英国的未来做进一步的考虑，适当退让是必要的。

6. 借布朗之手向自民党伸出橄榄枝

英国大选结束之后，保守党、工党和自民党就联合组阁的问题进行紧锣密鼓的磋商，而就在忙得焦头烂额之时，现任首相却突然宣布自己将在 9 月前辞职。这一举动虽然表面上牺牲了布朗的个人利益，但从长远来看，他却为工党与自民党的"联姻"创造了机会。

布朗在这个时候辞职，是为了让工党争取与自民党合作的机会，两党在政策纲领上较为接近，布朗甚至透露，自民党主席克莱格已经提出要与

工党就组建联合政府展开正式谈判。但是克莱格之前却表示，如果要想进行谈判，布朗必须首先辞职，这是自民党与工党达成任何协议的先决条件。

布朗的辞职之举为拉拢自民党扫清了许多障碍，他希望两党在组建中左翼执政联盟以确保工党继续执政。布朗说："组建起新的联合政府符合英国的利益，符合所有人的利益。"布朗要求工党为选举新的领导层做好充分的准备，他希望新一届的政府领导人能够在今年9月的年度全国会议上露面。他本人则将继续专注于破解大选后出现的政治困局。布朗选择在9月前辞职而不是立即辞职显然还有更多个人的考虑，他为的就是能够在工党新一届的领导层中安插更多自己的代理人。

在布朗辞职之后，保守党也抓住时机和自民党加快了谈判的进程。保守党和自民党的谈判小组开始在伦敦市中心的内阁办公室展开联合政府谈判，保守党外交事务发言人黑格在进入内阁办公室前对媒体宣称："我们和自民党都已经意识到，英国现在需要一个合法性的政府，我们必须加快速度。"

保守党和自民党的领导人也对媒体透露说，到目前为止，谈判进行得十分顺利，是"富有建设性的和互相尊重的"。但是也有人爆料称，保守党领袖此时并不急于达成协议，他们不能任自民党"狮子大开口"。自民党官员则称，卡梅伦并不会轻易放弃保守党有关政治改革的一些谈判条件，尽管这些条件与自民党的观点相悖。这位官员还说，在双方达成协议之前，还有一段很漫长的路要走。

从最初焦急的渴望谈判，到如今僵持不下，据理力争，出现这样的状况并不令人惊奇。因为在上周大选中，保守党成为第一大党，工党排名第二，自民党的重要性一下子就凸显出来，双方都在争取自民党的支持。不论自民党最后和哪个政党组成联合政府，那一政党必定会尝到甜头。

但是对于保守党和自民党在内政外交上存在的分歧，双方并不能选择无视，而是需要坐下来心平气和地好好谈谈，而是否能够在短期内解决双方存在的分歧还是个未知数。保守党和自民党最大的分歧就在于削减财政赤字的进度上，保守党希望进行大刀阔斧的改革，但是自民党却认为可以从长计议，因为操之过急，会对英国当前的经济造成不可逆转的损害。

保守党主席卡梅伦表示，当前英国民众已经抛弃了布朗，工党失去了继续管理国家的资格，而我们的国家需要一位新的领袖，只有新的领袖才能带领英国进行改革。保守党议员迈克尔戈夫更是嘲讽工党和自民党的谈判是"失败者联盟"，保守党影子外交大臣黑格则斥责布朗与自民党商议的联合政府是企图"无耻的政治手腕"。

对于外界最关心的自民党究竟最后和谁结盟的问题，克莱格并没有给出一个清晰的答复，他选择了沉默。在其所属的谢菲尔德选区，克莱格告诉支持者大选结果"难以预料"，需要充分的时间来考虑到底是支持工党还是保守党。克莱格说："我认为现在谁都不应该过于潦草地发表声明，或者是做出无法经时间考验的决定。"

而在克莱格说完这句话后，他回到了自由民主党伦敦总部，随后举行了新闻发布会。在新闻发布会上，克莱格终于明确地表示，自己将力挺保守党组阁。但是在该次新闻发布会上，克莱格依然没有明确地表示自己是否会加入卡梅伦领导的联合政府，但言下之意已经非常明确，一切就等时间的检验来确证。

在电视辩论中猛烈攻击克莱格的卡梅伦，此时颇有些不好意思地收下克莱格抛来的橄榄枝，他表示愿意跟自由民主党就组建联合政府展开磋商，解决包括削减赤字和改革选举制度等多项议题。卡梅伦说："我会给诚意满满的自民党一份公开、全面的厚礼。"与此同时，布朗在唐宁街10号也出人意料地表示，保守党和自民党的谈判是及时的、必要的、正确的，两党应该拥有充分的时间来进行讨论。显然，布朗也开始公开支持起自民党和保守党的谈判。但布朗继续补充道，如果自民党和保守党的谈判最终失败，自己很乐意同自民党做好沟通，商谈合作事宜。

面对布朗对自民党的积极示好，卡梅伦也乘势追击，他呼吁自民党同保守党合作，尽快组建成新的政府。卡梅伦宣称，英国将在一个保守党少

数政府,或是一个更强大、更多合作政府之间选择。卡梅伦表示,此次保守党在大选中赢得的选票要高于撒切尔夫人在1979年的选票,成就之高令自己十分骄傲。

　　卡梅伦还说,虽然这是一个令人骄傲的成绩,但是也不得不承认,保守党虽然赢了,但却赢得不彻底,没有赢得绝大多数的选票。而在当前的形势下,英国急需一个强有力的政府来应对一系列问题,阿富汗战争、经济衰退、移民、选举制度改革,并须尽快做出相应的对策,重建人们对政治的信心。卡梅伦表示,保守党很可能会在和自民党达成协议的基础上实施某些政策,其中有许多可以协商的机会。他甚至还引用了关于教育及低碳经济政策来为双方的合作做例证。卡梅伦还强调,对于自民党一直提及的选举制度改革问题,保守党可以满足,虽然保守党目前的改革建议和自民党的想法有许多不同。

　　卡梅伦还强调,上一任工党政府给唐宁街10号留下的遗产是60年内都难以解决的巨额债务危机。因此,卡梅伦表示,英国需要尽快产生一个强大的、稳定的政府。对于卡梅伦的讲话,自民党发言人威廉姆斯称其令人"印象深刻",同时威廉姆斯也大力赞扬布朗的声明。但是,对于两党与自民党的合作,她称"还有许多细节问题值得进一步商讨"。克莱格说,既然保守党已经在本次大选中获得了最多数的议席,取代工党成为第一大党,那么保守党便是自民党首先考虑与其联合组阁的对象。

　　2010年5月11日,可以说是布朗生命中最为黯淡的一天,他苦等了近10年才坐上英国首相的位置,没想到还没做得多久就要拱手让人,自己也成为英国历史上最"短命"的首相。在布朗宣布辞职前,内阁"作战室"内的气氛居然出人意料地愉快,但同时也非常紧张。直到一个电话的打来,为布朗三年多的首相生涯画上了句号。在最后的几个小时内,布朗多年的心腹都陪在他身边。安格斯说:"在等待那个电话时,他们不停地在开玩笑,试图缓解紧张的气氛。"

　　当克莱格打来电话时,整个房间的空气似乎都凝固了一般,电话里的声音也显得十分清楚。克莱格表示，自己要同卡梅伦合作，联合组成新的政府。而在得知这个消息后，布朗要求克莱格尽快完成与保守党的谈判，随后自己好向女王辞职。挂了电话后，布朗说："不管接下来会发生什么，我都要马上去白金汉宫了。"

布朗时代的唐宁街 10 号并没有什么华丽的装饰，墙上更没有名贵的图画来点缀，每个房间都有一台液晶电视，因为布朗喜欢 24 小时掌控新闻。克莱格对布朗的拒绝给其造成了严重的伤害和打击，而当时他能依靠的两个大臣都是曾经给他带来痛苦记忆的人。布朗在向工作人员道别时，曾泪流满面，当这位自豪的父亲果断地抱起自己的儿子时，唐宁街 10 号的气氛也温情了许多。

第七章　唐宁街最年轻的主人

　　经过重重磨砺和考验，卡梅伦终于登上首相的宝座，也成为英国有史以来唐宁街10号最年轻的主人。他的成功得益于他高贵显赫的出身，聪明的才智，良好的社交，然而最重要的要数他锲而不舍的精神和毅力，当他面对一波未平一波又起的困难和挑战的时候，他没有选择放弃而是顽强地跨了过去，这就是我们最该学习的品质。

1. 布朗演讲告别唐宁街

在唐宁街 10 号门口，布朗发表了自己的辞职演讲，虽然只用了短短五分钟，但却哽咽数次。对于布朗来说，自己短暂的执政生涯依然给民众留下了深刻的印象，但这种印象是好是坏就取决于民众们自己的判断。在发表完演讲后，布朗带着自己的孩子接受媒体们的拍照，随后一家人便走向停在不远处的一辆车。身后的唐宁街 10 号已不再是布朗的家，布朗留给媒体的也只有一个孤独的背影，和那一段会被后人津津乐道的执政经历。

"正如你们所知道的那样，在这次大选中，没有一个政党在议会下院中获得多数席位。在入选之前，我已经表示过，会尽自己所能来建立一个强有力的、稳定的、有原则的政府，我会带领这个政府帮助英国处理面临的挑战和威胁，不论是经济上的还是政治上的。我的宪法责任是确保上周四的大选后能够组建一个新的政府"。

"现在，我已经告知女王的私人秘书，我已向其递交辞呈。如果女王接受我的辞呈，我将建议她邀请反对派领导人组建新的政府。我衷心地祝愿未来的首相好运，因为他要面对许多困难，为未来做出重要的选择"。

"只有那些曾经担任过首相职务的人才能理解这一职务所要承受的压力，以及他所能做出的贡献。我有幸在担任这一职务时更真切地了解到人性，也很大程度上看穿了人的脆弱性和虚伪，也包括我自身的脆弱和虚伪"。

"首先，能够为英国民众服务是我的荣幸。我爱这份工作，爱的不是它能够给我带来的特权、头衔和名誉，我不在乎这些。我爱这份工作是因为它能够让我发挥出自己的才能，建立一个更加公平、更加宽容、民主、繁荣、正义的国家，使我们的国家成为更伟大的国家。这几年里，在我执政期间，英国遭受了许多挑战，包括金融危机在内的挑战。每一次我都尽全力地为国家服务，为了国家的利益，人民的福祉做出努力。所以，即使我现在辞职了，我也绝无遗憾"。

"最后让我再补充说明一件事，我将一直仰慕我在武装部队成员身上看到的勇气。虽然现在竞选活动结束了，但我想要强调，当我和那些武装士兵握手的时候，我在看到他们的眼睛后，我觉得我们的士兵代表着这个国家最好的东西。我永远都不会忘记那些为国家利益而牺牲的士兵，以及他们那些仍然生活在悲痛中的亲人"。

"我辞去工党领袖的决定将立刻生效，在这一刻，我感谢所有的人，感谢我的同事、大臣、议员。谢谢这么多年来与我并肩作战，谢谢所有的工作人员，你们一直是我的朋友，是国家优秀的公仆。我特别想感谢萨拉，谢谢你坚定的支持，你的爱，以及你对我们国家做出的所有事情。我还要感谢我的两个儿子，约翰和弗拉塞尔，谢谢你们为我生活带来的欢乐。在我即将离任我生命中第二重要的工作时，我会更加珍重我生命中第一重要的工作，那就是作为一名丈夫和父亲"。

"谢谢大家，再见"。

在布朗演讲的最后，他说的是 thank you and goodbye。这个为英国奋斗了13年的人，操劳13年的人，每天都在承受巨大的压力和媒体不断的考问，还要经常被反对党考问。作为国家领袖，布朗无须隐瞒什么，也没有要求媒体满口称颂自己，他能做的只是做好自己的工作，为人民、为国家贡献自己的力量。如今，布朗辞职了，他静悄悄地离职走人。按照布朗自己所说的那样，他要开始行使一个父亲和丈夫的角色了。

就在几天前，布朗的孩子们还在家门口玩着最喜欢的"温迪屋"，绿色的房子、黄色的门，象征温馨和谐的家庭。但是在今天，它们被装上了搬运公司的卡车上，同时搬走的还有布朗一家其他的杂物。布朗带走的东西

并不是很多,大部分东西甚至被直接装进黑色的垃圾袋中,被搬到货车上。布朗将会于辞职当晚同家人乘飞机到法夫郡的昆斯费里,那里有一栋两层的小砖房。据布朗的好友透露,在离开政坛后,布朗会休整一段时间,日后可能从事慈善事业,而不是像前任布莱尔那样到处演讲赚钱。

布朗一直都是一个廉洁自律的人,他同所有搞政治的人一样,有政治人权谋、策划和权力欲,但同时他也有平常人的喜怒哀乐。在布朗发表讲话的时候,我们能看到他作为一个普通人应有的情感。当布朗走向汽车,彻底告别唐宁街10号时,有人冲着他喊了一声 thank you sir。这个声音似乎比所有的称赞来得都要有分量,就像是你帮助了别人,别人给你一个真诚的致谢。伴随着余音,布朗走完了自己13年的政治生涯。

布朗的离开昭示了英国政治格局的重大变化,也表明唐宁街10号将迎来了新的主人。现年44岁的保守党领袖戴维·卡梅伦成为英国第53任首相,同时也是英国自1812年以来最年轻的首相。卡梅伦自当上保守党领袖之后,身上就一直闪耀着政治明星的光环,戴着英国王室的贵族的头衔,但这种背景对于卡梅伦的政治道路既有帮助也有阻碍。

卡梅伦在上任后,对公众做出了承诺,他将与自民党领导人克莱格抛开党派差异,共同打造一个强大、稳定、完善的政府。卡梅伦公开表示,新政府的首要任务就是通过削减开支、改革议会选举制度、服务民众等措施,重新建立人们对政府的信任,并将英国建设成为"更有责任感的社会"。一个不是仅仅问我们的权力是什么,我们应该感激谁,而是一个能够时刻明白自己的责任是什么,能够给予什么的社会。卡梅伦还强调,新政府将会致力于建设公平、自由的价值观,但是具体的工作还需要所有人齐心协力共同去完成。

在卡梅伦宣布保守党和自民党联合组阁后,英国《周日邮报》进行了一项民意调查。截至2010年5月15日,有近七成的民众对组合政府表达了支持,但是也有近75%的受访者认为这段"政治联姻"只能短暂的维持一段时间,并不会长久。英国《每日电讯报》更是发出了警告,宣称两党在政治主张上存在巨大分歧，尽管在谈判时做出了让步，但具体到执政方针、选举制度改革等重大问题时，双方的分歧必定会再次爆发，从而给双方的执政前景带来阴影。另外，作为反对党的工党仍具有相当的实力，在一些关键问题的决策上仍会对新政府产生阻力。

面对一个前景不明、挑战颇多的英国社会，以"变革"之声打动民众的卡梅伦，能否带领英国走出经济衰退的阴影，实现自己慷慨激昂的承诺呢？我们只有静静地等候。

2. 卡梅伦发表演说就职首相

经过五天连续的谈判和磋商，英国大选后最令人难以捉摸的组阁问题终于有了最终的答案。英国当地时间 11 日晚，保守党和自由民主党共同宣布，将联合组成英国最近 70 年来的首个联合政府，这也是英国有史以来第一次自民党和保守党在议会分享权力。当天晚上，在大选中成为议会第一大党的保守党领袖卡梅伦接任首相职务，开始组建新一届的政府，在唐宁街 10 号首相官邸前，卡梅伦发表了激动人心的讲话。

"在谈论新一届政府之前，请先允许我谈一谈最近刚刚发生的一件事情。女王陛下邀请我组建新一届政府，我愉快地接受了这个请求。与十几年前相比，我们的国家变得更开放、更宽容，对待别的国家也更有同情心，我们应该看到这个可喜的变化，并为之感动高兴。我谨代表这个国家，对长期致力于公共服务的前任首相布朗表达最诚挚的感谢"。

"对于未来而言，我们的国家拥有无任何党派占据明显多数的议会，我们将面临一些最严酷的现实问题，这也是最为紧迫的问题——庞大的财政赤字、深刻的社会问题以及需要改革的政治制度。在如此严峻的问题面前，

我提议保守党和自民党放弃争议,心平气和地进行磋商,并进行充分的联盟。我想,这是为我们国家提供一个强大、稳定、完善、体面的政府的正确途径,而这也是解决问题的基础和关键"。

"自民党领袖克莱格和我都希望抛弃分歧,为了国家的利益,为了公益事业而努力。我认为,这是打造我们所需要的强大政府的最佳途径,是打造我们今天需要的果断的政府的最佳途径"。

"在建立新政府之后,我们还有一项工作要做,那就是重建民众对政治体系的信任。而要做到这一点,就必须马上清理开支、改革议会、保证对人民的管理并确保政治家始终是人民的公仆而非主人"。

"我之所以从政,就是因为我深爱着我脚下的国家,我相信美好的日子还在前面,我深信公共服务。我认为,服务国家是最重要的事情,是直面我们真正的大挑战,直面我们的问题,做出艰难的决定并且领导人民攻克这些难题,只有这样我们才能真正地走向明天,走向一个更加美好、繁荣的明天"。

"但是这个过程一定会有许多波折,还要兼顾到其他的问题。比如,我们要诚实地表现政府可能达到的业绩,真正的变革不是单靠政府之力就能够做到的,必须联合所有人的力量,只有大家齐心协力,众志成城,完成每个人被赋予的责任,为了自己,为了家庭,更为了社会,付出自己的努力"。

"我希望能够帮助大不列颠建立起一个充满责任感的社会,在这样的社会里,没有人会问'我们的权利是什么',而是会问'我们的责任是什么';在这样的社会里,没有人会问'我应该感谢谁',而是会问'我能够给予什么'。为了实现这样的社会,不管你是否能够做到,也不管你是否愿意去做到,我们都应该充分的给予帮助。我希望英国所有的民众知道,政府一直在你们的背后,一直在照顾这个国家的老者、弱者和贫困者。我们必须让大家感受到国家的责任,然后聚集起所有人,共同面对我们遇到的困难"。

"我希望能够打造一个付出就有回报的社会,一个让你的工作得到报酬的经济体制，我希望建设一个更坚固、温馨的家庭，一个更完善的社区。我希望为每一个人带来一个面目全新的、能够让民众信任、并再次令民众尊敬的政治体系。这是一项艰苦而长远的工作，联合政府将会面对各种各样的挑战。但是我坚信，基于这样的价值观重建起来的家庭和社会，能够是人人都满意的社会"。

"这些是我所关心的事情，也是这个政府即可开始致力于处理的事情"。

"谢谢"。

卡梅伦就任首相也揭示了英国政治的一个新的变化，60后政治家逐渐走向前台，英国开始进入60后主政时代。卡梅伦生于1966年，自民党候选人克莱格生于1967年，工党目前呼声最高的接替人戴维·米利班德生于1965年，三大党的最高领导人几乎在同一时间实现了年轻化。年轻的60后开始主政，给向来推崇老成稳重的英国政坛带来一股清新的气息。对于英国各政党而言，领导人的年轻化有着重要的战略意义。从根本上说，年轻的领军人有利于构建本党"改革者"的形象。作为资本主义的发源地，英国曾在历史上有过辉煌的时期，但在如今，英国内部各种危机涌现，民众迫切地希望通过变革来改变现实，重新走向强国的地位。

在卡梅伦的就职演说中我们不难发现，他不断强调英国"面临着一些重大而深刻的问题：庞大的赤字、深刻的社会问题以及迫切需要改革的政治制度等。"卡梅伦对民众们承诺，将会"重建家庭、重建社会、重建我们国家的责任感"。显然，卡梅伦深知英国已到了改革的重要关头。在这种对改革的强烈氛围中，推出一个年轻的政党领导人是最为合适的。

其次，保守党和自民党通过推出年轻的领导人也取得了瞩目的效果。工党政府连续执政13年的时间，这对保守党来说是极为耻辱的事情。如果想要重新夺回执政的权力，同工党正面较量治国经验是不明智的，因此保守党需要化劣势为优势，率先摆出改革者的姿态。与此同时，推出卡梅伦这个新人对于保守党来说是一个正确的选举策略。同样，从未得到过执政权力的自民党也选择由新人克莱格挂帅，获得了极高的支持率。

在英国的政治历史上,"变革"从来都不是一个轻松的话题,它总是要受到"延续性"的限制。尽管卡梅伦在竞选中主打"变革"牌,高喊着"为变革而投票",但面对真正的问题"改什么"和"如何改"却并没有清晰的论述。目前,英国最大的问题是尽快走出金融危机的阴影,那么卡梅伦主掌的新政府该拿出怎样的举措解决超过520亿英镑的财政赤字,如何削减公共开支,如何在实行严厉的财政政策的同时维持选民的政治支持和拯救稳定呢?一切都是未知数,卡梅伦的新政府到底能在多大程度上做出政策调整,大家拭目以待。

3. "新官上任三把火"树立首相威严

中国有句俗话:"新官上任三把火。"卡梅伦担任首相后,就当前英国的形势迅速做出了反应,并承诺将会带领英国人民走出当前的困境,重新建立一个更有责任心的英国社会。卡梅伦在之前的就职演讲中曾指出,当前英国政府需要解决的主要任务是削减财政赤字、稳定社会以及重建英国民众对政治制度的信任。

卡梅伦担任首相后,第一件事就是稳定英国民众的心。卡梅伦表示,这次联合政府的建立标志着以利己主义和党派目光短浅为代表的旧政治制度的结束,新的政府将会用长远的目光和大公无私的精神努力去除英国的旧政治体制。卡梅伦说到做到,比如说他对一项议会制度的改革,以往对于英国议会的任期,并没有成文宪法规定,按照传统,虽然议员任期五年,但是首相有权在任何时间解散下院,并且重新举行选举。卡梅伦觉得这一传统过于简单,会给下院带来许多不稳定的因素。于是,他和克莱格共同协商并制定，议会有五年的固定任期，但是除非有55%的议会成员投票同意解散议会，否则议会不得解散。

此外，卡梅伦还要求在内阁会议召开期间，为防止内阁官员们分心不允许任何人使用电话，要求每一位内阁成员尽可能地节省时间，专心为国事忙碌，这些小事是以往政府都没有注意到的。从种种事件中可以看出，卡梅伦改革的决心异常坚定。

卡梅伦试图用这些举动向对联合政府充满质疑的民众们证明，他和克莱格建立的联合政府会迅速地采取行动，带领英国走出当前的困局。并且保守党和自民党两党的关系在以后也会更为和睦。卡梅伦表示，联合政府建立的新政治体系中，国家的利益将会大于政党的利益，党派之间倡导相互合作，一改之前党派之间互相对抗的局面。他表示妥协、合作、让步、做出合理和成熟的举动等，不再是软弱的象征，而是实力的体现。

在经济方面，卡梅伦上任时英国的财政赤字已经达到了历史最高水平，经济情况惨不忍睹，巨大的财政赤字让英国寸步难行。所以，卡梅伦担任首相后做的第二件事，就是削减财政赤字以及减少英国的负债。

卡梅伦承诺将在五年内消除英国大部分的结构性财政赤字。他在上任50天内紧急削减政府60亿英镑的预算，并在2011年停止了公共部门的薪酬上涨，把英国一些主要的公司税率下调至25%，以及削减了在除医疗和海外援助外的所有领域支出，同时为已婚夫妇减税。

卡梅伦在削减赤字和债务时，并没有降低民众的工资及社会福利，也没有依靠提高税率，而是从政府下手，削减了政府人员的收入。在英国曝出的"骗补门"事件后，英国政府在民众心中的形象一落千丈，失去了民众对政府部门的信任，所以卡梅伦必须重新建立起英国民众对政府的信任。不然，"信任危机"加上"赤字危机"的"双重危机"会使英国发生一些严重的社会问题。

卡梅伦向民众承诺他会努力让政府制定的政策实现，并且也会以身作则，希望能重建民众对政府的信心。然而，想要又能保证以往的福利水平，

又能减少赤字,这本身就很矛盾。面对当时几乎达到1630亿英镑的财政赤字,仅仅从议员身上节省出来的钱犹如沧海一粟。因此,政府需要拿出更系统的"减赤"方案。但是,一个更加完整、更为系统的方案在短时间内并不能拿出来,还需要经过政府的各种调查研究。所以卡梅伦的这些举动只能向英国人证明他的决心以及改革方向而已,具体还需要看长久之后的情况。

上任后的这"第三把火"是卡梅伦瞄准在了外交方面。比如对各个大国的外交关系的重新梳理,尤其是备受关注的与美国及中国之间的关系。历史上,保守党一贯保持亲美姿态,然而当今的世界已经与以往大不相同,所以卡梅伦在外交方面的首要问题就是,要如何重新定位英美之间的"特殊关系"。在议会竞选时期,保守党曾表示将摒弃前工党政府对美国的"追随"姿态,把英国对美转变为"牢固,但不盲从"的姿态。

卡梅伦担任首相后,美国总统奥巴马曾致电向卡梅伦表示祝贺。在结束通话后,奥巴马发布了一份声明,重申了对美英两国之间特殊关系的承诺。奥巴马表示,英美之间的"特殊关系"已经经历了好几代人,并且已经超越了政党路线的考验,两国间的关系对两国及世界的安全和繁荣都尤为重要。

卡梅伦就英美两国的关系上表示,两国关系虽然特殊,但是这种"特殊关系"一直不是对等关系。相对而言,英国是比较弱小的一方。他称:"搞好关系,部分是要理解如何扮演好作为弱势方的角色。"在两国关系中,卡梅伦不能像之前工党一样过于强化和美国的关系,同时也不可以太淡化与美国的关系。因此,怎样处理好与美国的关系,将会是卡梅伦面对的一项艰巨的难题。

此外,随着中国的渐渐崛起,在当今的世界政治、经济等方面,中国已成为世界上不能缺少的一个大国。所以,英国政府还需要在和中国的外交关系上多下功夫。

卡梅伦在保守党还是在野党时期,就已经在和中国的关系上采取了行动。当时，卡梅伦在保守党内部成立了一个中国小组。外交大臣黑格在小组成立仪式上曾强调："英国和中国之间的共同利益不能被忽视。"卡梅伦对于中英两国关系的重视，一方面是因为中国在维护世界和平与安定，以及在协调联合国各个事务上都有着不可缺少的重要作用；另一方面是因为，当时英国经济状况还不稳定，所以英国十分需要中国在双方贸易等方面的一些合作及支持。在 2010 年 5 月 15 日，时任中国国务院总理温家宝应约与英国的新任首相卡梅伦通电话，卡梅伦在电话中向温家宝表示，英国政府将会"奉行积极的对华政策"。

4. 回击质疑同克莱格并肩作战

自从卡梅伦和克莱格联合执政以来就波折不断，克莱格本人更是因为一些丑闻时常被媒体攻击，舆论的指责也让联合政府的未来显得扑朔迷离。在大选之前，英国自民党领导人尼克·克莱格就被媒体指责公款私用，媒体称克莱格曾将公共捐款存入个人账户。这笔每月 250 英镑的款项是由饮料巨头帝亚吉欧高管伊恩·怀特、毕马威会计师事务所公共事务部负责人尼尔·舍洛克、某黄金开采公司前首席执行官迈克尔·杨三位人士捐赠。该项捐款由选举委员会和个人利益监察委员会监督和登记备案。这笔钱在 2006 年克莱格担任自由民主党领导人之前就曾被其存入个人账户，并一直用于支付某一名职员的薪酬。

面对公众的质疑和指责，克莱格表示，自己将捐款给存入个人账户不但没有乱用，而是合理使用该项捐款，并被用来支付国会办公室一名职员的薪酬。而对于克莱格这样的解释，英国独立监管机构，公共生活标准委

员会阿里斯泰尔·格拉汉姆则表示，这种举动太过荒唐。

在这之后，有两名女子更是指控自由民主党高级成员伦纳德行为不端，在多年前曾提出与她们发生性关系。伦纳德涉嫌性丑闻令他所属的自由民主党陷入尴尬媒体猜测，自民党党首、副首相克莱格当年曾试图掩盖这一事件。据媒体报道，该名女子曾经分管自民党筹款事宜，曾经向自民党高层举报伦纳德，但是自民党高层却未曾有所反馈。

面对该项指控，克莱格告诉记者，从未有过任何人向自己举报过伦纳德的不轨行为，直到此事件曝光，自己才有所耳闻。只是，克莱格同时也承认，他在2008年间听闻伦纳德的一些烦心事，但内容不详。此次事件曝光后，自民党内部启动两项调查，一是针对丑闻本身，一是针对党派内部过去处理这件事的做法。

媒体对克莱格曾经的丑闻不断苛责、大做文章，对于当前组建的新政府更是议论纷纷。有媒体点评卡梅伦的上任将开创英国一段新的历史，但是道路崎岖，未来渺茫。德国《明镜周刊》在大加赞赏英国近200年来最年轻首相开启一个新时代的同时，也对这种"联盟政府"能够维持多久产生了质疑。"双方之间有很多可能会导致冲突的问题，两党间的首次交锋和对决不会太远，特别是在这个国家需要重新调整的时候"。

意大利《共和报》在题为《一个时代的终结》的文章中称："新政府在英国最近的历史中找不到先例，他的与众不同令人感到反感。保守党和自由民主党一直以来都是敌对的双方，如今却结盟做了盟友，这真是不可思议。相比之下，自民党和工党更为亲近，因此，新政府的诞生是一件不同寻常的事情。看来，卡梅伦要对自民党做出许多让步。然而这些让步却有可能得罪许多老牌保守党，联盟究竟能维持多久？一个习惯了政治两极分化的国家对于这样的新事物一定会极力排斥。"

面对纷至沓来的质疑声，英国两位新领导人卡梅伦和克莱格则肩并肩地站在一起，要在英国联合政府中进行新的实验，承诺将共同应对危机，维护经济稳定，改革脆弱的政治体制。并决心要向外界证明，保守党和自民党建立的联合政府绝不是因为现实需要而做出的草率决定。

两位领导人表示，双方建立的联合政府意味着以利己主义和党派目光短浅为代表的旧政府的结束，双方将共同努力去革除旧的政治体制留下的残余影响，将议会设定为五年固定任期。不过，双方领导人也为立法者设定了例外条款，如果55%的议会成员投票同意，就可以解散议会。卡梅伦和克莱格做出的种种举动都在试图向充满质疑的公众证明，新政府将采取切实可行的举动消除从前互相蔑视和冷漠的关系，从此以后两个党派将和睦相处。

尽管卡梅伦和克莱格对外来的合作做出了种种设想，但是具体效果如何还有待观察。卡梅伦在唐宁街10号首相府前举行的新闻发布会上称，他将摆脱党派之间的积怨，以大局为重。这是令人难以相信的局面，曾经的两个政治竞争对手竟然针对共同的目标发表了几乎相同的声明，表现出欢快轻松的气氛，这与之前残酷的竞争形成了鲜明的对比。

5. 胸怀宽广求同存异执政理念

由于保守党和自民党在诸多问题上立场不一致，因此组建联合政府协议能否有效的执行，很多批评人士表示了质疑。对于这些人怀疑联合政府是否能有效运行的言论，卡梅伦也做了相关回复。他说："保守党和执政联盟伙伴拥有共同的议事日程。"卡梅伦表示，尽管在许多方面，保守党和自民党的政策观念有分歧，但是对于已经达成的组建联合政府协议，是完全能够有效运作的。

对于很多人提出的怀疑，卡梅伦也表示这并不奇怪，他坚信协议能够

得到执行,如果做不到,他当初是不会签协议的。卡梅伦还表示,希望这些持怀疑论的人士不要用言论、承诺或签署的文件来证明联合政府组建失败,而要用政府有效处理政务的事实来证明。在谈到2010年5月13日首次召开的内阁会议上,保守党与自民党在经济议题上的对话,卡梅伦表示,双方希望共同遵守议事日程。

卡梅伦和克莱格不仅宣布将联手,应对英国目前面临的严峻的经济危机,还将共同改革当前的政治体制。卡梅伦说:"我们即将打造一个全新的政治体系,在新的政治体系中,国家利益将大于政党利益,各个不同的政党之间不再是钩心斗角、尔虞我诈,而是倡导互相合作,以合作、妥协、让步等成熟的举动共同打造美好的明天,这是实力的体现。"

在保守党和自民党正式宣布联合组阁后,卡梅伦与副首相克莱格在就任后举行的首个新闻发布会上,两个人在现场时常开玩笑,营造了轻松活跃的气氛。当时,卡梅伦先是同克莱格握手,双方在轻松的气氛中解答记者们的提问。克莱格率先开了场,他说:"昨天的我们还是竞争对手,今天的我们却成了同事。"说完,克莱格不忘转头看看身后的卡梅伦,卡梅伦拍克莱格的肩膀,对记者说道:"我们的新政策也将是如此。"

可是记者们的心思却没那么简单,他们准备了一大堆问题要"为难"这两个人。有人提醒卡梅伦,他曾经被人问到最喜欢的政治笑话是什么时,卡梅伦回答,克莱格。此时,卡梅伦似乎显得有些羞涩,他的脸微微泛红,表示认账。"我恐怕真的是说过一次。"而克莱格也风趣的回应道:"你真的这么说过?"说完,便假装要离开演讲台,卡梅伦连忙挽留道:"快回来,之前在竞选期间说的话都不再算数。"

卡梅伦此次与克莱格的牵手,意味着英国出现了自"二战"以来第一个联合政府。由于保守党和自民党在执政理念和政策方针上存在较大差异,外界对此次的政治"联姻"并不看好,甚至有许多疑问。卡梅伦在这次的新闻发布会上也明确表示,两党制定了新的执政策略。在这一策略中,国家利益会明显重于政党利益,双方将摒弃前嫌共同为国家的利益而奋斗。

卡梅伦说:"联合政府将是英国政治领导层的一次历史性改变,自由民主党和保守党的联合执政将带领英国朝着崭新的历史方向前进。"克莱格也表示,新的联合政府将是一个崭新的、持久的、改革的和有进取心的政府。

虽然保守党和自民党在大政方针上存在巨大差异。但是英国民众却发现,卡梅伦和克莱格两人在很多方面都有巨大的相似点,胜似双胞胎。难怪很多英国选民在投票时,越来越难以分清卡梅伦和克莱格了。有人甚至将两人的照片合成了一个人物,并取了一个新名字,叫"克莱格伦"。

两人的第一个相似点都是贵族出身。在大选期间,克莱格通过电视辩论会脱颖而出,克莱格1967年出生于伦敦以西白金汉郡一个殷富世家,在家中排行第三。母亲是荷兰人,父亲是英国著名的银行家。克莱格的祖母曾是沙皇俄国的德裔统治阶层中世袭女男爵,在1917年布尔什维克革命期间避难逃到英国。受家族成员的影响,克莱格在小时候就已经学会了英语、荷兰语、德语、西班牙语、法语等五种语言,这也对其日后"统一大同"的政治理念产生了不小影响。

相比克莱格,卡梅伦的身世也如出一辙。卡梅伦的父亲也是依靠金融起家的,在股票交易市场立业。卡梅伦祖籍是苏格兰高地,是乔治一世、二世和三世的嫡系后人,更是威廉四世国王的第五代曾孙,与现任英国女王伊丽莎白二世应该是名副其实的远亲。克莱格和卡梅伦从小就接受贵族私校的精英教育,卡梅伦先后毕业于著名的伊顿公学和牛津大学,克莱格则是西敏寺工学和剑桥大学的高材生。克莱格虽然是自民党党魁,但是也和保守党有过一段渊源。这甚至成为后来人批评克莱格的把柄,称其是"打着自由主义旗帜的保守党"。

两人的第二个相似点就是都有庞大的关系网络,并且通过强大的人脉登上政治舞台。前任首相布朗出身于工人家庭,一生的学业和仕途都充满坎坷,靠着自己的本事和能力荣登首相之位。而卡梅伦和克莱格的仕途就显得幸运得多,可以说是一马平川,这要得益于他们强大的家族势力和庞大的关系网的长期鼎力支持。尽管卡梅伦和克莱格二人都年轻有才华,但

是如果没有这些外部因素，二人很可能无法到达今日的成就。

克莱格在大学期间就通过保守党协会结识了当时的英国外相卡灵顿勋爵，由于能力出众，克莱格也备受青睐。在毕业后，克莱格就被推荐到欧洲共同体总部布鲁塞尔代表外交部工作，直到后来克莱格拒绝代表保守党参加议会选举，加入自民党，他才与保守党彻底划清界限。而卡梅伦的家族本来就是保守党世家，卡梅伦在大学毕业后就直接依靠家人的介绍，进入保守党中央总部工作，之后一路平步青云，逐步走上了英国首相的位置。

两人拥有的第三个共同点就是都拥有一个令人羡慕的妻子。卡梅伦的妻子萨曼莎出身英国贵族，从小在占地 300 英亩的田园长大，克莱格的妻子米利安的父亲是西班牙国会议员，两个人都出身显贵，并且容貌过人，而且最重要的一点就是两个人都有一份体面的工作。萨曼莎是一家知名文具公司的创意总监，米利安则是一名知名律师，两个人都比老公能挣钱。

两个人不仅自身有诸多共同点，在另一半身上也能找到许多相似的地方。卡梅伦和克莱格的穿着也十分相似，在伦敦都购买了豪华住宅。现在，两个在大选中获胜的赢家又要共同分享同一间办公室了。关于这两个人相似的玩笑很快就传遍了整个英伦三岛，并成为热点话题，甚至还催生出了"克莱格伦"两个人的结合体。有媒体将电脑合成的"克莱格伦"拿给民众展示，向他们询问照片中的人是谁，有的人说，这毫无疑问就是卡梅伦，有的人则肯定地说这是克莱格。

卡梅伦和克莱格在很多地方都有许多共同点，但他们实际上究竟有多少相似之处呢？在大选结束后的一周时间里，有媒体对他们各自的肢体语言做了分析。在一个新闻发布会之后，卡梅伦和克莱格短暂地在唐宁街 10 号的台阶上摆了一个姿势。在两人握手之后，他们都互相轻轻拍了对方的背部。神经心理学家说，这种动作是一种"为人父母的姿态"。父母轻拍子女的后背意味着什么呢？神经学家说，这种姿势代表着提醒对方注意双方的身份和地位，是一种示威的举动。

但是卡梅伦和克莱格的肢体语言更加复杂，卡梅伦先是拍了克莱格一下，克莱格同样拍了卡梅伦作为回报。卡梅伦随后又拍了一下克莱格，克莱格又回敬了一下……最后当卡梅伦引领克莱格穿过大门时，他用右手又给克莱格一个充满自信的一拍。两人此番的肢体动作既像是在互相讨好，又像是在进行斗争。但重要的是，卡梅伦最后的一拍似乎在表明，他才是这里的主人，他说了算。

在新闻发布会上，卡梅伦看上去更加自信，显然更有首相的派头。克莱格的面部表情则比往常更加克制，他时常朝着地面看，这似乎是紧张的表现。有趣的是，当克莱格讲话的时候，卡梅伦将整个身体转向了他。当卡梅伦谈到新政府要面对许多挑战时，克莱格仅仅是将头转向他。但是后来，克莱格的行为也慢慢发生了变化，他在卡梅伦讲话的时候将包括手脚在内的整个身体都转向了卡梅伦。当卡梅伦回答问题时，他恭敬地点点头，并向卡梅伦投去敬仰的目光。这些微妙的肢体语言虽然并不能代表克莱格完全赞同对方的观点，但却表示了在工作关系中，下属对上司的尊敬和钦佩。

保守党和自民党的合作正在朝着更深、更远的方向前进，两位领导人推出的计划是将两党政治主张进行融合。过去，保守党主张保存英国拥有的三叉戟核导弹系统，但是自民党却希望摧毁三叉戟核导弹系统。而当新政府成功组建后，对于过去的分歧，两党之间也产生了新的协议。新政府会为非法移民进行特赦，不允许英国与欧洲进一步融合。除此之外，新政府还承诺将进行公民投票，改变当前单一的投票体系，使得小党派能够更容易在议会中获得席位。

卡梅伦表示，新政府要尽量调和两党之间的分歧和矛盾，因为两党的联盟是为了同一个目标才实现的。但是，新政府内部仍有许多问题需要进一步磋商才能得到解决。英国新一届议会选举时，自由民主党和保守党很有可能推出各自的候选人，像以前一样相互竞争、相互攻讦。卡梅伦半开玩笑地说，他将和克莱格同乘一辆车前往各自的行政区参加选举活动，从而节省汽油，践行环保理念。克莱格则说："当我们从同一辆车上下来后，将会站在对立面进行竞争。"

第八章　锲而不舍再迎政治考验

　　如果你觉得登上首相宝座，卡梅伦的奋斗之路就至此结束了，那你就大错特错了。奋斗之路没有尽头，所谓"创业容易守业难"，获得首相之位不算辉煌，在任期解决好国内人民安居乐业、国外社交安稳才是辉煌。获得大选胜利之后，他的政治之路并没有因此平稳，反而增加了更多的困难和挑战，而他也没有至此懈怠自己的行为，而是积极迎接更大的挑战，奋力解决财政和权力问题，造福于自己的国家和人民。

1. 执政初期再遭多重考验

2010年5月11日，卡梅伦在经历了各种磨难之后终于将首相之位握在手中，并且成为英国将近200年以来最年轻的首相。在走进唐宁街前，卡梅伦与其夫人萨曼莎紧扣十指，手挽手，一同出现在闪光灯前。卡梅伦牵着有孕在身的夫人向记者和群众微笑，招手致意。以胜利者的姿态向世人宣布英国政坛的新时代已经开启。

然而卡梅伦的奋斗之路并没有就此结束，他的政治之路也没有因此变得平稳，面对他的是国内与国际上更大更难的问题与挑战。俗话说"守业更比创业难"，获得首相之位只是一个新的开始，如何做一位好首相，怎样使人民群众生活更加美好，和怎样处理好与各国之间的关系以及未来要向着什么样的方向发展等问题，是卡梅伦在上台之后应面对和积极解决的问题。

接任首相之后，卡梅伦并没有丝毫的松懈，他积极调整自己的状态，用坚毅的眼神去面对蜂拥而至的问题与挑战，努力造福于自己的国家和人民。卡梅伦在上任后，英国有许多问题需要迅速有效解决，有关国家安全的两项问题是摆在他面前的诸多巨大而艰难的任务中最严峻并且最急需解决的两个问题。首先，卡梅伦需要任命一位内阁成员，以便在他不在的日子能够行使首相职权处理国家事务的替代人物；其次是在卡梅伦就任首相之后，需要在最初几天任命所有的内阁人员，部长及其团队。

卡梅伦就任之后，英国女王伊丽莎白二世已经批准，自民党领袖克莱格任命为副首相，另外，还有四名自民党议员进入内阁名单。一名保守党人士称，外交大臣将由保守党的前领袖黑格出任，财政大臣则由卡梅伦的顾问乔治·奥斯本出任。卡梅伦在担任首相之后曾发表谈话，他说："英国目前面临着巨大而艰难的挑战，其中在英国的政治系统中重新建立起信任是一项艰巨任务，完成这一项任务需要改革会议制度，缩减财政支出，让人民群众感受到政府职员是人民的公仆，而不是他们的家长。政府职员要听从人民群众的意见，而不是教导人民群众该如何做。"卡梅伦表示政府要以公正、负责、自由的价值观为基础进行建立。

2010年6月16日，卡梅伦首次以英国首相的身份亮相于布鲁塞尔举行的欧洲委员会。两周后，他又赶赴加拿大参加八国集团峰会。

历经千辛万苦，克服了种种艰巨的困难，卡梅伦终登首相宝座。成功不容易，但是成功往往不是结局而是开端，英国国内的许多问题和各种舆论正在前方等待着他。

卡梅伦上任后，他往日的盟友就在卡梅伦的背后狠狠捅了一刀。与卡梅伦相识相知十余载的英国亿万富豪、保守党的前副主席麦克·阿什克劳夫写了一本名为《叫我戴维》的传记，书中频频爆出卡梅伦各种骇人听闻的"猛料"，引起全英国甚至于全世界的轰动。当然，书里也不尽是卡梅伦年少轻狂的往事，更多的是关于政治方面的八卦。比如，在干涉利比亚与叙利亚的问题上，英军总参谋长理查兹曾批评卡梅伦处理不当。2013年，理查兹曾告诉卡梅伦，英国应当考虑支持叙利亚总统巴沙尔，并且理查兹还担心卡梅伦对叙利亚冲突的看法太简单化。

卡梅伦往日的盟友，阿什克劳夫其实是保守党的前任副主席，身家高达13.2亿英镑，在《星期日泰晤士报》的富豪榜位列第七十四位。2000年，阿什克劳夫被授予了贵族称号。阿什克劳夫所拥有的一切都是凭他自己的真本事打拼得来的。2005年，卡梅伦与阿什克劳夫正式接触。当时年轻的卡梅伦把目标放在保守党党内的头把交椅上，而阿什克劳夫可以称作是当时的"金主"。随后，卡梅伦到阿什克劳夫的办公室与其谈话并在办公室里和他大谈局势，深得阿什克劳夫欣赏。阿什克劳夫在他写的《叫我戴维》

中称:"我不知道这个年轻人能否领导保守党,但他一定会迎来属于自己的时代。"2005年下半年,卡梅伦坐上保守党的头把交椅,让阿什克劳夫担任副主席。至此两人的关系进入蜜月期。到2010年卡梅伦参加大选时,阿什克劳夫都在为了他而四处奔走游说。甚至为了卡梅伦能获胜投入了800万英镑,用以确保卡梅伦能在几个关键选区中赢得胜利。

卡梅伦担任首相后,阿什克劳夫满心欢喜,他觉得副首相的位置已掌握在自己手中。然而,由于保守党未获议会多数席位,卡梅伦选择与自由党联合组阁,副首相由自由党党魁尼克·克莱格担任,阿什克劳夫什么都没有得到。整整两个星期后,卡梅伦才约他见面,并跟他解释,是因为克莱格不同意他在政府中任职。两人就此产生嫌隙。阿什克劳夫渐渐开始表达他对卡梅伦的不满。当初对卡梅伦满嘴称赞的他,如今变成了阿什克劳夫嘴里"占尽便宜的年轻人"。他说卡梅伦只是因为有着高贵显赫的出身和优质良好的教育以及丰富的人际圈子才歪打正着地当上了首相,而他本身并没有任何政治才华。阿什克劳夫甚至称,卡梅伦是"因祸得福"。2009年,卡梅伦患有大脑麻痹症的儿子埃文去世,丧子之痛让卡梅伦看起来变得成熟,因此"迷惑了选民"。

导致阿什克劳夫的愤怒真正爆发的原因是在他与克莱格见面之后。当时克莱格告诉阿什克劳夫,自己根本没有做过阻止他进入内阁的事情。之后,阿什克劳夫才恍然大悟,这一切都是卡梅伦自己一人搞的鬼。于是他把这些事情都写进《叫我戴维》这本书里。为了损坏卡梅伦的名声,他甚至承认自己利用海外身份偷税漏税的事实,表示自己在2009年就曾经和卡梅伦谈论过这个事情,可卡梅伦却撒谎称自己2010年才知晓此事。

卡梅伦面对阿什克劳夫的一系列爆料选择沉默。据说,卡梅伦曾经私下与合写此书的《星期日泰晤士报》前政治版主编伊莎贝尔·奥克肖特谈话,劝谏她不要参加编写,以免卷入他和阿什克劳夫之间的战争。不过,奥克肖特没听他的。一个星期后,卡梅伦表示,这本书出现的意图世人皆知,他并没有时间处理这种无聊的事情。从这个表态来看,卡梅伦似乎有些"蔫"。后来在卡尔顿俱乐部,卡梅伦对300位宾客说:"前几天我因为背痛看了一次医生。医生告诉我,只需要在背上扎上一针就好了。这只是背后轻轻地一击。因为这句话,我顿时心情就好多了。"在场的人都哈哈大笑,卡梅伦的意思是他在背后被人捅了一刀。

不少人觉得,卡梅伦虽然表面看起来很轻松,其实心里应该挺紧张的。阿什克劳夫如果继续放猛料,卡梅伦恐怕会无法应付众人的追问。不过目前为止,英国国内对卡梅伦的这些事并没有死缠烂打,紧追不放。反而是当成一个八卦笑谈,在茶余饭后无聊时拿出来笑一笑,毕竟这些爆料都没有切实的证据,无法去辨其真伪。

执政初期的卡梅伦就遭遇了这等荒唐事,可见登上首相之位并不是最后的成功而是最新的开始,今后还有更多难题与突发状况等待着这位首相大人。正所谓,成功之路并不平坦。当今社会,竞争激烈,情况瞬息万变。只有保持强而有力的生活状态和奋斗的姿态,才能一一解答人生中出现的无数道考题。而萎靡不振的弱者只能品尝失败的苦果,只有不断地努力奋斗才能赢得胜利的曙光。

2. 执政联姻国内舆论重重

卡梅伦领导的保守党是英国的老牌大党,也是英国历史最悠久的政党,距今已有300多年的历史,是全国拥有最多党员的政党,是英国两大主要执政党之一,另一个主要执政党是英国工党。英国保守党是由1679年成立的托利党演变而来,在1833年才改称保守党。从托利党时期开始一直

到今天，保守党在英国的大选中一直都占有着非常大的分量。在20世纪的英国，保守党是拥有主导地位的政党，该党曾出过像丘吉尔和撒切尔夫人等一些著名首相，并在20世纪80年代和90年代创下四次连续执政的成绩。但是在1997年的大选中，保守党败给了当时由布莱尔领导的工党，随后保守党便一直处于反对党状态。一直到2010年卡梅伦赢得大选担任英国首相，并与自民党组建联合政府之后，保守党才得以重新上台执政。如今，保守党在下议院650席中取得了306席，与自由民主党组成联合政府，有着英国女王执政党的身份。

保守党一向主张的是让英国政府减少对大部分国家事务的干预。在此之外，保守党还一向以反对进行进一步的欧洲统合而著称。很多评论员认为，1997年之后保守党一直处于弱势的原因在很大程度上是由于，保守党内以祁淦礼和夏舜霆为代表的欧洲爱好论者与以约翰·韦活和夏伟林为代表的欧洲怀疑论者的关系一直处于紧张状态。不过在近几年，这种情况在保守党内部已经慢慢开始有了变革，现时保守党党内已大致在欧洲统合问题上达成共识，即便有分歧也不会像以前一样公开。后来在卡梅伦担任党魁之后，保守党的关注点也渐渐开始有了转变，他们开始关注比如环境、政府服务质量与教育一类被归类为与"优质生活"息息相关的问题上。

不过，保守党在权力下放的问题上，立场却不是特别坚定。在1997年，保守党曾经反对把权力下放到威尔士和苏格兰，但是在北爱尔兰方面却持支持的态度。2004年时，保守党也对东北英格兰地区的权力下放进行过反对。虽然保守党在1997年曾对权力下放到威尔士和苏格兰进行过反对。不过，后来在"新工党"政府的推动下，这两地仍然实行了权力下放。近些年，在西洛锡安的问题上保守党明确了自己的立场，表示他们只有来自英格兰的国会议员，才可以拥有在只关系到英格兰的事务中进行投票。保守党会有这样的转变是由于，在实行了权力下放之后，所有的苏格兰事务基本上都转交于新的苏格兰议会负责，而英国议会对此无法做出任何干涉。在另一方面，因为英格兰没有属于自己的议会，这使得来自英格兰的国会议员反而有权利对英格兰的事务做出干涉。

最近几年，保守党出现不少"现代化论者"。他们认为保守党会在20世纪90年代与千禧年代初期的英国大选中屡屡碰壁的根本原因是，保守党长期以来和社会保守主义有着密切的联系。这样的关系使得保守党支持对已婚夫妇提供税务优惠，支持退休金与薪金脱钩，并且反对用国家的公共资源来供养某些有能力工作却不工作的人等等。在这种政策观的推动下，不少党内成员曾做出批评。大卫·威利茨就曾犀利地指出："保守党的社会政策如同'向单亲父母宣战'。"前保守党主席马威尼也曾直言不讳地说，保守党给人们的印象就和"如果你不是来自传统的核心家庭，就不要指望我们会理会你"一样。

从1997年开始，保守党党内就曾不断以社会政策的定位展开辩论。有些与波蒂略一类的"现代化论者"认为保守党应该修正他们在社会政策上的一贯立场；但夏伟林和大卫·戴维斯却表示保守党不能摒弃他们一直守护的传统价值观。有些人认为保守党党内的一些人会有这样的态度，是导致保守党在英国大选中落败的原因之一。保守党中的一位党员杜丽莎·梅尔曾经对此有过严厉的批评。她表示，保守党会落得这么一个下场，是由于保守党在英国人民的心中是一个"令人感觉龌龊的政党"。不过这种现象，在卡梅伦上任之后，渐渐有所改变。在今天，"现代化论者"已经可以在英国的社会政策上有更多发表声音的机会。

卡梅伦担任保守党领袖后，迅速建造起了自己的班底，其中核心成员有现任财政大臣乔治·奥斯本和现任教育大臣迈克·高夫。除影子内阁的团队外，卡梅伦也建立了自己的个人团队，就好像主管与媒体顾问这样的角色。媒体团队是卡梅伦最为看重的，这一点应该是源自于他在卡尔顿媒体的经历，也是向新工党政治进行学习。不过感到可惜的是，2005-2007年间，卡梅伦没有遇到像坎贝尔或曼德尔森这类人物，来辅佐自己的选举事业和帮助自己进行改革。

2010年5月12日，在唐宁街10号首相府邸，卡梅伦和昔日的竞争对手一起召开担任首相后的第一场记者发布会。两个同样年岁，魅力四射的新领袖，一改当初针锋相对的局面，和和气气地出现在记者们面前，给英国近70年来首次政府联合执政的政策一个轻松幽默的开场。卡梅伦表示，两党将共同制定新的执政策略，在新联合政府的策略中，"国家利益重于党派利益"。同时克莱格也表示，新政府将是一个崭新、持久、改革和有进取心的政府。

执政联姻的新政策一经推出，英国国内舆论层出不穷。英国媒体对于选民们是否支持联合政府做了一次民意调查。根据英国的调查结果显示，英国人民对这一联合政府推出的一系列新政策的态度大体上来说还是比较乐观的，许多选民都非常支持新政府的建立，他们认为保守党与自民党的联合或许可以给英国的政治带来新的气象。然而，《卫报》的ICM的一项民意调查却显示，尽管有大部分受访者支持联合政府，可是在《卫报》对英国各个党派分别进行调查时，大家对自民党的态度也不是很看好。据调查，在自民党的支持者中，平均五个里面就有一个表示自民党的这一行为令人感到非常失望，甚至表示在下一次大选中不愿为自民党投票。而最新的民意调查也显示，相比于5月6日大选时24%的支持率，而此时自民党的支持率已经下跌至21%，而工党和保守党的支持率则是有所上升，分别为32%和39%。

很明显，在2010年的大选中保守党和自民党都意识到了"悬浮议会"将会带来的艰难局面。2010年5月22日，英国女王宣读了联合政府提议的29个法案，其中关于议会制度改革的法案引起了众人的关注。法案提出，要把传统的由首相可根据情况随时举行大选的权力，变为五年任期的固定议会选举。按照这一法案的规定，下一次大选的时间会在2015年5月6日。下议院必须有55%的议员共同提议解散议会，才能重新举行大选。55%的条件非常严谨苛刻，这使得过去英国政治中达到"50%+1"就可以解散议会的传统得到了改变。

这个法案提议上，卡梅伦与克莱格虽然达成了一致的共识，但在这背后他们却有着不同的动机。卡梅伦曾多次向选民们呼吁，要尽可能地避免"悬浮议会"的出现，因为"悬浮议会"的出现，势必会导致英国出现更多的争执与妥协，并且会导致英国政府变得更加不稳定，因而进一步导致英国社会的混乱。卡梅伦打算通过宪法的改变，从宪法政策中来寻求能保持政府稳定性的方法。他认为对于持续推进保守党和自民党的政策措施，这样做会有非常大的好处。另外，卡梅伦另一个聪明点还在于对保守党来说55%是一个在他们控制范围内的数字。如果在未来的联合政府执政过程中，出现自民党与保守党万一出现不良好合作的形势，卡梅伦依旧可以保证首相之位能在自己的掌握之中。

而克莱格方面则是用一种更为积极的心态去改变这一宪法规定。1974年的状况，没有一个人会比克莱格更印象深刻。所以他比任何一个人都考虑得更为长远。克莱格认为，大选时间只有固定下来，他就可以安下心来充分有利的用这五年时间来扩大自己的影响力，就可以用最大的力度推动自民党想要的政治改革和想通过的法案。在这一点上，卡梅伦和克莱格可以说都有动力推动这一法案的通过。另外，保守党和自民党也都拥有足够的下议院数用来推动这一法案的通过，如果这一法案能够顺利通过，至少在形式上联合政府不会容易解体。

不过，工党却对这种"掠取权力"的方式表示强烈的不满。前任内政部大臣布兰科特嘲笑说："保守党和自由党是为了自己的利益，才瞎闹似的要对英国政治历史传统进行修改。"有些英国学者也分析说，这样的改变对于英国根本宪法是一种胡乱篡改，这是一件非常危险的事情。但是，就目前来说，由于保守党与自民党的共同需求以及卡梅伦与克莱格对各自的政党控制良好，因此，这个法案将会在下议院顺利通过。

3. 执政联盟风险与挑战具存

英国保守党和自民党的联合组阁，使英国面临着政治历史的重大转折点。当时议会的最大党，保守党的领袖与英国第三大党自民党的领袖一起，向英国人民宣布两党将组成联合政府。两位年岁相当的政治界新星化敌为友，一起终结了工党对英国长达13年的统治。同时也化解了"悬浮议会"的危机。

当时工党败选之后，布朗虽然想与自民党共组政府，但有些人认为工党既然选举输了，布朗就该优雅地下台。也有不少人抨击道，两个落败的政党联合组织政府，将使政府的合法性受到质疑。而且，克莱格最终选择了保守党。布朗深知自己大势已去，便随即放弃了首相之争。

在13年前，布朗与布莱尔等人喊着"新工党"口号打败了保守党。那时，有人以"世代革命"来形容新工党在英国政治历史上的地位。布莱尔超越左右政见的"第三条路"路线，在20世纪90年代末期更是成为其他许多国家领导人争先模仿的典范。

当时布朗是工党第二号人物，他和布莱尔有着所谓的"瑜亮情结"，他认为布莱尔是新工党的形体，而布朗自己则是新工党的魂魄。布莱尔执政10年，布朗在他下台接班后，工党党内常常有人对布朗发动些"小叛变"，再加上当时的全球经济危机是的英国深处危险之中。虽然布朗曾经被形容挽救全球危机最有贡献的人，然而面对高达1600亿英镑的赤字，布朗政权还是被压垮了。

布莱尔曾在工党前面加了一个"新"字，令工党重获新生。于是，卡梅伦也有样学样地在保守党前面加上了"现代"二字，以此来与旧保守党进行区别。卡梅伦曾经说过，"我虽是撒切尔的粉丝，但不代表我是撒切尔主义信徒"。比如旧保守党反对同性恋，他却不反对。卡梅伦自称"不是一个意识形态导向"的人，他甚至还形容自己是"布莱尔的传人"。

布莱尔在议会的最后一次"首相答询"时间结束之前，卡梅伦带领着全体保守党议员起立鼓掌向他致敬。虽然卡梅伦曾经嘲讽布朗是"数码时代的类比型政客"，但是他对执政党的政策却不是一味地反对。

卡梅伦不但对工党的有些政策表示支持，之前他也曾呼吁自民党与保守党联合组织发动一场"国家运动"，共同改革英国现状。只是后来克莱格以"这是两个不同的党"为理由拒绝了。

然而大选后，克莱格在工党和保守党之间却选择了与自民党完全不一样的保守党。在政策理念上，自民党与工党是比较接近的，与保守党有本质上的差异。不过，克莱格认为保守党在大选后已成为第一大党，应该有筹组政府的权力。假如自民党选择和工党合组政府的话，也许难以被民众接受。其实，这也是他放弃政党差异，答应和卡梅伦组建联合政府的关键。虽然两人年龄一样，但是两人在政治方面的经历都较为缺乏，他们的从政时间都不到10年。

2001年卡梅伦当选国会议员，2005年担任保守党党魁，而克莱格2005年才当选国会议员，2007年才接任自民党党魁。并且保守党政见中间偏右，自民党政见中间偏左。两党在地方政府中虽曾有合作经验，不过在欧盟、移民与选制等重大国家政策上却有本质上的差异，联合政府执政初期虽然会有一段水乳交融的蜜月期，但是将来能否可能变成"窝里斗"，或者在最后以散伙收场，都难以预料。

两个年龄相近的人手中正掌握着英国的未来。克莱格期望的"新类型的政府"和"新政治的开端"，能否在他们两人手中实现，不仅英国人在看，全世界都在观察。

作为此次英国大选的最大赢家,获得306个议席席位的保守党与获得57席的自民党共同组阁看起来是顺理成章的事。不过,看似简单的组阁其实异常艰难,联合组阁的背后是各党核心利益的博弈。从政党性质看,保守党属于"中右"政党,自民党和工党基本都属于"中左"党派,所以自民党与保守党在政治、经济和外交政策上的分歧很大,甚至可能会出现无法调和的矛盾。另外,在经济政策上,两党在削减财政赤字问题上目标虽然大致一样,但是在关系到如何削减赤字的问题上立场却大有不同。以及在外交问题上,保守党与自民党在欧盟的政策问题上也有很大的分歧。卡梅伦认为英国在欧洲政策中的主要特点是保持独立性,并且他一再表示不会加入欧元区。而克莱格方面却希望英国能与欧洲其他国家进行更密切的发展,同时克莱格也支持英国加入欧元区。有舆论认为,在这些分歧中,联合政府在执政的过程中必将面对来自多方面的挑战。两党是否能在最大的限度上铲除分歧,是联合政府能否保持稳定的关键问题。

捷克总统瓦茨拉夫·克劳斯一直拒绝签署《里斯本条约》。2009年10月,当时在野的卡梅伦曾经亲笔致信捷克总统,鼓励捷克总统推迟签署《里斯本条约》,卡梅伦在信中向其介绍了保守党的政策。他在信中称,如果《里斯本条约》未得到所有成员国的批准的话,保守党上台后将在英国举行全民公决。

欧盟三个最强大国家的领导人在欧盟峰会上强烈批评卡梅伦这一举动,他们指责保守党企图破坏《里斯本条约》。萨科齐对布朗说,卡梅伦的信使他感到愤怒,法国认为卡梅伦这是企图破坏《里斯本条约》。默克尔也对此感到失望。德国总理赞同他所在的政党基督教民主联盟高层人物如前欧盟议会主席汉斯·格特·波特林等的担忧,称卡梅伦的行为是不可信赖的。萨帕特罗在工党与布朗举行的一次会议上发表讲话称,如果保守党赢得大选,他将不得不与卡梅伦直接进行谈判。因为西班牙将担任下一任的欧盟轮值主席国直到 2010 年 7 月。他明确对外交官们表示，卡梅伦写信是为了破坏《里斯本条约》。

欧盟领导人发表这些讲话时，保守党正在制订计划。如果捷克总统签署了《里斯本条约》，那么保守党就放弃已为时两年的要求对《里斯本条约》举行全民公决的运动。不过后来卡梅伦放弃了就《里斯本条约》举行全民公决的承诺，因为已成为欧盟法律的条约不可能再进行改变。

于是，保守党开始要求重新审议与社会和就业相关的法律，以此恢复英国在条约的社会章节中选择退出条款，它涉及多部欧盟条约。由于托尼·布莱尔 1997 年终止了选择退出条款，这就表明只有经过所有成员国同意英国才可以恢复它。

在如何处理对欧盟政策上，卡梅伦和克莱格的态度截然不同。对此，卡梅伦表示："我们应该参与到欧盟之中，但把决策权从欧盟那里拿过来，保持英镑独立，维护英国在欧洲的利益。"

克莱格则表示："欧盟并不完美，但不论我们是否喜欢，英国很多问题不能没有欧盟来帮助解决，包括气候变化等。欧盟需要改革，但英国必须参与其中。"

卡梅伦方面又称，他们和工党的政策有分歧。他说："英国的政治必须自己决定，而不能由布鲁塞尔决定。"自民党的政策其实是牺牲英国在联合国安理会的常任理事席位。

面对卡梅伦的言论，克莱格说道："我曾经代表欧盟与中国进行贸易谈判。深知只有团结起来，才能和其他区域大国打交道。欧盟需要改革，英国要发挥领导作用。"

这次联合执政其实是实用主义联姻战术。就比如布莱尔对工党造成的影响一样，当年撒切尔夫人对保守党的改造使得传统的保守党的形象有了很大的变化。保守党的成员思想中渐渐融入个人主义式的自由市场理念。但是，无论是撒切尔夫人以及她的继任者梅杰等，曾经都坚定地反对分权化运动,并且坚持联合王国的统一,他们都继承了保守党的传统,并强调家庭价值的重要性。所以,保守党在对待加入欧元区的问题上,仍然保持拒绝的态度。除此之外,对于宪政改革来说,保守党作为左右英国政治史的最主要政党之一,为了对自己二分之一统治党的地位进行维护,他们压根就不会同意对选举制度的改革。不过,也不排除在一些特殊时刻保守党会采取一些实用主义的妥协策略。

从理论上来说,今天的自民党与工党才有着浑然天成的"姻缘"。因为自民党正是一些从工党分离出来的社会民主党与自由党结合后,在20世纪后半叶组成的。该党奉行的是典型的自由主义价值观,比如说,尊重个人权利和公民权利,支持新自由主义模式的福利政策,坚定推行宪政改革,特别是分权化和选举改革,以及坚持融入欧洲,并在对外政策上施行人权主义标准等。不过,自民党受困于英国当下"赢者通吃"的选举制度,而且更重要的是缺乏具有自身特色的意识形态空间,形成鲜明的政党认同。所以很难在现在的选举中获得胜利。

从这一次保守党与自民党在竞选前宣布的政策策略看,两党却有许多相同之处,但是在这背后,也许是分歧更多,表面的变化依然很少。这说明在联合执政过程中,之前达成的"共识"在实际行动中很有可能发生扭曲,甚至被全盘推翻。因此,联合政府未来的运转也存在许多变数。也就是说,这次保守党与自民党组建的联合政府,只是实用主义的联姻战术。

时隔13年,保守党重新上台,说明了英国人民的想法有了变化。然而,右派未能成功独揽大权也表示还有很多人心存戒心。保守党与标榜左派政策的自民党联合,实行"左右共治",虽然建立的联盟比较脆弱,但是这也是应对当前危机的一项权宜之计。

卡梅伦与克莱格联合,是英国在第二次世界大战结束后的首个联合政府。但是由于保守党与自民党在执政理念存在着许多差异,各界对两党的"联姻"也是充满疑问。

在新闻发布会上，卡梅伦声称："两党制定了新执政策略。在新的执政策略中，国家利益重于党派利益。"他说："联合政府将是英国政治领导层的一次历史性改变。自民党的保守党的联合政府将带领英国朝着崭新的历史方向前进。联合政府将是一个强有力的政府，两党将携手走过今后五年任期。"克莱格同时也表态："新政府将会是一个崭新、持久、改革和有进取心的政府。"

联合政府是否可以经受得住未来的种种考验，不仅仅需要两党在政策和意识形态上的互相妥协迁就与协商，更需要卡梅伦和克莱格有力协调各自党派利益的领导艺术。

4. 呼吁打造"最绿色的政府"

卡梅伦在接任首相后，当前的英国正面临许多严峻的考验，其中最艰巨的一项任务是重建民众对政府的信任。

卡梅伦在 2010 年 5 月 14 日表示，将在未来一年之内把英国中央政府的碳排放量降低 10%，打造一个迄今为止"最绿色的政府"。卡梅伦在当天的英国能源与气候变化部发表讲话时称，他希望联合政府能成为迄今为止"最绿色的政府"。因此，他将会要求中央政府各部门在接下来的 12 个月里可以把碳排放总量降低 10%。卡梅伦表示，他确保所有内阁部长都能参与这一行动，并且制订出各自部门的具体减排计划。据当时媒体介绍，英国政府将成立一个以能源与气候变化大臣克里斯·休恩为领导的小组，该小组中还包括一些关键部门及私营领域的代表，以确保完成这一目标。

卡梅伦领导的保守党在英国大选中赢得胜利，担任首相，并与自民党领导人克莱格组成联合政府，休恩便是新内阁中少数自民党成员之一。之前，保守党和自民党在一些环保政策的问题上存在某些差异，不过卡梅伦和休恩都表示在绿色和低碳方面两党的主张是一致的。

卡梅伦还利用混色原理一语双关地说："当你将蓝色（保守党代表色）和黄色（自民党代表色）混合，就会得到绿色。"休恩称，发展低碳经济的好处得到了两党的一致确认，将成为今后施政的一个优先领域，他将鼓励能源产业投资低碳项目，并通过发展低碳经济来创造就业机会。他还表示，英国将利用"所拥有的一切国际影响"，推动达成一份全球性的应对气候变化协议。英国能源与气候变化部在当天发布的公告中还说道，英国中央政府每年的能源花费约二亿英镑，降低政府机构的碳排放量有助于减少政府能源账单，从而为解决当前严峻的财政赤字问题做出贡献。

卡梅伦想要打造的"绿色政府"看起来名利双收，十分完美。然而，要想实现它却不是一件简单的事情。打造"绿色政府"的一个关键问题是，保守党和自民党在能源政策方面还存在着一些差异，两党就如何让英国变"绿"还存在着分歧。

在发展新能源方面，保守党立志于大力发展核电，以此来取代传统能源的使用。就目前核电在英国电力供应中所占比例来说，在未来的英国核电还有很大的发展空间。按照英国之前的批准政策，英国当时大部分正在运营中的核电站将在2025年达到使用寿命，停止运营。当初，保守党在竞选时便提出了加快新的核电站建设速度的政策，卡梅伦执政后也准备把这一政策列为第一批需要实现的项目，开始实施。

另一方面，对于核能的利用，自民党一直保持反对态度，并且自民党一直把核能看做是"失败的技术"。不过，自民党既然和保守党一同携手组建了联合政府，那么他们也不得不放弃一些自身原有的主张。根据媒体的报道，保守党与自民党达成了联合执政协议，协议中写道，英国议会在日后就表决新建核电站计划的时候，自民党的议员将投弃权票，而不再反对该计划。

卡梅伦在组阁时，把能源与气候变化大臣这个被认为吃力不讨好的位置给了自民党的克里斯·休恩。随后，休恩在接受媒体采访时曾表示，他们在核能问题中做出妥协"令人不快"。有媒体称，自民党也许会利用休恩能源与气候大臣之位，采取一些方法来阻止或者拖延新核电站项目的实施，不过最起码在表面上自民党已经在原有的能源政策立场上有了改变。

自民党认为，除了核能外，英国应大规模地开发潮汐能、太阳能和风能等一些可再生能源。他们坚信这样才是让英国"变绿"的最踏实可行的道路。自民党表示，支持在英国增建15000台风力发电机。但是，保守党在可再生资源的问题上却毫无兴趣。卡梅伦曾表示他会在自己位于诺丁山的房子上安装一台风力发电机，但大多数人认为，卡梅伦只是为了做做样子而已。另外，保守党不但对增建风力发电机这一措施不感兴趣，并且他们还反对英国政府对新能源的开发提供补贴。保守党认为应该让市场来决定低碳技术到底有没有生命力。不过就当时英国的情形看，在每桶20美元左右的石油价格比较之后，任何的新能源成本算下来只有死路一条。

当时，英国首相卡梅伦曾提出要打造的"最绿色的政府"已经开始实施。然而，由于财政、环保部门及公众的反对，该计划进展得并不顺利，"绿色政府"能否继续执行下去前景堪忧。其实，在2010年上任之初，卡梅伦就曾要求英国中央政府各部门制订出各自的减排计划，以建立"绿色政府"。伴随着这个计划的提出，英国政府先后出台了《节能法案》《电力市场改革立法》等一系列节能法案。虽然这些法案在公众的质疑声中开展，但仍旧取得了一些成绩。然而，在2013年反对声较以往剧增。

其实，"绿色政府"虽然看起来很实惠，实施起来却绝非易事。环境部门和财政部门对利用新能源进行节能减排的情景并不看好，认为新能源的开发相较于其他能源的利用成本代价更高。另外，保守党尤其反对增建风

力发电机,以及政府对新能源的发展提供补贴,认为应该让市场决定低碳技术到底有没有生命力。

在众多质疑声中,"绿色政府"能否顺利实施前景不容乐观。"绿色政府"每年的实施费用庞大,迫使内阁大臣重新制订方案开始收取绿色能源税。因此,如果卡梅伦继续建设"绿色政府",除了要回应来自各界的质疑声之外,还需要考虑如何处理该计划实施的高额费用。

5. 经济问题再登困难"头条"

俗话说,人生的道路不会是一帆风顺的,总会有大风大浪在前方等着你。对于刚刚上任的首相卡梅伦来说,面前正有一个大风浪等待着他向其发起挑战。

在2007年至2010年爆发的金融危机中,使得英国多年以来努力维持的"世界一流强国"的地位受到了严重的威胁。由于在撒切尔夫人执政期间实施的一系列经济金融化政策,导致如今的英国经济已经不再像18及19世纪那时一样,靠传统工业和制造业支撑。今天的英国经济已经逐渐变成由第三产业作为支柱的后工业时代经济模式。这样的经济模式在国际金融危机爆发之前的时间里,都为英国带来了非常快的经济增长速度。但是随着金融危机的到来,这种表面看上去永恒实则是"以今天换明天"的经济模式带来了前所未有的致命打击。当时,整个英国的债务已经接近一万亿英镑,英国经济全方面崩溃的危险也越来越近。

随着国际金融危机持续发展,使得当时英国的虚拟产业以及实体经济都遭受到了严重的打击，英国的经济基本完全陷入了危险的泥潭当中。有学者分析到，英国当时的经济下滑程度比原先的预期更为严重，且持续时间将变得更久。英国渣打银行的首席经济学家李籁思说："金融危机摧毁了民众对英国经济的信心和信任，生产者及消费者都对英国的经济发展前景失去了信心，并且对英国的金融业失去了信任，然而要重建英国人对英国经济的信心和信任不是一朝一夕就能完成的事情。"金融服务业作为英国经济的支柱性产业，一旦不能进行正常的运转，英国的经济也会随之崩塌。因受到金融危机的影响，英国的各大银行都需要大量的资金来改善他们的资产负债表。但是同时，各大银行也纷纷表示，他们也担心借款人违约的风险会逐步上升，导致英国银行进行放贷的意愿大幅减少。这也使得英国又出现了非常严重的信贷紧缩问题，国内的各种经济活动也随着逐渐减少。面对英国各大银行借贷以及经济下滑程度逐渐加深的局面，英国中央银行行长默文·金警告说："目前英国面临的最大挑战就是如何让银行正常运转，促使它们恢复放贷，这比减税、降息和财政刺激措施等都更重要，否则英国经济还将继续恶化。"

面对着被金融危机洗劫和摧残的英国经济，卡梅伦感叹道："这是英国现代政府所接手的最严重的经济烂摊子。"巨大的主权债务包袱和日渐飙升的财政赤字，同时也是阻碍英国经济复苏的最主要的障碍。

为了缓解英国的债务危机，避免国内经济全面崩溃，削减债务在当时变成了联合政府的首要任务。紧随其后的就是税率的上涨，还有在医疗、教育、公共交通、福利以及国防在内的英国各项开支的削减。在未来很长的一段时间当中，这种情况估计会一直是英国政府的宏观政策纲领。另外，这样的情况也无法避免地会导致英国国力的削弱。面对着英国几乎已成定局的未来，《金融时报》等媒体称它为"苏伊士之东第二"。英国似乎再次走向了综合国力下降的道路。

卡梅伦在2010年6月7日发表了对英国经济的言论，这是自他上任以来对经济方面发表过的最悲观的言论。他指出除非减少支出，不然在将来的五年中英国在国债方面支付的利息，就会升至每年700亿英镑，未来的数年内英国人的生活方式都将因为削减支出被打乱。当时，英国国债一年的利息开支为420亿英镑。英国财政大臣在之后发表的削减赤字路线图中表示，之后的五年内将有1560亿英镑赤字逐步降低。

因金融危机的打击，英国的经济水平在2009年下降了4.9%，这是英国20年以来最大幅度的下降纪录。然而，在整个欧洲大陆都已经深深陷入经济危机的泥潭中时，英国的经济在2010年的第四季度却悄悄有了复苏，然而复苏的速度并不乐观。据官方统计，在2010年第一季度英国国内的生产总值比上一季度增长了0.2%，增幅仅仅为2009年第四季度的一半。并且，英国当时的就业程度也不乐观。2010年2月英国的失业率仍然高达8%，失业总人口达到了250万，这是英国15年来最高水平。

当时，英国各界对2010年和2011年两年的经济增长预测情况存在着比较大的差异。英国政府预测2010年的增速在1%到1.5%之间，2011年或许将达到3.5%。但是，另外的一些机构预测的结果则比较悲观。这些机构认为英国2010年的经济增长率仅有1%，在第二年也只能达到1.5%至2.5%。不过英国各个机构基本都表示，英国在这两年内的经济复苏是缓慢而乏力的。因此，为了能够刺激英国经济尽快得以复苏，政府所采用的扩张政策又导致英国的财政赤字不断飙升，于是政府对国内的各种公共开支进行削减。同时，削减公共支出也可能会使英国在2010年和2011年这两年的GDP分别减少约为0.75个百分点，而大量削减公共开支意味着英国的失业率将会继续上升，以及也可能导致教育部门等一些公共服务部门的强烈反对，并且引起社会的动荡，使刚刚开始复苏的英国经济再次受到挫伤。因此，在削减公共支出的同时，必须要确保英国经济能够持续增长，是一项非常艰难的任务，这项任务就已经很让卡梅伦头疼的了。

从布朗手中接过帅印的卡梅伦也将经历痛苦和考验。当时，希腊的债务危机已经严重拖累了欧元和欧洲的股市,并且欧元对美元的汇率已经下跌超过10%。整个欧元区都陷在债务危机中,做着垂死挣扎。虽然英镑不在欧元区,但是由于英国也在欧洲大陆中,免不了会受其影响。正所谓"城门失火,殃及池鱼。"在欧元已经受到严重摧残的情况下,英镑也不可能独善其身。虽然当时英镑回旋的余地还比较大,但是与欧元沦为难兄难弟也是在所难免。更糟的是,英国表示不加入欧元区的大规模救援计划,把自己立于孤立之地。许多欧盟国家曾警告英国,英国在发生金融危机后会受到惩罚,而且无法得到欧盟的救助。因英国没有在3780亿英镑(约为4400亿欧元)的救助方案上签字,所以无论是欧元区还是非欧元区的国家官员均表示,英国陷入经济危机不应向其他欧洲国家寻求救援,并且也不会得到帮助。所以,卡梅伦接任首相后,在保持汇率灵活性的同时,还要采取一系列的措施来一场货币保卫战。

布朗下台,卡梅伦接过首相之印执掌英国,而布朗给卡梅伦遗留下来的各种问题也随之而来,考验着卡梅伦的执政能力,同时也是对英国几十年来的第一个联合政府的考验。

6. 权力分享再增执政困难

金融危机给英国的各种行业都带了难以磨灭的打击,政界也受到了极大影响。虽然卡梅伦领导的保守党成功地利用了这一机会,成为主要执政党。然而,金融危机后期的经济前景黯淡,且英国国力也在进一步下滑,这使得保守党与自民党的联合政府面临着艰巨的挑战。卡梅伦这名刚刚进入不惑之年的年轻政治家，将会联合领导英国迈向什么样的未来？就只能等待时间给我们答案了。

2010年英国大选的结果正应了那句政坛道理："没有永远的敌人，只有共同的利益。"在大选前保守党与自民党联合被普遍认为是不可能的，但在最后时刻却成为现实。英国出现了70年来首个联合政府，并且也是保守党与自民党在英国宪政历史上的第一次分享议会权力。保守党与自民党组成联合政府其实是为了国家利益达成的妥协。实际上，在这个看似冠冕堂皇的理由背后，则是双方为各自利益而进行的讨价还价，等对方都妥协后才在最终达成了联手。虽然保守党占据了内阁的大多数席位，但一些少数的关键职位却被自民党握在手中，包括副首相和商业部等。联合政府为未来英国带来的第一个问题就是，政府制定政策效率的相对而言比较低下。

金融危机刚刚过去不久，英国负债累累，经济前景也黯淡无光，甚至是经济再一次崩盘的可能性依旧存在的时期，所以政府制定政策的效率对处在这种情况下的一个国家而言是尤为重要的。在与其相似的时期里，在监督政府权力不受影响的前提下，制定政策的一些不必要障碍越少越好，以及各大政治势力之间的不必要争斗也应被尽可能地降到最低。比如，在第二次世界大战时期，英国的三大党派临时合并成一个党派，并由丘吉尔统一号令。

不过，当时英国的情况与"二战"时期却正好相反。虽然保守党与自民党共同联合执政，他们各自却都打着自己的小算盘。在此之外，成为在野党的工党，也还站在野席位上对目前的英国指手画脚。在一个政治权力极度分裂的政府，政策制定的效率上不免会受到其拖累。并且在当时，自民党在内阁中位数不多的一位重磅人物，财政部部长大卫·劳斯因其违规报销4万英镑的个人开支，被迫引咎辞职。当时有人怀疑是否有保守党的人在背后做手脚，不过是否真的有人这样做，除了保守党的高层人员，其他的谁也不会知道。另外可以肯定的是，保守党与自民党的联合政府，在私下不会是一对甜蜜的"夫妻"。

保守党与自民党的联合政府虽然在解决政府整体权利的这个问题上可以共同携手捍卫两党的共同权力，以便卡梅伦及克莱格能继续住在唐宁街。但是，在一些具体的政策领域中，保守党和自民党之间却有着很大的分歧，比如欧盟问题、移民问题、核武器等方面。这些政策分歧，会使保守党和自民党的感情受到破损，以及会造成联合政府的内部不稳定，也可能会让政府办事效率变得低下，使政府的政策变得不稳定。

在联合政府发表的"共同纲领"之中我们不难看出，自民党在欧盟的问题上有很大的让步。自民党一直是一个传统的欧盟支持者，他们希望英国能够以非常积极的态度加入欧盟的合作当中。然而在联合政府的"共同纲领"中，只是简单提了一句"英国会在欧盟中寻求以一种更加积极的姿态出现"而已，至于其他方面，联合政府则对欧盟的态度不是非常友善。比如说，政府宣称英国的任何主权都不会再转移到欧盟的总部布鲁塞尔，在与欧盟的财政问题的谈判中，会极力捍卫英国国家的利益，保卫英国公民的权利以及保持和保障英国司法系统的完整性。

在英国还没有遭受金融危机的摧残之前，自民党还是一位"英镑加入欧元区"的坚定支持者，随着欧盟各国金融经济危机的逐渐加深，从2009年起，自民党在欧盟方面的问题论调开始有了改变，他们称"英国暂时不适合加入欧元区，但是仍然会考虑在一个适当的时候加入欧元区。"但是，保守党在这一方面则是一直坚定的反对英镑加入欧元区。

另外，为了使国家债务可以重新控制在大概是国内生产总值60%的安全范围内，在未来的10年中，英国政府需要减少相当于16%GDP的预算。在当时可预料的将来，并且处在欧元区经济疲软的情况下，这样的指标对英国来说基本是一个不可能完成的任务。当时欧元区萎靡不振的经济状况已经严重影响到英国的经济恢复预期。并且英国的另一个经贸领域的大朋友——美国，当时也在为削减开支及重振出口等而奔波忙碌着。也就是说，以往英国经济所依赖的两大市场和投资者：美国与欧盟在短时间内都不能重新筑建英国的经济高楼。面对这样的现实，英国政府就不得不寻找开拓新市场，寻找新的投资者和经济贸易伙伴。

除此在外，在那个时候，冰岛也几乎站在破产的边缘，而希腊国内的债务危机已经到了需要整个欧洲为其买单的严重情况。所以就当时的情形来看，保守党与自民党两党暂时不会形成对立的情况。但是随着英国经济的逐渐复苏，以及欧盟各国慢慢地稳定下来，自民党之前一直提倡的"经济自由主义"是否会被再一次提起，是否会与联合政府的主张政策有所冲突，目前还不得而知。

不过可以预见的是，在这种双方急于联手组成新政府的特殊时刻，即便保守党与自民党之间彼此做出让步，但是在未来的执行当中将会面临的难题，也不能对其太过乐观，毕竟在类似于选举改革等问题上是涉及两党之间的根本利益的难题。此外，除了政治改革等一系列问题外，保守党与自民党之间在内政、外交以及其他众多议题上也存在有很多较大的分歧。比如说，在经济问题中，保守党方面为了降低巨额的财政赤字选择削减开支的办法，并且表示在五年内要将公务员的开支减少三分之一；不过自民党虽然也表示支持削减开支，但是他们也表示重要的一线服务等不能受到削减开支的影响。

另外，在移民政策的问题上保守党方面比较严谨，强调对外国的移民采取严控政策，并且表示要将每年的移民数量减少到五万人左右；而自民党的态度则比之前更为开放，它希望能针对不同地区的需要采取不同的评分政策。以及在外交方面，保守党与自民党两党之间的主张更是"南辕北辙"。保守党一直在欧盟的问题上态度疏离，不仅对《里斯本条约》采取反对态度，不提倡加入欧元区，保守党甚至主张用谈判达成"英国可以不受欧盟基本权利宪章和工作时间指引的限制"。自民党则一直支持英国作为欧盟成员国来制定欧洲的司法政策，并且鼓励更广泛的欧洲安全和防务合作，以及在原则上支持英国加入欧元区。

克莱格表示两党的合作开创了英国政治的新时代。他说："我们不只需要重建公共财政，也需要从旧经济的废墟中，在可持续性基础上，重建英国经济。"不过英国金融市场对新政府的反应并不是很和谐，尽管他们对大选后的政治僵局最终化解松了一口气，同时也担心接下来需要实施严苛的削减开支方案。虽然保守党与自民党在联合组阁后表示已成"一家人"，但在面对这些具体问题而制定的政策时，两党之间分歧明显不会消除。一些评论员也还在怀疑，新政府是否有能力整顿经济和完成任期。"风险控管"顾问公司的西欧分析员大卫·礼说："我还是不认为他们能够长久……两党之间的差异实在太大了。"这也使得新政府在效率、政策稳定性等方面受到怀疑。在两党携手登台举杯同庆之际，英国政坛未来也将隐忧难掩。

7. 财政赤字压力山大

因全球经济危机的影响，英国的经济面临着财政亏空的危险挑战。当时英国每支出四英镑，就有一英镑是借来的。巨大的财政赤字，在以往的和平期中的英国简直是前所未见。面对这庞大的财政赤字及其带来的可怕后果也足以让卡梅伦头皮发麻。

财政赤字在英国是私人部门盈余的"镜像"，两者之间存在着因果关系，私人部门盈余是财政赤字的起因，财政赤字是私人部门的果。如果要使财政与经济情况回到健康状态，就必须使私人支出复苏或者使净出口大幅度增加，当然在理想的情况下如果能使两者同时实现则更好。然而问题的关键在于，从根本上复苏私人支出以及净出口是需要发生在政府无法以合理条款举债之前还是之后。假如是之前，那么顺利地退出财政刺激方案便是

可行的，倘若之后那么就有可能会发生危机。

在2007年至2009年间，英国私人部门的"净贷款"在国内生产总值中占据的比例大幅度增长了9.8%。考虑到当时外国的资本净流入几乎没有下降，所以政府支出的大幅增加是使私人部门转向节俭的主要因素。2007年到2009年之间，英国政府的净负债在国内生产总值中所占的比例迅速增加8.6%。在这期间，英国各个家庭由负债转向盈余，对国内生产总值的贡献度仅为6%。另外，非金融企业的转变贡献度只有3.2%。对当时的英国来说，至少在短时间内，金融危机对英国私人支出的影响已经完全超出了英国中央银行货币政策的抵消效应。

卡梅伦的联合政府在经济政策方面面临着艰难的挑战，要么是不看后果地大力削减财政赤字，要么是在保持经济复苏与增长的同时削减财政赤字。但是不管如何，需要实现的是在增长中得到经济的稳定，而不是用增长作为代价来得到经济的稳定。经济困境非但不可取，并且会令人感到憎恶。

然而，削减财政赤字并不一定会使英国国内的私人支出和外部收支得到自动调整。实际上，在和指数挂钩的英国国债利率只有0.6%，短期利率为0.5%，常规的10年期国债收益率为4%上下，在信贷和广义货币增长幅度都萎靡不振的状态下，这根本是不可能的。在1981年，保守党曾经成功地在衰退期紧缩了英国的财政政策，而这时的英国与当时的情况完全不一样。

虽然财政紧缩有可能会使经济复苏，但是这样也表示英国能够在足够长的时间里为财政赤字提供融资，让一些必要的经济调整能够得以开展。然而，尽管英国的私人部门盈余规模几乎可以为财政赤字提供融资，不过在当时的价格水平上，英国的私人部门也许没有打算投资购买英国国债，而是有很大的可能会购买国外的资产。

另一方面，英镑可能会进一步贬值导致英国经济彻底崩盘，当英国民众对英镑失去信心，有可能会削弱通货膨胀的预期，并且使长期利率变得更高，最终导致英国公共债务疯狂增长，使英国陷入衰退。并且欧元区作为英国最大的贸易伙伴，也已经需求疲软，这样的情况只会增加英镑进一步下跌的概率。

　　想要重新使英国的经济站起来就不得不对多年以来的经济政策进行调整。所以卡梅伦的联合政府在制定政策时必须要促进投资和英国净出口的根本性走向；必须意识到对于经济的调整是使财政持久改善的必须条件，以及他们也必须要阻止因财政赤字而挤掉必要的经济调整。当然如果经济自身的调整没有出现，那么卡梅伦所面对的巨额财政赤字也不可能会轻松地获得大量融资。

　　金融危机所带来的巨大财政赤字使得英国比想象中的自己更加贫穷，这是此次危机中一个不得不面对的重要事实。以及围绕金融危机所带来的损失分配问题而展开的斗争将会是十分残酷的。并且金融危机对英国的公共财政也产生了非常大的影响，英国的赤字已经达到了在和平时期前所未有的程度。

　　英国的累计产值损失将达到 2007 年国内生产总值的 160%。2009 年 6 月，财政部公布了一份先期预算报告，财政部在报告中称，他们预计 2010 年的增长率为 1.25%；2011 年和 2012 年增长率为 3.5%；2013 年和 2014 年增长率为 3.25%。财政部称，假设 2015 年之后的增长率保持在 3.3% 的话，那么英国要到 2031 年，经济规模才能和 1998 年至 2007 年的经济趋势延续下来的水平差不多。当时财政部曾预测，英国的经济活动在 2012 年才可以恢复到 2008 年时期的水平，四年的预期增长将会消失得无影无踪。

　　倘若 2014 年之后，英国的经济还是 2008 年以前的增长趋势，到 2030 年英国国内生产总值的损失可能会是 2007 年的三倍，或者会出现比之更严重的情况。这些损失对英国的公共财政造成了严重的影响，当时英国的财政恶化情况比其他国家要严重得多，也就是说英国政府的收入大幅减少。在 2008 年至 2009 年的先期预算报告中，英国在 2010 年财政支出总额的预期只上升了 4.4%，名义上国内生产总值的预期确实下降了 9.1%，不过英国的收入预期却下降了 18.1%。

　　导致这种现状的主要原因是，金融部门在发挥着巨大的作用。企业税收中大概有1/4都来自于金融部门。2008年至2009年10月的12个月比2007年至2008年10月的12个月的企业税收下降了26%，同期增值税收入下降了17%。这次的经济衰退除了给英国带来了一些普遍的影响外，英国的经济同时也受到了信贷中断和金融企业利润突然下降的影响。

英国经历的这次金融危机，导致产出和公共财政造成了严重的影响。英国作为一个以金融业为支柱的"单一作物"经济体，是不是应该好好思考一下未来？

在严重依赖大宗商品产出和出口的国家中，都十分熟悉与了解这些商品可能形成的周期。经济比繁荣时期中，出口收入和政府收入会呈现增长趋势，实际汇率会上升，贸易品和服务边际生产者受到挤压。这种情况被称为"荷兰病"，意思是指荷兰发现了天然气对其经济的影响。在这期间，政府以及私人部门一般都会进行大批借贷。随着萧条时期的来临，出口收入与政府收入迅速减少，导致财政赤字疯狂增长，汇率急速下跌，通胀飙升和政府违约现象非常之多。所以人们在宏观经济领域中可能犯下的最严重错误便是将周期和趋势混在一起。特别是在单一作物经济体中，这样的风险更为严重，因为周期也许会是非常漫长的一段时间。

其实这也正是英国所犯的错误。所以英国财政部认定，英国在这次的危机期间潜在产出骤降5%。伦敦财政研究所所长表示这种说法简直就是笑话。过去财政部认为的可持续产出，实际上就是英国金融部门的泡沫直接或间接地向经济公共财政蔓延的结果。

有了如此惨痛的经历，英国就必须认识到，英国的自身比他们想象中更加贫穷。因此卡梅伦和他的联合政府还需要面对及解决许多重大而艰巨的难题，比如，应该怎样分配这次危机给英国造成的亏损，才可以把对英国民众的伤害降低到最低，以及如何减少对未来的英国经济前景的伤害等。

第九章　超人毅力终创英伦时代

"皇天不负有心人"。在卡梅伦的不懈努力之下，英国的政治局面终于获得稳定而持续的发展。而他的战役并没有就此结束，他依然不懈地发展外交关系，打造国际形象，这就是成功者。他们不会止步于某个阶段的成功，而是一往无前、坚持不懈地追寻更大的天空。

1. 人性政府还予人们权力

卡梅伦接任首相后向英国民众承诺，英国的新一任政府将会对当前英国的政治制度进行一次大改革，将权力交还给民众自己的手中。据香港《大公报》2010年5月20日的报道，新任英国副首相克莱格在2010年5月19日表示，新一届英国联合政府将进行近200年以来最大规模的政治改革，废除一系列侵害公民自由的法律，推行议会廉洁和改革，减少中央政府权力，实行将权力交予人民的"权力革命"。身为英国自民党党魁的克莱格在2010年英国大选之后与保守党组织联合政府，并担任副首相主管政治改革。克莱格担任副首相后在2010年5月19日，于伦敦北部一家学院进行了首次公开讲话。他在谈话中讲到，新政府的"还权予民"政治目标，强调政府要打破中央集权，国家将尽量少地操控公民自由。克莱格说："国家将控制操控你，而你将更能支配自己。将权力交还人民，这就是我们所提倡的公平社会，这就是本政府的新政策。"

克莱格在讲话中表明，新政府将在议会廉洁和选举制度中做出重大改革。他承诺联合政府将会规定议会期限，将会让民众们来选出上议院议员，将为改革选举制度举行全民公投，将让选民有权取消犯错误的议员资格，将会监管议会的游说活动，并且对政党的资金来源制度进行改革等等。

克莱格承认，自民党和保守党在选举改革等一些问题上存在着分歧，但是双方都表示同意在未来的选举制度上由人民群众来决定，克莱格还说两党也都赞成政党的候选人必须在其选区获得一半以上的选民支持率才可以成为议员的制度。

另外，保守党与自民党的联合政府在 2010 年 5 月 10 日至 14 日之间公布的基本协议在一些重要问题上制定了一系列的联合政策，其中包括：加速削减政府债务、调整税收政策，以及建立独立委员会负责银行改革等。卡梅伦在公布两党达成的联合协议时表示："我们进行了谈判，两党放弃了一些政策。"

美国《纽约时报》表示，英国的改革方案将会让英国"保姆国家"扩散趋势回流。在工党执政的 13 年里，他们设立诸多法律，行政管理机构以及监控系统，有不少批评者指责英国是个"保姆国家"。它抑制了个人自由，有批评者称，在发达国家中英国政府的权力可以说是最大的。

英国副首相克莱格表示，保守党与自民党的联合政府将会终结"那种秘密监视本国公民的政治文化"，并且废除工党政府耗巨资推行的身份证制度，放弃实施新一代"生物计量"护照。这种新型护照能包含大量的个人信息。克莱格还说，英国政府在今后的拦截、控制个人互联网和电子邮件信息以及在储存没有犯罪的英国公民的脱氧核糖核酸数据时，将会受到进一步的约束。

此外，联合政府还打算对英国公共场所数以万计的闭路电视摄像头加以限制。"如此对待正直、守法公民，好像认定他们有什么东西要隐藏，这令人无法容忍"，克莱格说。在英国，几乎所有的商场、街道以及医院等一些公共场所都设有监视摄像头，以便于警察追踪犯罪嫌疑人和受害人，但有批评者对此进行抱怨称，多年来这几乎没有对英国的犯罪率起到遏制的作用。

另一方面，在政治制度上，联合政府在改革方案中承诺，英国议会上院在未来将全部经由选举产生，废除上院议员"权力世袭"的制度，并且将举行全民公决，以此来决定是否改革议会下议院选举制度。这份方案建议，下院议员候选人须赢得所在选区至少 50% 选票才能当选。英国在改革之前实行的选举制度是在单一选区制下，候选人只需得到简单多数即可获胜。这种选举制度往往对一些大党有利。改革选举制度，将有力地动摇许多下院议员"席位终身制"。

此外,联合政府还将采用"权力收回"制度,即选民只要征集到一万个请愿签名,就能要求议会罢免犯错议员。联合政府还将引入新法,以监管每年耗资35亿美元的政治游说业。这份改革方案建议把议会任期固定为五年,立法规定对政府不信任动议至少需要55%的下院议员支持才能通过。按执政联盟说法,这项措施意在阻碍政党出于党派利益迫使下院提前解散、举行选举。

当时,《纽约时报》分析道,这些变革将分散英国中央政府权力。克莱格表示,英国"在某些方面是中央集权程度最高的欧洲国家",保守党与自民党的联合政府将摒弃工党"社会变革必须由中央强制推动"的理念,把在管理医院、学校、地方警察力量及其他事物方面的发言权给予公民团体。克莱格称:"我们不会因放弃这些权力而感到不安全。"

英国《每日电讯报》认为,新政府的这份政治改革方案实际上是新政府在某些程度上试图消除当初工党在执政时造成的损害,他们称新政府是在把英国的政治制度调回"出厂设置"。不过联合政府的这一方案公布后,立刻招来了一些人的批评。有反对者认为,新政府的这一方案是在"冒险",反对者认为这一方案存在"透支风险",政府推出这一方案其实是掩盖保守党和自民党之间广泛分歧的"烟雾弹"。《纽约时报》分析道,英国的改革能否实现,或许取决于执政联盟能否抵挡住来自保守党和自民党内部,尤其是右翼保守党人的强大压力。政府的一些支持者担心,既得利益集团早已习惯行政权力在很大程度上不受限制,因此即便新政府能够克服他们的反对,改革方案也需要多年时间才能落实。

工党成员前内政大臣艾伦·约翰逊指责克莱格是在"夸大"内政部监控系统存在的弊端,他称工党推出的相关监视法规享有广泛民意支持。

副首相克莱格在2010年5月19日时表示,新政府清楚许多人对这份方案持怀疑态度,所有政客都说:"他们希望给予民众更多管理自己生活的权力,但本届政府将让这句话变为现实。"

在以前，英国可以称得上是世界上一个保守势力比较强的国家。如今英国新一任联合政府要对英国的国家政策进行一系列的改革，这说明民主政治以及民主制度已经成为当今世界的主流，而中国的社会发展趋势也将会向着这种国际潮流努力前进。

2. "监视公民"文化退出舞台

2010年5月底，英国联合政府提出废除身份证制度，这已经是英国人第三次对身份证制度说"不"。作为一种常见的人口管理方式，为何从始至终都不能让英国人对其进行认可？

当时，英国副首相尼克·克莱格代表新政府公布了新的政治改革方案，其内容包括废除身份证、中央政府分散社会管理权、改革选举制度、赋予民众问责腐败议员的权力。克莱格表示，这份改革方案将掀起英国近200年来意义最为深远的"权力革命"，从根本上重新调整了政府与公民关系，让公民管理国家。

事实上，英国第一次建立身份登记制度是在1915年7月，当时主政的"战时内阁"大臣们希望通过这种制度可以征得更多的士兵，并且希望能借此来延续志愿服兵役的政策。可惜的是，这种制度目的性比较明确，当时制定这一制度的大臣并没有继续监督这一政策，在他们完成了发掘"壮丁"的任务后，身份证的作用渐渐缩小，致使这一制度仅仅持续了短短四年的时间。

曾经撰写过多篇关于讨论英国身份证制度方面论文的剑桥大学教授Jon Agar认为，当身份证赖以生存的理由无法被公众信服的时候，就必须衍生出一个"可供寄生"的理由，比如从各种官方机构和社会组织中寻找合法

性。不过令人遗憾的是，当时的大臣们并没有成功地做到这一点。其实在当时，建立这一制度的大臣们也没有对此进行解释。那时人们对于身份证的去留，也进行过十分激烈的辩论。反对者认为，战争一结束身份证的使命也就随之结束，所以身份证这一制度完全不需要保留。而且当人们发现，政府发放身份证是为了征兵时，人民对身份证的态度就有了转变，也不再愿意使用身份证了。这样一来，英国人手中的身份证，也随着渐渐消失。"身份证制度"也随着身份证的丢失而消失了。

后来，在吸取了第一次的失败经验后，英国在"二战"期间再次尝试着建立了身份证制度。当时建立的目的是为了让没有身份证的人在短时间内无法合法领取到食物。当然身份证制度的操作比第一次更加规范化，"二战"期间的身份登记的工作不再是由地方完成，而是由一个叫做"中央统计办公室"的单位来完成。所以说，"二战"期间的政府建立的身份证制度在效率上来说很不错，不过这一次的身份证制度只沿用至 1952 年，最终还是以失败告终，除了与食物分配制度的逐渐消失有关，还与其后来引发的激烈辩论有关。

当时更可笑的是，在英国政府发放的大约 4 千万张身份证的信息栏上，只有居民的名字和地址，却没有出生日期。而且在后来，身份证却越来越频繁地被警方所使用。1950 年的一件偶然事件，把身份证存废推到了风口浪尖。当时，伦敦一名警察怀疑一位年轻人超速驾驶，要求他出示身份证时却遭到了对方的拒绝。因这件事引发了关于身份证使用范围的争论。有批评者指出，警察在追捕犯人、搜寻遗失物时动用身份证是可以的，但是如果警方对普通市民的任何动机产生怀疑时都要动用身份证，就"跨过了线"。

从英国历史上前两次身份证制度均被废除来看，大多是因为建立起身份证制度的原因都不复存在或者被遭受质疑。所以进入新世纪后，布莱尔政府宣布重新建立新的身份证制度，使得英国各界出现了很多反对的声音。最直接的反对声音就是针对政府的财政开支。然而，这并不是一个新的话题，早在20世纪50年代，英国人就用同样的理由反对身份证制度。2009年，工党政府以曼彻斯特为试点向公民们办理身份证，到如今英国约有1.5万人自愿申办了身份证，但是身份证办理的手续费和工本费加起来就有约为60英镑。

卡梅伦上台后，英国联合政府公布了一份统计数字，工党政府为身份证制度耗资超过了2.5亿英镑，取消这一制度，联合政府还需要支付退款等额外费用。然而，卡梅伦却算了一笔账，他认为取消这一制度，将能让英国政府在未来10年内节省高达八亿英镑的开支。其实，保守党与自民党联合政府这么做的最主要原因就是将终结"那种秘密监视本国公民的政治文化"。

英国联合政府声明要取消一系列工党政府以反恐为理由制定的措施，包括：取消个人身份证计划、取消国民身份登记、取消生物护照规定、取消儿童通信数据库存。政府并将限制和加强监管政府对公民的DNA库存、对现行闭路电视使用进行检讨和监管、学校在没有获得家长同意之前不许收存学生手指模、检讨涉及公民自由的法律等等。同时，英国联合政府还表示，削减公民自由并不能使街道变得安全，政府将结束这种监视公民文化。

3. "因人而异"对待欧洲伙伴

卡梅伦从前任首相布朗手中接手的英国是一个刚刚遭受各种危机席卷之后的残破的英国，所以在他上台之后需要面对英国诸多的社会问题。在外交政策方面，由于金融危机的影响，卡梅伦的首要目标也是以拉拢国外对英国的投资以及为英国寻找新的就业机会等为主。

当时,英国与美国的"特殊关系"和与欧洲大陆的"微妙关系"一直都是各界津津乐道的话题。因此卡梅伦上台面对的第一个外交问题便是如何重新定位英国与美国以及欧洲等国家的关系。于是,卡梅伦在一片猜测声中,踏上了执政后的首次出国访问之旅,他把首次出国访问的目的地定位在了欧洲大陆。英国官员称卡梅伦这次访问之旅仿佛是在"勘探",称他的这次访问是设定欧洲国家间政治互动"调门"的重要一步。

卡梅伦访问的第一站设在法国巴黎。他表示,英国与欧元区国家贸易往来频繁,稳定的欧元和欧元区经济符合英国利益。英国希望看到欧元区国家在危急时刻互相援助,并将与欧元区国家一道为经济稳定发展做出努力。同时,他还指出:"英国与欧元区国家贸易往来频繁,稳定的欧元和欧元区经济符合英国利益。英国希望看到欧元区国家在危急时刻互相援助,并将与欧元区国家一道为经济稳定发展做出努力。但是我很高兴,英国使用英镑,而不是欧元作为流通货币。"

卡梅伦在到达法国的当晚与法国总统萨科齐在爱丽舍宫共享晚餐。萨科齐称,对于卡梅伦将法国作为他上任后首个访问国家表示非常开心。两人在晚餐中,就如何减少欧洲国家财政赤字的方法进行了激烈的讨论。但卡梅伦在英国是否加入欧元区的问题上态度仍然很谨慎。卡梅伦表示,加入欧元区意味着要与区域内其他国家采用同一货币,实行同一利率甚至有时需要实行统一经济政策,这在他看来很有难度。卡梅伦说:"我认为我们不参与欧元事务是正确的。但是让我澄清:欧元区的成功符合英国的利益。对英国大选前英国政府支持欧元区财政的立场,新政府表示肯定。英国希望在法国于今年11月担任八国集团及二十国集团轮值主席国后与其紧密合作,共同推进对世界金融体系的改革。"

在与英国前任领导人相比之下,卡梅伦在对英国与欧洲的关系上显得更为忽视。因此,这使得欧洲一些国家的领导人今后在与卡梅伦的交往过程中,无疑会更加小心。

同时,卡梅伦在外交方面的所作所为也让英国人民比较满意。他把首次出访的目的地选为法国，也表示英法的关系可能因此会有缓和的迹象。当时，因欧洲陷入了金融危机，使得英国的经济也越来越差。很多人认为此刻英国应该主动拉近与德国的关系。然而，德国在救助欧元区成员国的态度上却让各国领导人都略微不开心。并且英国不是欧元区的成员，所以一旦危机爆发，英国也不可能指望德国来帮忙。另外，联合政府刚刚开始执政，正处在树立形象的阶段，所以要英国政府在这时向德国"示好"的概率几乎是零。不过，有人认为卡梅伦将访问首站设在法国，是有意在怠慢德国，亲近法国。

其实在 2010 年，英国在欧盟财政会议上，压力倍增。当时，国际上 80% 左右的对冲基金都在伦敦进行交易，因此，倘若欧盟通过严厉的监管措施，那么伦敦的金融市场将受到重大的打击。所以对于刚刚上台的英国联合政府来讲，迅速修复英国与欧盟各国之间的关系尤为重要，同时，英国还需要寻找一个能和德国抗衡的国家来拉近关系，而法国就当时的情况来说是一个最好的选择。所以卡梅伦将访问第一站选在法国也在情理之中。

早在 2010 年年 3 月，卡梅伦就曾表示要将加强英法关系作为保守党的优先政策。而萨科齐也仿佛与卡梅伦私下说好的一样，给卡梅伦写了一封信。萨科齐在信中写道，他非常希望加强两国的关系，并且还要在很多问题上与英国达成紧密合作协议，甚至可以建立额外的"纽带关系"。

卡梅伦在访问完法国后，于 2010 年 5 月 21 日前往德国首都柏林，与德国总理默克尔会晤。在与德国总理默克尔会晤后，卡梅伦表示，英国希望在当前的欧元区经济危机中扮演"积极参与者"的角色。卡梅伦在当时新闻发布会上说，尽管英国不是欧元区国家，也无意加入欧元区，但是由于英国和欧元区有着密切的经济贸易联系，所以欧元区的稳定对于英国来说十分重要。卡梅伦到访德国的当天，德国联邦议会刚刚批准了欧盟区总额 7500 亿欧元的救助计划。德国总理默克尔表示，这是"对欧洲释放出的明确信号"。

另外，英德两国在加强对冲基金监管的一些问题上，存在有明显的分

歧。卡梅伦与默克尔就这些问题展开了激烈的讨论。卡梅伦表示，对冲基金并不是金融危机的起因。相应的监管措施必须公正、适度。默克尔则强调，希望欧盟各国尽快就出台对冲基金监管措施达成共识。她认为，德国的"裸卖空"禁令有可能促成其他国家的迅速跟进。当然英德两国虽然在一些问题上存在明显的分歧，但是在欧洲金融危机面前，两国都希望可以团结合作，应对当前的危机。所以说，当时"因人而异"对待欧洲伙伴，正是卡梅伦政府比较务实的外交政策的具体体现，同时在一定程度上也可看出，新政府改革英国政治体系的决心十分强烈。

4. 2012年伦敦奥运会

2012年，伦敦将举办第30届夏季奥林匹克运动会，在倒计时100天之际，英国现任首相卡梅伦向世界发出了邀请函，他表示伦敦奥运会将欢迎来自世界各地的参赛国家，而伦敦作为主办城市，已经做好了准备。"100天后，伦敦奥运会就将拉开帷幕。我想与全世界各地的人们共同分享这美好的时刻，所以我要对你们说'欢迎'。"在这份公开信中，卡梅伦满含诚意地说道。卡梅伦表示，此次伦敦奥运会将会展现英国的最佳姿态，绝对不会让世界人民失望。对于奥运主办场馆的建设进度，卡梅伦表示一切都已就位，我们的城市已经做好了准备，期待迎接来自世界各地的人们。

作为唯一一个举办过三次奥运会的城市，伦敦可以算得上是经验十足，而此次奥运会伦敦方面表示将极力尊重传统。卡梅伦认为，2012年伦敦奥运会的遗产并不仅仅局限于英国。"我希望能借此次奥运会的契机，不仅仅是让运动员在这个夏天来到英国，来到伦敦，我们更希望能够同世界各国建立起新的、长久的、友好的联系。"

卡梅伦指出："伦敦奥运会有两项重要的事情。首先，体育这个伟大的赛事是核心所在，我们将看到一项项世界纪录被人们打破，拥有一段终生难忘的宝贵回忆，而新的友谊也将由此展开；其次，在奥运会落幕之后，我们的生活也会因为那些美好的回忆而变得更加美好。"

2012年7月26日，第30届伦敦奥运会开幕在即。英国首相卡梅伦乘坐公共交通进入奥林匹克公园，随后同工作人员来到园内位于主体育场的"伦敦碗"旁的彩桥上，发表了激动人心的讲话。他说："伦敦已经做好了一切准备，欢迎来自世界各地的客人。经过多年的准备，我们的梦想即将在明天启程。英国会成功的举办此次奥运会，带给大家难以忘怀的美好记忆。目前所有的计划和细节都已经准备就绪，设施、服务一应俱全，全世界都会感受到伦敦提供的周到服务，感受伦敦人民的热情和礼貌。"

此次伦敦奥运会着重提出"交流"一词，卡梅伦亲自解释了该词的真正含义。"我们希望与世界各个国家的客人们进行友好的沟通，这不仅仅是由英国人民举办的奥运会，它是由世界各个民族，各个国家共同举办的一场体育盛事。所有的人都默默地付出了许多努力，我们衷心地感谢。我们希望，能够在永不放弃、挑战极限的奥林匹克精神的指导下，展示这个城市、这个国家的开放性，让每一个人都能享受到此次神奇、梦幻般的奥运之旅。"

在卡梅伦发表完演讲之后，伦敦奥组委主席塞巴斯蒂安·科随后上台，他首先感谢卡梅伦为本次奥运会所做的贡献。之后，他盛赞了运动员们对奥运会的重要意义。"每一位运动员都是经过了千百次挥洒汗水的努力训练，最终才有资格登上这个全球最大的体育盛会。尽管每个人在伦敦，在赛场中停留的时间很短暂，但我们都不会浪费一分一秒，会聚集精神，认真观看你们的精彩表现。"

尽管卡梅伦此番演讲显得激情四射，信心满满地向世界发出了邀请，但是不少媒体指出，此次伦敦奥运仍有许多没做好的地方，安保和交通将成为此次奥运会的最大心腹之患。在发布会上，卡梅伦一再保证将使用最专业的安保人员和警察来保证奥运会的安全顺利进行，但是媒体们仍然不

肯就此收手,纷纷抛出了许多尖锐问题质问卡梅伦。

眼看奥运会开幕的时间越来越近,但伦敦奥运会却接连爆出安保人员不足,部分犯罪团伙伪造奥运证件企图制造混乱。伦敦警方甚至宣布奥运会的恐怖威胁级别被列为"严重"级别。这意味着在伦敦奥运会期间,伦敦很有可能遭受恐怖组织有计划的袭击。另外,伦敦的交通和出行也成为众人关注的焦点。

就在奥运会开幕的前几天,奥运专用道的启用导致了多处车辆拥堵的发生,甚至有不少出租车司机举行罢工示威活动,抗议专用车道的启用。对此,卡梅伦解释道:"因为本次奥运会将在伦敦举行,这个最富有活力的市区难免会遇到棘手的问题。"但是卡梅伦在今天的活动中用自己搭乘的公共交通进入奥林匹克公园的行动证明,伦敦有能力解决一切问题。

面对各路媒体的质疑声,卡梅伦显得十分无奈,他坦承尽管伦敦有着非常有效、严密的防伪系统,但也不能绝对地避免风险会发生。不管无论如何,伦敦方面会尽全力保障安全。"我已下达了通知,将此次奥运会中的风险降到最低。我为安保部门的工作感到骄傲,我深深地感谢他们,他们已经做得很好。"在媒体采访的最后,卡梅伦总结道:"我们做了许多工作,考虑了很多方面,一切都已经做到了最好。现在我们唯一需要担心的就是天气问题。"

身为英国首相的卡梅伦迫切地希望能够借助奥运会的契机,带动英国的经济发展。在奥运会开幕之前,卡梅伦就曾公开表示,希望奥运会能为英国吸引更多的海外投资,摆脱经济衰退的窘境。根据英国政府公布的数据显示,2012年英国第二季度的国内生产总值环比下滑了0.7个百分点,为连续第三个季度下滑,英国经济正在逐渐走向衰退的地步。

在伦敦市中心兰开斯特宫举行的一次奥运投资大会上,卡梅伦说道:"我相信奥运会不仅仅只是一次体育方面的盛会,它同样也是一次商业领域的盛会。我是英国体育代表团最有感情的支持者,我希望英国的代表队能够拿到更多的金牌。作为英国的首相,我身上还有更重要的事情要做,那就是支持英国的经济发展。"出席此次投资大会的人士来自世界各地，他们当中既有谷歌、汇丰银行等世界500强集团的公司高管，也有来自国际货币基金组织和欧洲央行的部分官员。

在奥运会举办期间，英国将举行一系列大规模的投资活动，计划签署价值10亿英镑的合同和项目，英国政府还希望能够借助举办奥运会的契机，带动英国旅游业的发展，扩大就业振兴经济。根据英国相关部门的预计，在奥运会的带动下未来几年英国将会实现130亿英镑的经济收益，而体育赛事带来的巨大经济利益也将成为一块新型的经济投资领域。

根据国际知名会计机构的统计结果表明，来自新兴市场国家的企业对举办大型体育赛事为本国吸引投资的能力最为看重。但是部分发达国家却忽略了这块香饽饽，他们需要尽快挖掘、发现体育赛事带来的经济机遇，为本国经济的发展做出努力。

除了大力发展经济，卡梅伦还不忘借助奥运会的机会来推广自己的绿色环保理念。8月12日卡梅伦宣布，为了确保骑车人的出行安全，英国政府将拨款9400万英镑，完善自行车基础设施。

此次经费会分摊到各个地区，曼彻斯特、利兹、伯明翰、纽卡斯尔、布里斯托、剑桥、牛津和诺维奇将动用7700万英镑的经费，剩余的1700万英镑的经费将会被用于四个国家级公园。英国政府预计，如果加上当地的财政出资，到2015年总投资将达到1.48亿英镑。卡梅伦说，他想借助英国自行车运动在竞技领域的成功开始进行一场"自行车革命"。"在本次奥运会中，我们英国的自行车运动员获得了令人骄傲的成绩，我们国家的自行车运动也处于世界领先水平。现在，我希望看到自行车运动能够继续高飞，从赛场中带到道路上，让每一个人都能随意地骑着自行车开始运动。"

英国政府希望让那些已经开始使用自行车作为交通工具的人们能够更加安全的出行。同时政府还不断鼓励更多的人去骑车，践行环保理念，为保护环境做出贡献。英国政府还鼓励当地政府、开发商、道路使用者以及交通部门都能够携手参与进来，共同实现"自行车革命"这一伟大的目标。

英国政府宣称,希望通过此次投入,使英国赶上德国、丹麦和荷兰等自行车道路设施发达的国家。

在紧张的奥运会结束之后,比赛期间一直忙碌的卡梅伦决定带着全家出国度假。对于此次奥运会的举办,卡梅伦评价"精彩、十分成功"。此次伦敦奥运会共有204个国家和地区参加,有53个国家和地区获得了金牌,84个国家和地区获得了银牌。本次奥运会共创造了24项新的世界纪录,英国更是获得了金牌榜第三的好成绩。在收获骄人的成绩之后,卡梅伦将休假两周,之后返回伦敦主持残疾人奥运会的开幕式。

5. 用非暴力维护国家统一

2013年3月21日,英国苏格兰政府首席部长萨蒙德宣布,苏格兰将于2014年9月18日举行独立公投,决定是否脱离英国。萨蒙德说:"苏格兰的未来应该交由苏格兰人民决定。"历史上,苏格兰和英格兰曾是两个独立的王国,曾发生过多次冲突,也曾因王室通婚而结成联盟。1707年,苏格兰根据《联合法案》与英格兰合并,成为大不列颠王国的一部分,同时还保持相对独立。

在合并之后,苏格兰认为自己遭受了"不公正、不公平"的待遇,又因为在语言、历史、文化方面同英格兰存在巨大差异,因此在300多年的时间里一直未打消寻求独立的念头。不过现代意义上的苏格兰独立运动起源于第一次世界大战期间,主张独立的苏格兰民族党就是在这一时期成立。

苏格兰民族党最初只是一个小党,在1999年的首次苏格兰地方议会选举中并没有赢得多数,其大肆宣传的独立主张并不成气候。但是苏格兰民族党通过向选民承诺向中央政府为苏格兰争取更多权益,宣扬"苏格兰民族意识"，一步步赢得了选民的支持，最终击败工党，执掌苏格兰地方政权。

根据调查显示，如果此次苏格兰进行的独立公投最终成功，英国将面临许多问题。在国土面积上，英国将失去三分之一的土地面积，以及占全国总人口8.34%的531万人口。在政治格局方面，英国的执政党保守党和在野党工党都将受到重创。在经济上，苏格兰经济总量占全国的9.2%，如果独立，英国的经济总量将从全球排名的第六位降至第七位。而且苏国兰的独立还会影响海外投资，让经济进一步陷入窘境。在军事实力上，英国法斯兰海军基地位于苏格兰最大城市格拉斯哥以西的海湾。如果苏格兰独立，将会移走部署在苏格兰的核武器，这将严重削弱英国的军事实力。

2014年9月15日，距离苏格兰独立公投还有三天，英国首相卡梅伦抵达苏格兰东北部城市阿伯丁，请求苏格兰民众不要选择独立。在当地发表的演讲中，卡梅伦数次哽咽，他动情地要求苏格兰民众留下来。卡梅伦在接受采访时说："我希望用最后的时间说服苏格兰民众，希望你们能够留下来。"卡梅伦表示，在这一关键时刻，自己应该要听到苏格兰民众的声音，和他们密切对话，并把自己的声音传递给他们。

"在我们相会的这一周里，英国将会发生翻天覆地的变化，我们所知晓的联合王国或将永远消失。本周四，苏格兰将会进行公投，整个国家的命运都将在那一天之后发生改变。或许到了周五，我们就将生活在不同的国家，拥有不同的国际地位和未来。苏格兰的独立公投将会撕裂我们这个民族大家庭，并将苏格兰永远地从联合王国中撕裂出去。有一点我们都清楚，一旦公投的结果确定就再也无法改变，一切都将成为最终的答案。一旦苏格兰独立成功，我们便将各自走上不同的道路，从此分道扬镳"。

"当苏格兰民众决定投票的时候，他们不仅仅是为他们自己投票，更是为他们的孩子，为他们的后代投票，这是一个艰难的决定。所以我想坦白地告诉民众，你们将会失去什么，我代表的是这个国家的所有国民，英格兰人、威尔士人、北爱尔兰人、苏格兰人……对于自己国家的分裂，这些万千民众将会痛彻心扉。想到周五醒来，一个由英格兰人、威尔士人、北爱尔兰人、

苏格兰人组成的国家里，再也没有苏格兰人的身影。联合王国的退休金、护照和英镑再也没有了，这个世界上最民主开放的国家也将不复存在"。

"英国是启蒙运动的发源地，它废除过奴隶制，引领过工业革命，击败过法西斯，苏格兰的独立将终结被人们向往和敬仰的国家。大不列颠离不开卓越的苏格兰，因为有着优秀的思想家、作家、哲学家、艺术家才让这个国家变得如此优秀和美丽，还有千千万万做出过贡献的普通人们。苏格兰的离去就如同千辛万苦修建起的房子，在建成之后却扔下钥匙转身而去。所以，我要对每一位即将去投票的人说，请你们记住，这不是一个上了年纪的国家，这是我们共同的家园，使我们共同拥有的家。无论你在哪儿，无论你是谁，你都能在这个国家里接受周到的服务，受到无私的帮助，这就是英国的价值。但是我们不得不说，很有可能在周五之后一切都将失去"。

"我知道那些推动独立公投的人为你们描绘了许多美好的画面，他们很擅长描绘这番景象，但是太过美好的东西往往难以实现，这就是现实。我有责任告诉你们，一旦苏格兰独立可能遭受后果，我们将不再流通同一种货币，一同建立起的军队也会分裂，养老金、福利都将失去。当你在国外旅行的时候，你不会受到英使馆的帮助，过半的苏格兰贷款将会由外国银行来提供。苏格兰的利率将不再由英伦银行决定，对于任何留在英格兰的银行，一旦出现任何问题，最终受损失的还是苏格兰的纳税人……"

2014年9月18日，苏格兰独立公投如期举行，当地时间晚10点，投票结束，设在各地的投票站随即关闭，计票工作立即开展。根据最终的投票结果显示，支持独立的共1398540票，占比为44.6%，反对独立的共有1737464票，占比为55.4%。这一结果得到了苏格兰政府首席大臣萨蒙德的承认，在公投结束后，他也立即宣布辞职。面对这一逆转的结局，英国媒体庆幸地说，大不列颠终于舒了口气。

萨蒙德承认自己的失败，他看上去十分不甘心，并在自己的社交网站中发布了动态说："不要看我们还落后多少，要看我们走了有多远。"萨蒙德似乎向众人宣布，自己还会卷土重来。与丧气的萨蒙德不同，曾经哭着请求民众的卡梅伦此时喜笑颜开，评论苏格兰独立公投是一次胜利的失败。在 9 月 20 日，卡梅伦发表了演讲，称赞苏格兰人民的选择。

"这是一个清晰的结果，伟大的苏格兰人民选择和我们一起组成属于我们的国家，就像数百万人民一样，我非常高兴。正如我之前所说的那样，如果看到英国走到了尽头，我的心会破碎。我知道，不仅仅是我们国家的人民，全世界的人民都在分享我们的喜悦。这是因为我们在过去曾取得的成就，以及在将来能够创建的未来。所以，英国现在要团结起来，共同为未来而奋斗"。

"我们将建立更加公平的体系，不但对苏格兰人民更加公平，而且对英格兰、威尔士、北爱尔兰人民同样公平。面对苏格兰人民想要独立的愿望，我们本可以推迟甚至阻止，但是我对我们国家拥有强烈的信任感，躲避始终解决不了问题。作为民主的坚定信仰者，我尊重苏格兰民族党在苏格兰议会中的多数席位，并且给苏格兰人民表达意愿的权利。现在，一切都已经画上了句号，一切都无可争议，更不会卷土重来，我们已经听到苏格兰人民的真实心愿"。

"我想对那些支持团结的人民表示感谢，感谢你们展示出团结才能创建更美好的国家的事实。同时，我也要对那些支持独立的人表示敬意，你们进行了一次精彩的活动，让我们听到了你们的心声。现在，我们拥有了一个宝贵的机会去改变当前英国的管理方式。我要向你们承诺，我们在本届政府进行了权力下放，我们还会在下届做同样的事情，永远不会违背我的承诺。英联邦运动会主席史密斯·凯尔文男爵已经同意监督权力下放的进程，包括在税收、支出、福利问题上达成一致"。

"同苏格兰人民获得更多自治权一样，英格兰、威尔士和北爱尔兰的人民也将拥有更多的自治权。我们将在英国所有的地区建造一个全新的、更加公平的体系，保障所有人的权益。在威尔士，将会提供给他们更多权力的提案。在北爱尔兰，我们会努力保障移交的机构有效运转。长久以来，我已忽视了来自英格兰的声音，现在我们已经听到了苏格兰的声音，那么

数百万英格兰人民的声音也决不能忽视。有关英格兰人民为英格兰法律投票的问题,即所谓的'西洛锡安问题',需要得到一个满意的答复"。

"我希望所有的事情都能得到有效开展,因此我诚挚地邀请各个党派携手前行,共同为英国的未来而努力。在改善我们国家的管理上,我们获得更广泛的公民参与,其中包括如何让我们的大城市获得更多权力,我们将就此做出更为深刻的讨论。此次公投的结果来之不易,它激发了民众参与国家事务的热情,激发了国民的政治活力,让整个英国人民都为之畅想。这次的公投结果被世界瞩目,显示了我们大不列颠国家的力量与活力,将永远被世人铭记"。

"我们所有的人都应该感到骄傲,这次的公投时间提醒我们,我们是多么幸运,能够以和平冷静的方式,不采取暴力行为,仅仅只通过投票箱就解决了至关重要的问题,这是多么来之不易。现在,我们英国需要朝着新的目标前进,让所有的人团结起来,为整个英国更加美好的明天而奋斗。"

6. 卡梅伦的"美女内阁"

2014年7月14日晚,英国外交大臣黑格突然宣布了一个让人意想不到的消息,他将辞去外交大臣职位,改任议会下院领袖。黑格同时还宣布,在2015年5月举行的英国大选中,他将放弃继续担任议员职位。现年53岁的黑格自卡梅伦就任首相以来一直在内阁中担任外交大臣的职务,而他担任英国议会议员也已超过了25年。

在黑格放出这个重磅消息之后,英国首相卡梅伦也做出了反应,他称赞黑格是保守党的重要成员,不仅是一流的外相,更是自己多年来的好友。当黑格决定辞职后,卡梅伦决定重组内阁,换下饱受诟病的"老男孩内阁"。

由于卡梅伦的内阁成员男性居多,英国在野党工党一直抨击卡梅伦歧视女性。

在 2014 年 2 月举行的下议院会议时,媒体拍到卡梅伦两侧居然全是男性议员,这让卡梅伦倍感尴尬。此次黑格的辞职似乎为他提供了重新组阁的契机,卡梅伦撤换了 10 余位部长级以上的老龄官员,为年轻人让路。现年 74 岁的内阁大臣肯尼思·克拉克、62 岁的威尔士事务大臣戴维·琼斯、58 岁的环境大臣欧文·佩特森都在此次改组中被免职。

年纪较大的男性成员成为此次内阁改组的主要对象,截至当地时间 15 日上午,已有 12 名大臣被免职,他们的平均年龄达到 60 岁。在新上任的内阁成员中,我们看到了更多的年轻身影,以及备受关注的女性成员。卡梅伦用"娘子军"替换老男人,成了人们津津乐道的一件事情。多名女性被提拔进入内阁,其中包括原来在财政部主管金融事务的妮基·摩根升任内阁教育大臣,原来在教育部负责教育与儿童保育事务的利兹·特鲁斯成为新任环境大臣。

卡梅伦用大批朝气蓬勃的女性换掉那些老气横秋的男性大臣,让自己的班子能够以崭新的面貌面对公众,以争取更多女性选民的支持,为了明年即将到来的大选做准备。卡梅伦的顾问曾经告诉他,想要争取更多女性的放心,就要让更多的女性进入内阁。面对这样的结果,卡梅伦显得相当满意,此时的议会似乎也过起了"女士节",一大批女性议员聚集在唐宁街 10 号前拍照留念。

在重新组阁的人员中,女性接近三分之一,27 名内阁成员中已经有了八名女性,她们将帮助卡梅伦在明年的大选中起到吸引人气的作用。此次卡梅伦的内阁呈现右倾化、年轻化、女性化的特征,意在为明年的大选争取目标选民铺路。在八名女性中,有的曾经是火辣的模特,有的是饱受争议的真人秀明星,她们背后的故事被人不断挖掘,引发一连串的话题。

在八名女性阁员中,46 岁的伊丝特·麦克维伊最引人注目,她曾是英国 GMTV 电视台的女主播,拥有匀称性感的身材,一头金色的长发显得性感十足。此次她被任命为就业大臣,虽然有资格出席内阁会议,却不是内

阁成员,却依然备受媒体的关注。7月15日,麦克维伊身着浅灰色套裙,以政治人物的打扮出现在首相府,媒体在报纸中宣称她为"美丽女王",光芒照耀了整个唐宁街。面对媒体的赞赏,她毫不掩饰地笑称:"这是对我的褒奖,如果这样的叫法能激发女性对政治的兴趣,那该多好。"

麦克维伊出生于英格兰西北部的莫西赛德君,是地道的英国"北方人"。麦克维伊的第一份工作是在一家电视台担任早间节目的主持人,她在上班的第一天就吸引了全台人的注意。在播报新闻的时候,她不慎走光,而摄像师则记录了这一切,拍到了她雪白的内裤。在麦克维伊担任就业大臣后,关于她的花边新闻更是甚嚣尘上,其至有媒体曝光她读大学期间拍摄的一组"艳照"。虽然照片中的她三点未露,但充满诱惑、挑逗性的姿势依然十分大胆。拍摄这组照片的摄像师说:"她非常配合我的指挥,乐意尝试许多新奇的衣服,拍摄过程进行得十分愉快。"

麦克维伊坦诚,自己能够走上正途得益于年轻时的工作经历。在读大学的时候,为了赚取生活费,她曾在咖啡店当过一段时间的服务生,而这段经历深深地培养了高超的交际能力,帮助她在今天取得成功。尽管媒体们大肆报道麦克维伊的私生活,把她塑造成一个作风极差的女性,但是麦克维伊却说:"我也不过是一个普通女性,将来肯定会结婚生子,我渴望过这样的生活。"

麦克维伊至今未婚,却有过多段感情经历。她曾和BBC制片人马尔·勇以及保守党文化大臣爱德华·韦西交往过,目前她的男友是国会议员飞利浦·戴维斯。麦克维伊宣称两人的关系纯粹是"精神交往",尽管两人已在伦敦过上了同居生活。麦克维伊在政治上的成绩我们还未看到,但媒体对其八卦新闻的报道却让人十分感兴趣,这足以吸引大批女性的注意。

如果说麦克维伊以其火辣的经历让人感兴趣,那么38岁的特拉斯则以其冷若冰霜的性格而闻名。特拉斯虽然已经是两位孩子的母亲,但却是英国有史以来最年轻的内阁成员,曾经在教育部任职,这次被提拔为环境、食品和农村的事务大臣。特拉斯颇有几分撒切尔夫人的行事风格,做起事来临危不乱，十分注重细节。据她本人爆料，她曾随父母一起参加过抗议撒切尔夫人政府的游行，还曾高呼要"铁娘子"下台的口号。对于这段经历，特拉斯毫不掩饰地说道："那个时候我只有八岁，对政治根本就一窍不通，只是跟随大家一起喊喊口号。"

特拉斯的父亲是大学里的数学教授，母亲曾经当过护士，她的家庭是典型的左翼家庭。在特拉斯读书的时候，几乎所有的人都支持工党，反对保守党。而特拉斯本人也曾经支持过中间偏左的政党，后来在读大学期间，转而投向保守党。特拉斯说："在我那个年纪，很少有人是保守党，但是在读大学之后，我接触了许多保守党人士，这让我开阔了眼界。"

在步入政坛之前，特拉斯曾经在能源和通信行业工作过10年的时间，她曾担任过经理，还曾是一个智库的副主席。尽管这些领域与政治相距甚远，但特拉斯本人却是一个狂热的政治爱好者，她提倡经济改革，鼓励扶持盈利企业，严厉打击犯罪行为，挽救英国的竞争力。为了更近距离地接触政治，她还同人一起合编《联盟之后》杂志，并多次发表"英国经济要下滑"等观点，主张大力扶持英国经济，借鉴其他国家的改革经验。

为了让更多的女性加入内阁，卡梅伦不得不撤换掉许多得力助手，当他提拔尼基·摩根为内阁成员、教育大臣，替代戈夫后，就立即招致了许多不满。尽管卡梅伦安排戈夫担任保守党领袖的职位，戈夫本人也认同这样的安排，但戈夫的妻子却无法平息心中的愤怒。多次通过社交媒体发布文章，指责卡梅伦的见异思迁，抛弃自己的左右手。面对如此指责，卡梅伦依然不为所动，他看好自己的安排，认为这些都是为了英国的未来。

现年42岁的摩根家庭背景优越，丈夫是一位建筑师，也是地方议员，两人共同育有一子。摩根毕业于牛津大学法律系，在从政之前当过律师，此次升任教育大臣后，还将兼任妇女和平等事务国务大臣。由于宗教信仰不同，摩根本人反对同性结婚，这对英国同性婚姻的结合产生了巨大阻碍，因此卡梅伦决定将与同性恋的相关问题转交其他人进行处理。

另一位被提拔的女性内阁成员是蒂娜·斯托厄尔，来自比斯顿。说起

斯托厄尔，她的履历表可是十分丰富，有着极多的工作经历，曾先后在国防部、英国驻美使馆工作过，还曾在首相新闻办公室、BBC电视台工作过，也曾担任过保守党领袖海格的副手。2011年，斯托厄尔因其巨大的贡献被英国政府授予终身贵族头衔，随后进入上议院，在环境保护部及设计和地方政府部任职。因为有着丰富的工作经历以及地方事务经验，卡梅伦决定让其担任掌玺大臣和上议院领袖。但是斯托厄尔仅仅只拥有出席内阁会议的资格，并不是真正的内阁成员。这样的安排让众人不解，因为之前的掌玺大臣和上议院领袖都是正式的内阁成员。此次卡梅伦特殊的安排到底是出于什么样的考虑，上议院的贵族们认为自己的位置岌岌可危。

卡梅伦宣称自己组建的新内阁代表了"现代的英国"，破格提拔女性的做法是符合大不列颠的根本利益的。但一切保守党政客却并不这么认为，他们觉得卡梅伦只是为了完成内阁中女性比例的指标，不惜牺牲重要的男性成员，此番组建新内阁的行为只是"作秀"。

7. 推动英国教育改革

2011年，伦敦等地发生严重骚乱，卡梅伦撰文抨击当前社会的动乱是由于现行的教育制度存在缺陷，他誓言要将严谨、秩序和尊重的观念重新带回英国课堂。在骚乱发生后，卡梅伦来到英国一家"自主学校"，做了关于教育改革的演讲。"自主学校"是英国试行的一种新型教育体系，由政府出资，家长或是教师、教会、社会组织都可以承办，教学内容可以自主决定，不需要按照国家的教育纲要。

卡梅伦在此次演讲中强调了推行教育改革的重要性，他直言，英国的教育已经到了必须改革的地步，每年都有数十万的年轻人在未取到毕业资格的情况下就离开了学校。"如果我们还想在世界上保持竞争力的话，就必须改革当前实行的教育制度。"在演讲中，卡梅伦还对之前发生的动乱表示难过，他发誓要着重培养新一代的好公民，杜绝骚乱事件的再次发生。许多普通民众也表达了担忧，他们向政府建议，如果某个家庭有失学的孩子，他们家长的社会福利就应该被取消。卡梅伦赞同该项提议，他表示可以考虑减少那些对孩子缺乏管教的家长的福利。

2014年6月，英国首相卡梅伦在《每日邮报》上发表署名文章，支持英国教育大臣戈夫执行的关于英国教育价值观的改革提议。对于英国即将试行的新的教育价值观，卡梅伦将其概括为"崇尚自由、包容他人、担当责任、遵纪守法"。卡梅伦希望该价值观能得到英国中小学的接纳，并作为具体的教学内容学习。

提倡价值观教育是英国教育部一直以来都在实行的政策，在2014年伯明翰地区发生的极端宗教势力向中小学渗透事件之后，该项政策的重要性显得尤为重要。早在2013年，英国教育部就在英格兰地区提出要加强中小学价值观教育，该项要求包括两部分的内容，民主政治和宗教信仰，主要为了宣传英国政治体制的优越性、介绍政府机构的运作方式，增强对无神论在内的各种信仰的了解。但是之前实施的价值观教育并不侧重宗教信仰的内容，因此，本次推行的新的价值观教育新添了宗教教育内容。

戈夫要求，英格兰的两万多所中小学都要加强学习并弘扬英国价值观。价值观的内容也由此前的单纯了解各种宗教信仰扩展至对法律的学习，包括与极端宗教势力主张对立的宗教内容、个人自由、反性别歧视等。此次价值观教育的实施范围也由之前的英格兰地区扩展至整个英国。

儿童是英国的未来，教育是提升儿童素质的重要方式，为了塑造更多的人才，英国政府一直都十分重视教育议题。作为英国首相，同时又是一名父亲，卡梅伦十分了解教育的重要性，也能深深理解广大父母对于自己的孩子期待。在家中，卡梅伦总是督促自己的孩子好好学习，认真学习知

识。有趣的是，一名英国的小男孩还曾给卡梅伦写信抱怨学校课业负担过重，不愿意写作业。为此，卡梅伦专门回信告诉他做作业的好处。以及向他解释课余作业的重要性，并鼓励他认真做作业这样对未来前途的好处。这名小男孩的母亲说，能得到首相的回信让孩子大受鼓舞，不仅开始认真写起作业来，而且还有模有样地开始对自己的未来进行了长远规划。"以前孩子总说长大以后要当警察，现在他可能想当首相了。"男孩的母亲说。

身为首相和父亲，卡梅伦的身上拥有双重责任，既要对自己孩子的教育负责，又要对整个英国的教育负责。从送女儿第一天上学开始，卡梅伦便希望英国所有的孩子都能像自己的女儿一样能接受优质的教育，上一个好的学校。谈起送自己女儿上学的感受，卡梅伦说："那真是一段难忘的经历，所有的父母都应该有相同的感受。当我们放开孩子的小手，看着他们背着书包欢快地离开自己，跑向操场，跑向迎接自己的老师和小伙伴。尽管有些舍不得，但是我们还是要放手让他们离开，因为接受良好的教育比什么都重要。"

根据英国的教育制度，所有的儿童在四岁之后都要进入小学学前班进行学习。卡梅伦的女儿在过完四岁生日后，也到了入学的年龄。虽然卡梅伦公务缠身，但是对于女儿第一次上学，他还是抽出了时间亲自去送她。卡梅伦说，女儿上的公立小学拥有优质的教育，优秀的师资，能在这所小学上学足以让自己放心。在学校学习了一个月后，卡梅伦的女儿每天回家都会向爸爸重复今天的学习内容，并开始对学习新事物产生了相当浓厚的兴趣。

在卡梅伦的心中一直拥有平等的观念，他希望所有家长的孩子都能接受优质的教育，因为在英国，没有孩子生下来就只能接受次等教育。卡梅伦称："我们目前正在努力创建更多更好的学校，将教师从当地委员会的规定中解放出来，并创建了4200所研究院。我们帮助了近250名家长、教师和慈善机构创建了属于他们自己的学校，我们还督促这些学校能够采纳'国家课程',将课程设置得更为严谨。"

卡梅伦希望建立更多的公立学校,满足那些交不起昂贵的学费但又想获得优质教育的家庭。"我们当初的计划已颇有成效,现在已经有超过80万的学生所在的学校都属于良好甚至出色的学校,但是仍有25万学生在条件恶劣的学校中学习,我们深表担忧。我希望大家重视公立学校,一些公立学校培养的优秀学生同样很多,能进入牛津学习的学生并不比那些私立学校少。"

为了让更多的孩子都能接受良好的教育,卡梅伦提出了两点设想。"首先,我们希望有更多的优秀教师能够具有奉献精神,走进最需要他们的学校,比如那些'不合格'的学校,而这些去不太好学校教书的教师将获得国家教学协会提供的奖金;其次,我们将致力于改造那些'不合格'的学校。在我们国家,某些偏僻、贫穷的地区仍有不少这样的学校,其中500所这样的学校聚集了超过10万名学生。"

对于如此庞大的数字,卡梅伦表示了深深的担忧,"我不能想象这些学生以后的人生轨迹会是怎样,我们的国家需要对这些学生负责,承担建设他们未来的重任"。卡梅伦希望,通过地方学校委员会,督促这些学校"改头换面"。"当前,已经有八个地区的学校委员会负责监管所有的免费学校和研究员,我们将给予这些专家更多的权利,这些权利将是史无前例的。""大刀阔斧"的改革包括:"重新任命合适的管理人员、修改课程设置、颁布新的纪律措施等,他们还可以让较差的学校与好的学校'结对'。"

卡梅伦对英国未来的教育充满了希望,他说:"我希望英国每一位孩子都能接受良好的教育,提升整个英国的竞争力。"2012年,经济合作与发展组织发布了《国际学生评估项目》结果,在全球65个参赛的国家当中,英国学生的数学、科学、阅读能力排在第26、21、23位,大大落后许多发展中国家。为了防止英国学生在全球竞争中掉队,2015年,英国开始在所有学校实行分流教学制度。

卡梅伦称,所有的学校都应该按照学生的能力,实行分流教学,尤其

是英语与数学能力。面对卡梅伦的这一改革举措,既有褒奖的声音也有批评的声音。英国教育标准办公室首席观察员迈克尔·卫肖爵士说道,由于很多学校采取混合班级教学,导致部分聪明的学生不断重复学习,拖慢了进度,因此拿不到高分。为了照顾差生,尖子生的提升空间被限制,混合班级对他们而言简直就是噩梦。但是也有人持反对意见,一些人指出,分班制度是"教育上的不公正"。如果我们的社会还需要公平正义的话,就绝不能采纳分班制,因为如果按能力分班,将会导致穷人家的孩子永远无法进入好的班级,得不到公正的待遇。

8. 向偷渡客"开战"

2015年6月5日,英国边境检察署在哈里奇国际港口发现68名被锁在卡车集装箱内的非法偷渡者,英国媒体评价这次行动是一次"重大胜利",是目前发现的偷渡案件中规模最大的一次。在68名偷渡者被发现后,其中的15人已被遣返回国,其余的人立即申请政治庇护,然后被淹没在内政部堆积如山的庇护申请之中。他们有可能在英国待上数年,等待自己的申请被通过或是被拒绝。如果内政部认定申请者不符合难民庇护资格,他们就将被遣返。当然,不服从者仍有上诉的权利。

英国议员詹金说道:"从这次的事件中我们就能看出,想要偷渡到英国的人越来越多,边境检察署需要更多的资金和人力来打击非法移民。"他还指出,当前对车辆的检查力度还不够大,可能会有更多的移民藏在车中混入英国境内,他还督促卡梅伦首相要加大移民管控力度。移民维权组织的负责人唐·弗林表示,当前来到英国境内的非法移民数量不断增多,英国当局需要在处理时充分考虑人权问题。

从荷兰到英国哈里奇港的路线，被人称为非法移民的循环货架。该条路线每年过境的车辆高达25万辆，由于人力和设备有限，数量庞大的过境车量有超过94%未经过检查便直接放行。因此，很多人通过偷渡的方式非法入境而未被发现，即使被发现遣送回荷兰，仍然有机会重新潜入。哈里奇港偷渡案也在英国国内引发了不小的风波，很多民众质疑英国方面对移民态度过于宽松。由于难民认定的过场太过漫长，很多非法入境者便利用这一机会先到英国申请难民庇护，获得充足的时间享受英国的生活。从长远来看，这种做法势必会给英国带来巨大的负担，相当于敞开国门，迎接难民。

自2015年以来，英国的人口走私问题愈演愈烈，一些来自亚非国家的难民们，为了追求更加美好的生活，不惜通过这种极为危险的方式偷渡到欧洲国家。以往蛇头们会选择从北非进入南欧，或者途经土耳其迈进东欧，但是这些偷渡路线困难重重，充满了危险。随着欧洲各国加强对偷渡路线的管控，非法移民只得另辟蹊径。

据英国《太阳报》报道，在英法两国加强巡逻之后，一些移民想出了许多不可思议的方法偷渡到英国。其中，有四名难民甚至拦截了一辆动物园货车，他们撬开货车的后门，企图钻入车内，偷渡到英国。但是，当他们打开车门后，眼前的景象却让他们吃了一惊。车厢内装运的是一只北极熊。一人看到车内的北极熊，满脸惊恐地逃下车跑掉了，但是另外三人仍然大胆地跳上火车，躲在北极熊的铁笼后面。当法国警方得到消息后，将蜷缩在黑暗中的三人带走。

据英国媒体报道，一些非法移民试图闯过英吉利海峡海底隧道，藏身在货车中准备偷渡到英国。偷渡客们为了进入海底隧道搭上顺风车，使出了浑身解数。有的人将衣服拧成一股绳子，系在墙上翻墙而过；有的人在墙上寻找洞口，钻墙而过；有的人选择更为危险的办法，从桥上等待来往的车辆，跳到列车顶部。面对这些疯狂的举动，一旁观看的法国警察手足无措。

一些不顾性命的偷渡客表示，他们不远万里来到这里，就是为了能够过上更加幸福的生活。一些人为了来到英国，甚至喊出了"要么去英格兰，要么死"的口号。据统计，非法偷渡的4000多人中只有不到150人能够成功偷渡到英国。其他失败的偷渡客要么被火车撞死，要么窒息而死。世界医生组织英国地区执行董事利·戴恩斯说："这些可怜的偷渡客们以性命为代价进入欧洲，但是安全的偷渡路线已经所剩无几，很多人不得不采取冒险的行为。当怀有身孕的妇女只能被装在集装箱中偷渡来到英国，我们的移民体系无疑是有漏洞的。"

面对来势汹汹的偷渡浪潮，正在越南进行访问的英国首相卡梅伦表示，需要尽快通过相关立法确保这些非法移民无法享受到正常待遇。"我们将驱逐这些非法移民，好让他们知道，英国并不是避难天堂。"除此之外，卡梅伦还表示，将与法国加强合作，一起应对愈演愈烈的偷渡问题。为了遏制非法移民潮，英国政府宣布，英国政府有权没收非法移民劳工的收入，政府将拨款700万英镑，应对非法移民潮。此外，英国还将提供1000万欧元的资金，修建新的海底隧道入口处的围栏。

英法海底隧道全长50.5公里，其中海底部分长37公里。海底隧道连接法国和英国，位于隧道东端的法国北部港口城市加来是欧洲国家面对非法移民潮冲击的前线之一，法国加来此时正遭遇一场危机，该地区目前聚集了数千名非法移民，他们大多来自非洲和中东地区。英法两国内政部长在一份联合声明中指出，解决英吉利海峡海底隧道偷渡问题是当务之急。声明中说，非法移民问题已成为全球性危机，需要欧洲和国际社会一同解决，不能仅仅依靠法国和英国。为了从根本上解决非法移民问题，需要减少因经济目的来欧洲的移民。

在激烈的移民浪潮发生后，英国当地媒体就移民冲击英法海底隧道事件展开了激烈讨论，很多英国媒体纷纷指责法国方面未尽到责任，导致当前的情况发生。英国《每日邮报》就描绘了一幅英国游客在隧道一侧目睹大批移民穿越安全栏被吓呆的画面，之后它称这是意大利的责任，因为意大利"无视欧盟要求移民入境国首先处理避难申请的做法使得欧盟法规沦为笑柄"。在辛辣的批评下，法国也未能幸免。《每日邮报》称法国恬不知耻地将非法移民放行到英国，并且不加任何阻止措施，甚至连这些移民的电子数据信息都没有记录。

英国《太阳报》指责法国政府的不作为态度，义正词严地宣称法国方面要保证英国的边界不受侵犯。《每日电讯报》称，此次移民浪潮的错误主要归因于法国。这些报纸将一切的责任都归结于法国方面，原因就在于法国内政部长曾经指责欧洲隧道集团不作为，而这样的行为被人们认为是在推卸责任。对于英国方面的大肆指责，法国前劳工部长贝特朗在接受媒体采访的文章中向英国首相卡梅伦发出了威胁，他扬言将放任加来地区的非法移民去英国，以报复英国方面的无端指责。

贝特朗对英国方面的指责十分生气，他指责卡梅伦"未针对加来移民问题的严重性采取合理有效的措施加以应对"。贝特朗表示，卡梅伦对当前移民问题所做的措施根本无法解决，如果他继续放任，不采取其他有效的措施，我们只能放任移民通过海底隧道前往英国，届时卡梅伦将会用他的方式，处理好他自己国家的事务。

贝特朗还说，这不仅仅是钱的问题，不是拿出几百万欧元修建围栏就能解决的。我们并不需要钱，我们需要解决问题的办法。必须采用严格的解决办法，任何姑息的手段，温柔的组织都无济于事，必须要勇敢地面对当前的处境。贝特朗表示，当前加来地区的居民已经忍无可忍，不住在这个地区的人是无法理解他们的痛苦。他强调，从地理位置上看，英国边境在多佛尔，然而在2003年签署英法协议时，我们当了一回好人同意把边境设在加来，但是英国只给了微薄的补助。如果目前英国人只顾推卸责任，不愿意正视问题，那么杜盖协议需要修改。

尽管在移民问题上英法两国争执不下，但英国首相卡梅伦表示，虽然法国方面在管理移民问题上存在疏忽，但他相信，法国政府一定能够妥善解决移民问题。为了减少非法移民的数量，英法两国每月都会遣返200名

不符合避难条件的移民。而对于更多的移民，部分英国政客甚至提出了更为极端的解决办法。英国保守党议员安德鲁·珀西说，目前非法移民潮已明显失控，英国是时候考虑出动军队进行镇压了。

政客们面对非法移民厌恶至极，但是英国仍有少数人欢迎前来的偷渡客。部分英国国民甚至在海底隧道西段的福克斯通举行集会，支持前来避难的移民们。活动的组织者表示，我们希望通过自己的抗议向移民表明，这里仍有少数人欢迎他们，他们被对待的方式并不代表我们的态度。与此同时，英国极右翼团体也同样在福克斯通举行集会，不过他们做的是抗议移民。"英国人不想被打扰，不想要移民。我们是一个非常拥挤的小岛，我们自己的空间都不够，哪里还能容纳下大量涌进这个国家的移民。""英国第一"组织者保罗·戈尔丁说。

9. 2015年英国大选，卡梅伦再次获胜

从理论上说，想要观察一个国家的国民意愿，从这个国家的大选便能看出端倪。选民们总是会把手中珍贵的选票投给那些他们信赖的人，也就是那些最能代表自己利益的政党或者政治家。因此在大选之后，候选人和参选政党所做的总结，往往最有参考价值，不仅对这个国家，对别的国家和政党都有相当的启发意义。

2015年3月30日英国议会宣告解散，2015年英国大选也由此正式揭开序幕。卡梅伦在当天前往白金汉宫觐见，这是在大选投票前卡梅伦最后一次以首相的身份觐见女王。这标志着联合政府五年的任期已经结束。根据有关法律，英国议会也于当天宣告解散。与女王的会面结束后，卡梅伦在唐宁街10号发表声明。他表示，英国目前正走在正确的道路上，他所领

导的保守党继续执政，能够为英国经济持续复苏提供坚实的领导力。

2015年的英国大选被称为"二战"以来最难揣摩的大选，此次大选进行得异常激烈，所有的民意调查结果无一例外地显示保守党和工党的支持率不分伯仲。很多资深的政治评论员表示，究竟谁能赢得此次大选的胜利，根本无法预测。令人激动人心的5月8日终于到来，这一天英国阳光明媚，这样的好天气十分难得，也为此次选举增加了更多的不可预测性。此次选举被人称为将会对英国未来形态以及在世界上的地位具有深远影响的一次选举。卡梅伦一大早就前往自己所在的选区威特尼选区进行投票，之后同自己的顾问们进行讨论，如果保守党未能赢得多数胜利，该如何继续保住权力。

卡梅伦在投票之前还不忘向民众们呼吁，不要做出让你后悔的事情来，并称，由于此次选举所涉及的经济和宪法问题，这次的选举结果将会定义这一代。与此同时，工党领袖爱德华·米利班德也前往自己所在的选区进行投票，他向选民们承诺，将会建立一个"为劳动人民挺身而出"的政府。米利班德的助手也坦言，即使能够获得胜利，也需要苏格兰民族党的支持才能问鼎唐宁街。

万众瞩目的投票活动终于在紧锣密鼓的筹办中开始，经过紧张的投票计票之后，最终的投票结果让所有的人大呼意料不到。保守党赢得了331个席位，比议会半数议席325席还要多出六席，这一结果远远超出资深政党策略师的想象。截至伦敦当地时间周五中午，保守党似乎已经取得了20多年来议会中最无争议的胜利。这也表明，卡梅伦从此可以独自成立政府，不再需要与其他政党联合组阁。实际上，在投票结果出来的前一天，保守党、工党以及自民党还都在悄悄地为谁与谁组建联合政府而进行私下交谈。

工党与自民党以及在英国十分具有影响力的独立党的领导人在大选结果出来后，纷纷宣布辞职。当时，被认为虽然政治经验缺乏但是却拥有崇高的政治理想与满腔热情的工党领袖米利班德，在竞选时甚至被工党的会议主持人称为"下届英国首相"，在米利班德的首相之梦破灭之后，有不少年轻的工党成员因此泪流不止。另外,在五年前曾被称为是最具有个人魅力的政治家克莱格,也因此满脸遗憾地离开了自民党,此次大选中,自民党也是输得最"干净"的政党。

卡梅伦的翻盘筹码主要有三个,首先,卡梅伦打出了一手清新亮丽的"夫人牌"。俗话说,每个成功男人的背后都有一个伟大的女人。在英国议会选举之际,各大政党的领导人纷纷让以往站在自己背后的妻子出马,计划着让自己漂亮的妻子帮自己赢得选民们的支持。英国《每日邮报》称,保守党、工党、自由民主党三大政党的领袖们纷纷都把妻子当做"秘密武器",每逢选战激烈便会"让太太出马",结果往往事半功倍。随着三位美丽而富有智慧的党首太太出马,不少人感到"眼前一亮"。

卡梅伦的妻子萨曼莎是一位时尚干练的女人。她曾是伦敦邦德街上一家时尚文具公司的创意总监。在过去的五年里,她一直保持低调,基本不在媒体上发表讲话,并且一直在极力塑造贤妻良母的公众形象。有人评论说,夫人牌的意义在于讨好民众,打造亲民牌,争取中间选民。据报道,在4月5日发布的英国杂志《You》中有近十张萨曼莎的照片。照片中,她大多穿着T恤,尽显平民风,为的也只是替老公争取中间选民。而在五年前助选时,她的穿着是65英镑"玛莎百货"连衣裙。在其成为首相夫人后,又迅速转为29英镑鞋搭配40英镑衣服。据称,在早些时候,萨曼莎还未成为首相夫人时,她日常穿的是800英镑Prada裙子、400英镑JimmyChoo高跟鞋、250英镑PhillipLim裤子,并且她曾公开表示喜欢MarcJacobs这样的大牌,也曾击败前法国第一夫人布吕尼,当选政治圈最会着装女人。有人认为,该文章是在向民众们表达,首相夫人和所有英国普通妇女一样,要操持家务以及要尽心尽力地照顾孩子,同时还要照顾自己的事业,卡梅伦不仅是首相,也是一位脚踏实地的普通父亲。

卡梅伦的第二个筹码是"亲民牌"。意思就是要尽量放低身段,极力亲民。卡梅伦是英王威廉四世某个私生子的直系后裔,拥有纯正的王室血统。他与英国王子是小学校友,中学是在全球有名的私校伊顿公学度过,大学则是在牛津就读。他的妻子是在英国大庄园中长大的英国男爵女儿，就连他所领导的政党，也是代表精英的保守党。

然而，英国大选可不是上层贵族说了算。特别是2015年，保守党被工党紧追不放，苏格兰民族党也对其虎视眈眈。于是卡梅伦只能极力表现自己也是个普通人。在4月6日，卡梅伦到户外与选民们一起喝啤酒吃烧烤，并且还允许媒体拍下吃相。不过，英国人的注意点很快转移到卡梅伦竟然在用刀叉吃热狗，而不是直接用手拿。这一下使得卡梅伦弄巧成拙，反而让英国人觉得其作风奢侈，不平易近人。英国《大都会报》直指"卡梅伦不知道如何吃热狗"，《每日邮报》则以《我不会试图掩盖我是贵族》为头条标题。

最后一个筹码是与社会的各种阶层进行互动。用我国的说法就是为了"接地气"。虽说工党才是工薪阶层代言人。不过，卡梅伦也没放弃争取工人阶级对他的支持。他在大选开始前，突然宣布上调最低工资，还自称保守党是"劳动人民的党"。在选战的第二天，他还去参观了伦敦的一家数码港，并且穿上了工作服，戴上了安全帽。此外，他也没忘了农民，在复活节当天，卡梅伦到牛津郡迪安—莱恩农场，亲自给小羊羔喂奶，来了场亲密接触。

卡梅伦也没有放弃少数族裔对他的支持。在英国最大的少数族裔是印度裔，有140万人。为了拉选票，就算卡梅伦是个基督徒，那也得入乡随俗演个戏。2015年5月4日，卡梅伦去了伦敦的尼斯登印度神庙，还额点朱砂参加了佛像"灌顶"仪式。更早的时候，他还曾经带着夫人去了印度锡克教徒的地盘。

此外，卡梅伦当然也不会放过年轻人，不过年轻人不爱投票似乎是全球政客最头痛的事情，英国也不例外。他们的理由是不信任，谁上台都一样。但是，这选票还是要尽量争取。为了提升在Fackbook、Twitter等社交媒体的曝光度，卡梅伦从选战开始就抓住各种喊"茄子"的机会。4月23日，卡梅伦到了康沃尔郡的电台Pirate FM公司。在那儿，他拿起自拍杆与支者合影留念，态度相当认真。

当然，保守党在经济问题上的发挥的作用是他们选举胜利的关键。在2010年他们就已经打下成功的基础。当时保守党利用布朗的失败将经济问题归咎于工党，并且向英国人民表示保守党拥有长远的经济计划。2010年卡梅伦担任首相后，大力削减公共部门的开支，对社会福利系统进行大规模整治，将懒人赶出家门重新就业。并且，进行大规模的基础设施建设，在之前四年里，英国完成的基础设施项目超过2500个，在道路、铁路、机场交通设施、新能源、住宅等方面的投资高达4660亿英镑。同时，卡梅伦还有效的引进外资，给经济建设注入资金支持。根据英国国家统计局最新数据，2012年，英国外来投资额为354亿英镑，2013至2014年，外来投资项目总共1773个，比上一年度增加10%；英国政府还特别鼓励企业创新，对高科技领域进行财政和税收支持。英国利物浦大学政治学教授乔纳森·汤奇说，自2010年以来，保守党领导的联合政府采取了一系列财政紧缩和经济刺激政策，英国得以逐渐走出经济危机阴霾，经济稳步发展，就业状况有明显改善，其执政能力赢得大批选民信任。

此次大选成功，长着一张娃娃脸，被人批评缺少个人魅力的保守党领袖卡梅伦可以独立组成政府，不必再像2010年那样和其他政党联合组阁。英国首相卡梅伦在此次选举中以一场戏剧性的胜利，获得了重返唐宁街10号的资格。他将带领保守党继续领导英国，继续朝着更加美好的未来前进。在选举结果揭晓后，市场以英镑汇率的大幅度提升作为祝贺。

一贯持中左立场的反对党工党遭遇了1987年以来最差的选举结果，在选举结果公布之后，工党领袖爱德华·米利班德宣布辞去领袖一职。工党在此次的选举中仅获得232个席位，这对于工党领导人米利班德来说，是一个无法想象的严重失败，这也意味着他令英国更加平等的竞选口号未能吸引英国国民。

米利班德和他的竞选团队采取中左立场，但英国的主要阶层为中产阶级或者说是中间阶层，这一阶层是最能决定国家命运的阶层，他们在人口中占据极大比例，是稳定国家政治的基础。这一阶层中的人在中小企业和商业领域中工作，是国家的经济支柱之一。米利班德的竞选失败正是因为他忽略了最需关注的中间阶层的利益，这也许是导致他无缘唐宁街10号的根本原因。

其次，工党的失败还要归结于不擅长管理经济，尤其是上一届工党政府留下的经济烂摊子让人记忆犹新。人们担心如果此次工党获得胜利，必将和主张分裂的苏格兰民族党联合组阁，到时候国内将遭遇不可设想的灾难。米利班德自2010年担任工党领袖以来，逐渐从布莱尔新工党的中间立场逐渐向偏左移动，他提出的执政承诺除了对国民医疗保健系统加大投资外，其余的政策包括提高能源价格、分拆大银行、对200万英镑以上的房产征收重税、把每年9000英镑上限的大学学费下降到6000英镑、对房地产买卖市场和出租房市场的控制、所有类型的工人都有资格拿到工作合同等等。

在米利班德的心中，一直有着追求公平正义的理想，但是他公布的这些政策只能让三分之一的英国人受益。更令人遗憾的是，在这三分之一的人口中，有超过半数的人对政治毫无兴趣。此外，米利班德提出的政策更得不到企业界人士的支持，它们严重地伤害了中间阶层的利益。工党前领袖布莱尔在分析此次工党的失败时说："米利班德的构想是好的，但是他提出的社会公正纲领应该放在更广泛的亲商亲企和宏观经济发展的前提下，而不是仅仅局限于一些具体的公平问题上。"

对于保守党联合政府的次要联盟伙伴自由民主党来说此次的选举也惨遭滑铁卢，原本期望能够获得57个席位，最终竟然只获得了八个席位。面对这一结果，自民党领袖尼克·克莱格称，这是一个让自民党深感残酷而艰难的一夜。在选举结果公布之后，克莱格也宣布辞去自由民主党领导人的职务。过去五年，保守党和自民党联合组阁，克莱格在联合政府中担任副首相职务。此次选举，克莱格虽然保住了自己的席位，但是对于这样的选举结果显然无法接受，他承认这样的结果将会对英国产生深远的影响。

在此次大选中，还有一件不可思议的事情发生，苏格兰民族党包揽苏格兰地区59票中的56票，苏格兰因此接近"一党专政"，在大选中获得全部票数的12.6%，成为仅次于保守党和工党之后得票数第三多的独立党。尽管苏格兰民族党获得了令人羡慕的成绩，但是由于英国的非比例代表选举制度的限制，他们仅能在650个议席中获得区区一个席位。苏格兰民族党前领导人亚历克斯·萨尔蒙德表示："今天，全英国都能听到苏格兰这头雄狮的咆哮声。"他还表示，以往英国政府总是忽略苏格兰团结一致的声音，但是现在，苏格兰民族党已经在英国议会中获得了席位，苏格兰的声音再也无法被忽视。

在2014年的苏格兰独立公投中，苏格兰民族党以45比55的比例未能取得成功，此次在选举中所获席位大大增加，将导致该党进一步提出更加偏向联邦制的和解方案，并为第二次公投施加压力。有媒体称，苏格兰这头雄狮已经开始苏醒，卡梅伦必须谨慎应对。早在2014年苏格兰独立公投之前，卡梅伦就承诺会给苏格兰更多的自主权。但是在公投失败后，苏格兰并未得到这些承诺的权力。伦敦中央政府不仅没有兑现自己的承诺，还准备将英格兰事务的表决权局限在英格兰议员之中，没有苏格兰议员的份。面对这样的决定，苏格兰觉得受到了中央政府的欺骗。

尽管几年来，英格兰政府承诺给苏格兰更多的自主权，以致苏格兰的税收远低于英格兰，在苏格兰上学免费。但是苏格兰民族党仍不满意，他们指出苏格兰有70%的税收权仍然掌握在伦敦手中，北海油田的收益也并未拨给苏格兰财政。在此次大选中获得胜利的苏格兰民族党终于有资格继续高喊争取权利的呼声。卡梅伦表示，自己将尽快推动计划的实施，赋予苏格兰地区更多的实权。"对于苏格兰，我们希望建立一个全球最强的分权政府，使其具有征税等重要的权力。"在安抚苏格兰方面，卡梅伦做出了许多努力，防止其进一步分裂，但是这些努力能否起到作用，还得看局势的进一步发展。

除了苏格兰问题，是否脱离欧盟仍是卡梅伦需要考虑的问题。在大选之前，卡梅伦就向公众承诺，如果自己连任成功，就由英国人自己决定是否继续留在欧盟，这一承诺也让他赢得了不少选票。在英国内部，亲欧派和疏欧派成了两大派系，由于当下欧元区的国家发生了严重的债务危机，一直坚持英镑而非欧元的英国在欧盟中充当着救世主的角色，严重拖累了国内经济的发展。因此，一大批人士极力要求英国脱离欧盟。

面对公众的要求，卡梅伦决定推动全民公投，这是一次危险的政治游戏，一旦公投的结果是脱离欧盟，政府将陷入十分尴尬的境地，如果公投的结果失败，公投方将会禁止对这一问题的继续讨论，这对政府而言是个好事。其实，卡梅伦内心十分清楚，如果英国真的脱离欧盟，将会带来巨大的负面效应。英国智库"开放欧洲"指出，如果英国退出欧盟，到2020年，英国的GDP将会被拉低2.2%。因此，当务之急并不是急于脱欧，而是要致力于欧盟改革。如果仅仅依靠英国自身的力量，尚不足以促进欧盟改革，英国需要协同其他国家共同让欧盟内部发生改变。

总之，卡梅伦在2015年的大选中大获全胜，成功连任英国首相，他将领导着英国向什么样的未来继续前进，我们拭目以待。

第十章　重视对华关系开创历史新航向

英国于1950年承认新中国,是最早承认新中国的西方大国。60多年来,中英关系历经波折,总体上朝着积极稳定的方向发展。2015年10月19日至23日,习近平主席对英国进行国事访问。访问期间,同卡梅伦首相在唐宁街10号首相府举行会谈,并应邀赴契克斯首相私人官邸做客。习主席还分别在英国议会、伦敦金融城、中英工商峰会闭幕式上发表重要演讲。中英两国发表《中英关于构建面向21世纪全球全面战略伙伴关系的联合宣言》,开启持久、开放、共赢的中英关系"黄金时代"。

1. 中国总理邀请卡梅伦访华

英国联合政府上台后，更加重视中英两国的关系。2010年11月9日至10日应时任中国国务院总理温家宝邀请，英国首相对中国进行正式访问。11月9日下午，温家宝在人民大会堂与来访的英国首相卡梅伦举行会谈。温家宝说："你这次访问中国，带来一个历史上最大的代表团，其中企业家就有50位。我对所有来中国的英国客人表示欢迎。"

卡梅伦在临行前称此次访华是一次"至关重要的商贸之旅"。在访问中国的代表团成员中，既有财政、教育、商业、能源四位重量级的内阁大臣，也有43位工商界代表。短短36小时的紧凑行程中，不仅在双方领导人会谈时，经贸关系都是最重要议题之一，并且卡梅伦访华期间的其他许多活动都与经济贸易有着密切的联系，其中包括卡梅伦与温家宝共同会见随访的英国工商界代表，举行中英经济财金对话、经贸联委会、能源工作组会议、工商峰会等。访问具体成果之中，中英双方签下多项大单，其中包括英国罗尔斯罗伊斯公司向东方航空公司提供价值12亿美元发动机的合同。

卡梅伦的这次访华之行经贸色彩的明显，既是英国作为一个海洋国家"通商立国"的历史传统，更是当时刚刚上台的英国联合政府的现实需求。

2010年，英国的经济仍然处在一个刚刚走出金融危机的不稳定之期，并且英国政府刚刚公布了一份自"二战"以来最大规模的削减公共开支的计划，在未来四年中，英国的公共开支将节约810亿英镑，这会导致英国将近50万的公职人员失业。

然而只靠削减开支并不能重振英国的经济，所以与中国这样的新兴经济体的经贸合作更显迫切。尽管英国一直保持着欧盟内最大对华投资国和第三大对华经济贸易伙伴的地位，但是实际上中英两国货物贸易在之前依然很少，因此经贸合作依然潜力巨大。英国《泰晤士报》报道说，卡梅伦喜欢提及的一个事实是，英国对爱尔兰的出口比它对中国、印度、巴西和俄罗斯的出口总额还要多。卡梅伦的这句话的实际意义是，英国公司和政府在利用新兴经济体上的增长方面步伐缓慢。不过，中英经贸关系能否更进一步，在很大程度上还要看英方的作为能否更大。

卡梅伦在出访中国前说："我们的信息简单明了，英国已经敞开大门，英国政府对商贸发展态度积极，希望与中国发展比以往有密切得多的联系。"当时，温家宝在会见卡梅伦时表示，英国应以更大的魄力放宽向中国出口高科技产品限制，这有利于双边贸易实现平衡、持续增长。他同时还说，中国政府鼓励本国企业扩大对英国的投资，这将给两国经贸关系增添新的活力。希望英方简化审批程序，提供更有针对性的服务，解决中国人员赴英国签证难等问题。温家宝在与英国工商界代表座谈时还指出，英国企业对中国的投资比重相对还较少，对华技术贸易投资不仅低于德国、法国，甚至低于意大利和瑞典，这同中英关系的发展现状并不相称。

其实，英国在发展全球的经济贸易合作方面与中国有着许多的共同立场。英国对自由贸易一直都是支持的态度，而中国也一贯反对贸易保护主义。在美国进行疯狂的钞票印刷的策略，以此刺激本国经济及对外贸易之时，世界其他经济体面临更多困难与更为复杂的局面，中国和英国在此方面不难找到共同话题。

时任中国国家主席胡锦涛在会见卡梅伦时强调双方要"运用好彼此发展机遇"。他说，中英处于不同发展阶段，经济互补性强，合作远大于竞争，机遇远胜于挑战。卡梅伦也表示，英中关系建立在共同利益基础上，两国经济具有较强互补性，贸易和双向投资具有巨大机遇。

中英双方均认可两国经贸关系进一步发展面临机遇，而如何采取具体行动把握住这一机遇，当是卡梅伦联合政府在此次"经贸之旅"之后需要考虑的议题。时任伦敦市长鲍里斯·约翰逊的首席经济顾问李籁思曾说过："在我看来，目前英国应当着重和两个国家搞好关系，一个是德国，另

一个就是中国。"

2. 中英两国关系发展并非一帆风顺

然而，中英两国关系的发展并不是一帆风顺。虽然英国非常重视与中国的发展关系，但是英国并不尊重中国关切的核心利益。1960年，毛泽东在会见蒙哥马利时表示，涉藏问题最终会成为中英关系中最为敏感的一部分。2012年5月14日卡梅伦和克莱格一同会见了达赖，英国的两位领导人共同会见外国人，还是自联合政府成立以来的第一次，英国领导人这一行动无疑对中英两国的关系造成了不可磨灭的负面影响。

根据当时英国BBC的报道，中国取消了原定的时任全国人大常委会委员长吴邦国的访英行程。英国《每日电讯报》的报道称，英国贸易投资国务大臣格林以及外交国务大臣布朗率领贸易团访问中国时，未能与中国商务部或国家发改委的官员进行会晤。英国《金融时报》的一篇文章写道，在法国总统奥朗德于2013年4月25日抵达北京时，中国政府用红地毯欢迎他。与中国在之前对英国的态度形成了鲜明的对比。

随着中英关系的渐渐"降温"，英国政府也对此进行了讨论。根据英国《星期日泰晤士报》报道，在如何处理"冷却"的英中关系问题上，英国内阁陷入"分裂"的状况，以首相卡梅伦为首的一派认为，应优先发展同中国的经济关系，以挽救英国经济；而副首相克莱格、外交大臣黑格则认为，英国必须在人权和"西藏问题"上保持"原则""不能向北京弯腰"。英国既想趁中国经济崛起之时搭上这辆"顺风车"，又想在政治方面坚持自己的态度，这显然是矛盾的甚至是不可能的。因此，这也是导致中英两国关系"政冷经热"的根本原因。

不过英国也应该认识到了这一根本问题。2013年6月24日，中国外交部长王毅应约同英国外交大臣黑格通电话。两天后《人民日报》发表了题为《为中英关系发展积累正能量》的署名文章，认为两国外长的通电意味着"中英关系向前迈出了一步，这是一件好事"。

2013年12月2日，英国首相卡梅伦时隔三年后再次访华。这是中国国家主席习近平2013年3月上任后卡梅伦首次访问这个亚洲强国。

卡梅伦这次带给习近平主席的礼物是一件英格兰男子足球队所有成员的签名的球衣，彭丽媛收到了卡梅伦赠送的迈宝瑞手套。卡梅伦送给李克强总理及其夫人程虹的礼物是一系列的书籍。卡梅伦带给李克强总理的书籍主要是名人传记，包括撒切尔夫人、丘吉尔、本杰明·迪斯雷利、威廉·威伯福斯等人的传记及英国专栏作家罗伯特·哈德曼撰写的《伊丽莎白传》。作为著名的网球粉丝，李克强还收到了英国网球明星安迪·穆雷亲笔签名的网球拍。卡梅伦赠给程虹的则是英国布克奖获奖小说选，包括希拉里·曼特尔以及茱莉亚·巴恩斯等人的作品。卡梅伦表示，所有这些礼物都是由随行的英国公司提供的。作为回赠，李克强总理送给卡梅伦一幅画作、一座高铁模型，以及送给卡梅伦小女儿弗洛伦斯的玩偶。

访华当天，中国国家主席习近平、国务院总理李克强、全国人大常委会委员长张德江与国务院副总理汪洋分别接见。卡梅伦以"英国要做中国在西方的最强支持者"和"史上最大规模访华贸易团"高调恢复了中断许久的中英最高层会谈，一定程度上改变了中英关系长期"政冷经热"的格局。

2014年1月29日，中国农历腊月二十九，英国首相大卫·卡梅伦发表贺词，为中国新年送上祝福。卡梅伦代表英国表达了向中国进一步开放的意愿。他回顾了在2013年12月访华的愉快记忆，表示在英国的人们将通过中国庆典接触到具有丰富生动的中国文化。在贺词中，卡梅伦还特别向那些为英国社会做出巨大贡献的华人社区致敬，祝愿华侨华人欢度新年庆典，在新的一年里吉祥如意、马到成功。

中英两国的历史、文化、社会制度和发展阶段虽然不同，以及在人权等问题上的分歧短时间内还不能谈和，但是这些问题并不成为英国干涉中国内政的借口。此外，较为令人欣慰的是，英国政府承认了西藏是中国的固有领土。不过英国还是应该拿出一些该有的姿态来，不要"说的比做的

好听。"总的来说中英关系的发展前景还是很美好的,英国也确实需要以实际行动为中英关系的发展积累正能量。

3. 十年来中国国家主席首次对英国进行国事访问

应大不列颠及北爱尔兰联合王国女王伊丽莎白二世邀请,国家主席习近平于2015年10月19日至23日对英国进行国事访问。此访是十年来中国国家主席首次对英国进行国事访问,得到了英方高度重视和超高规格礼遇。访问期间,中英双方还就经贸、人文交流等达成59项协议和共识,并决定共同构建面向21世纪全球全面战略伙伴关系。

"履不必同,期于适足;治不必同,期于利民。"世界上没有放之四海而皆准的发展道路。只有能够持续造福人民的发展道路,才最有生命力。双方虽然存在政治体制等各种差异,但并不阻碍合作的步伐。

英国各界对习近平此访予以高度评价,国际社会也就此给予了广泛关注。舆论普遍认为,习近平此次访问成果丰硕、内容务实、惠及民众,开启持久、开放、共赢的中英关系"黄金时代"。

英国王室和政府为迎接习近平一行的到来进行了精心的策划和准备。此次访问,在规格上超越以往,有许多特殊安排。20日,伊丽莎白二世女王在皇家骑兵检阅场为习主席举行欢迎仪式。随后,习近平主席夫妇又在女王与菲利普亲王的陪同下,乘坐皇家马车到白金汉宫享用由女王主持的"私人午宴"。当晚,女王伊丽莎白二世在白金汉宫为习近平举办国宴。

欢迎仪式上,皇家护卫队全体成员悉数登场,金马车、仪仗队、成群结队的伦敦市民、迎风招展的中国国旗、白金汉宫的豪华的欢迎晚宴,以及女王亲自检查晚宴筹备等细节无不证明伦敦对习近平此次出访表示欢迎的诚意和重视。

据白金汉宫工作人员介绍,白金汉宫一年只接待两次高规格国事访问。

这次访问，英王室成员全程陪同习主席，这样的礼遇可不是所有访英元首都能有的。

21日，习近平前往唐宁街10号与英国首相卡梅伦进行正式会晤，并参加伦敦金融城市长官邸举办的中英商业峰会。双方同意提升两国贸易水平，力争早日实现双边贸易额1000亿美元的目标。据中国外交部介绍，此次中英双方签署的商业协议多达28项，总价值接近400亿英镑，项目涉及金融、能源、交通、文化等诸多领域，可谓硕果累累。

英国前首相布莱尔在伦敦接受中国媒体采访时就表示，非常期待习主席访英，下个十年将是英中关系的黄金时代。布莱尔认为中国在核能和高铁领域都有技术优势，同时他表示，推广中文是世界趋势。

中英人文交流有着深厚的历史基础。早在上世纪50年代中英两国就有学生交流活动。目前英国约有6000名在华留学生，中国在英留学生则有约15万；中国在英国已经建成了27所孔子学院。

"21年前，我曾经访问过英国，到了伦敦、牛津、格拉斯哥、爱丁堡等地，亲身感受了英国的悠久历史、独特传统、充沛活力。再次来到英国，看到耸立的大本钟，看到激荡的泰晤士河，我有一种'不知何处是他乡'的感觉。"当地时间10月21日，国家主席习近平在伦敦金融城市政厅发表题为《共倡开放包容共促和平发展》的重要演讲，习近平主席动情的回忆，打动了现场的很多人。

习近平英国之旅除了参加重要的王室和政府首脑会晤，商讨两国外交关系和经济合作，还和夫人彭丽媛分别参加了多项文化交流活动。

4. 卡梅伦与习近平酒吧小酌聊天

最为中英两国人民津津乐道的就是伦敦当地时间22日，习近平在契克斯乡间别墅同卡梅伦再次会晤。两国领导人进行了四个多小时长谈，就治国理政、双边关系、国际形势等问题深入交换意见。会晤结束后，英国首相卡梅伦以英国式的待客方式，邀请中国国家主席习近平在契克斯庄园附近的酒吧一起去"喝一杯"。两人边饮啤酒，边品尝英国特色小吃"炸鱼和薯条"，并同当地民众交谈。

习近平曾表示愿意在访问英国的时候喝一杯英格兰传统的黑啤酒，卡梅伦于是尽地主之谊。

两位领导人放松地来到契克斯庄园附近的小村子卡兹顿里名为"犁"的酒吧里，在酒吧常客惊讶的注视下，点用酒吧家庭自制的酱料，共同品尝了一小碟英国的传统美食炸鱼和薯条，一人喝了一大杯（一品脱）黑啤酒。

在酒吧停留的20多分钟时间里，两人还和酒吧里的一些常客打招呼聊天。

这个"犁"酒吧是卡梅伦最爱光顾的一个酒吧。有一次周末，他携一大家人在这里吃午饭，上车离开时还把小女儿南西忘在酒吧里就走了。这次他和酒吧里的人开玩笑说："我都来过几次了。这次我可不会把家里人忘在这里。"

喝完酒，两人又返回契克斯庄园，和他们的夫人一起共进晚餐（首相的家宴）。

卡梅伦还陪同习近平在契克斯庄园的大院子里散步，向习近平介绍了他为欢迎伊丽莎白二世女王和爱丁堡公爵种植的树，包括2012年他自己亲手栽培的一颗树。

契克斯庄园位于英格兰白金汉郡艾尔斯伯里镇东南方的奇尔顿山脚下，距离伦敦约60公里。

第十一章 卸任首相告别唐宁街

卡梅伦是一位令人肃然起敬的领袖。对于"英国脱欧公投",有媒体报道称卡梅伦是"搬起石头砸了自己的脚"。这样的评价放在卡梅伦身上,这对一个忽略自身政治前途、一直为民众积极奔走的政客,似乎并不公平。卡梅伦身为英国首相,但他从不认为自己有权利决定一个国家的走向,他一直在致力于推动"全民公投",在国家重大管理事务上征求广大民众的意愿。

"英国脱欧公投"结束后的2016年7月13日,卡梅伦以英国首相的身份作了最后的告别演说,正式结束首相生涯。卡梅伦辞职后,曾担任卡梅伦内阁的一位成员在推特上发文"祝好运"。她写道:"我很骄傲自己曾是戴维·卡梅伦政府的一员。在他的领导下,我们取得了许多成就。"这位留言者不是别人,正是英国现在的新任首相——特雷莎·梅。

1. 全世界密切关注"英国脱欧公投"

英国当地时间 2016 年 6 月 24 日早晨,一直被全球各界人士密切关注的"英国脱欧公投"终于落下帷幕。在对全国 382 个计票点进行选票统计之后,英国政府方面公布了此次"公投"的结果:脱欧派共获得了 17410742 票支持,留欧派获得了 16141241 票支持,脱欧派以 51.9% 的支持率获得了此次公投的胜利。

英国从 1973 年 1 月加入欧共体,时至今日已经有 43 年之久,此次"公投"也使得英国成为首个退出欧盟的独立国家,同时这一结果也让英国首相卡梅伦陷入了一种尴尬境地。作为"留欧派"的领头人,卡梅伦在公投前一直在大力呼吁民众为"留欧"投票,公投前夕还与英国前首相前往伯明翰,在街头发表演讲试图说服更多的民众为"留欧"投票,但遗憾的是公投结果出乎了卡梅伦的意料。

对此,有媒体报道称卡梅伦是"搬起石头砸了自己的脚"。这样的评价放在卡梅伦身上,这对一个忽略自身政治前途,一直为民众积极奔走的政客,似乎并不公平。卡梅伦身为英国首相,但他从不认为自己有权利决定一个国家的走向,他一直在致力于推动"全民公投",在国家重大管理事务上征求广大民众的意愿。早在 2013 年,卡梅伦就曾经向英国民众承诺,如果保守党赢得了 2015 年选举,英国将举行"脱欧公投"。尽管此次公投结果让卡梅伦的前途发生了戏剧性的逆转,但他一直在用实际行动推动英国的"民主活动",与那些为了自身政治前途而罔顾民众意愿的政客相比,卡梅伦是一个有道德、有底线的领袖,或许这也正是他连续两届被选举为"英国首相"的原因之一，毕竟群众的眼睛是雪亮的。

"脱欧公投"结束后，卡梅伦对此发表了公开讲话："这个国家刚刚进行了一场大型民主活动，这也许是我们历史上最大的一次。超过三千三百万来自英格兰、苏格兰、威尔士、北爱尔兰和直布罗陀的人民表达了他们的声音。我们应该为这个事实感到骄傲。在这片国土上，我们相信人民是重大的决策者。我们不仅拥有议会民主制度，而且还在如何管理这个国家的问题上，我们也会适时征求人民的意愿，对此我们已经做到了。英国人民投票选择离开欧盟，他们的意愿必须得到尊重……"

卡梅伦是一位令人肃然起敬的领袖，在过去的两年里，他凭借自己的出色才智成功避免了苏格兰脱离英国，在2015年大选中他带领英国保守党获得了23年来第一次的竞选胜利，尽管他的"娃娃脸"一直被人们所称道，但事实证明，娃娃脸的卡梅伦并不幼稚，相反他在很多国家管理事务中展现出了沉稳、睿智、成熟、冷静的特质。虽然他所带领的"留欧派"在此次"英国脱欧公投"中没能获得胜利，"第三次连任首相"也化为了泡影，但他依然非常沉着冷静地说："英国人民的意愿是必须执行的指令。"

民主一词我们并不陌生，但许多国家岌岌可危的民主状态就像没有说服力的广告一样，表面上高举"民主"的大旗，可背后却在用某种程度的"专制"来统治管理国家，事实上，民众并不能在国家大事上发出自己真正的声音，即便发出声音也往往会被忽略、漠视、边缘化。对此，卡梅伦有着十分深刻的认识，并一直致力于推动民主的发展，推进全民公投在英国的进一步落实。

正如卡梅伦所说，"英国脱欧公投"是"一场大型民主活动"，实事求是地说，英国国内确实有相当多的民众希望能够离开欧盟。尽管事关自己的政治前途，尽管这是一场非常危险的"政治游戏"，但卡梅伦还是本着"民主"的精神，给予了英国民众一个可以发出声音、可以改变英国现状的机会。

2. 英国民众为何希望脱离欧盟

那么，为什么会有如此多的英国民众希望脱离欧盟呢？

首先，自2010年欧债危机全面爆发蔓延以后，欧洲大陆经济体要求加强欧洲政治联盟的呼声逐渐增强，这是英国非常抗拒的事情，尽管英国在欧盟中扮演着十分重要的角色，但英国并不是欧共体的创始国，也并未加入欧元区，总的来说，欧盟是以德国和法国为核心的联盟体，如果顺应欧洲政治联盟的呼声，那英国的未来将会是非常危险的。此外，在欧债危机的背景下，作为欧盟成员的英国，有义务对欧洲经济进行援助，这一点令很多英国民众都非常不满，脱离欧盟后，英国可以抛开这个包袱，不用担心被日益严峻的欧债危机所拖累。

其次，英国每年都要向欧盟缴纳数十亿到上百亿不等的会费，拿2015年来说，仅一年支付的会费就高达178亿英镑，相当于每天缴纳0.5亿英镑，对于英国公众来讲，这绝对是一笔非常巨大的开支，英国公众普遍希望政府省下这笔钱，用于英国国内的公众服务开支或其他事关民生的事务中。

再者，脱离欧盟可以让英国民众获得更多的就业机会，摆脱了欧盟严格的生产标准和监管法规后，生产成本可以获得大幅度降低，英国的中小企业也将焕发出新活力，从而带来更多的就业机会和更强大的市场竞争力。

此外，脱欧意味着英国将不必再遵守欧盟"人员自由流动"的原则，外来移民大量涌入的情况将得到有效管理和控制，外来移民的减少也会给英国本地民众带来更宽裕的公共资源和更多的就业机会。

……

总的来说，英国民众脱离欧盟的意愿并不是一时冲动，正如卡梅伦在自己的讲话中所说："这不是一个轻易做出的决定，并不仅仅是因为众多不同组织对这一决定的重要性阐述了众多观点。因此，对这个结果不应持有疑问。"

3. 平稳度过"脱欧公投"后的短暂动荡期

作为一个政客，卡梅伦一直都有着自己的政见和观点。他说："我没有任何保留，我的立场很明确，英国在欧盟内将会更加强大、安全和繁荣。"一个有鲜明政见的政客并不稀奇，卡梅伦的可贵之处在于：当民众的选择与自己的政见发生碰撞和冲突时，他表现得非常豁达，并充满了责任感。

在"公投"结果公布一个多小时后，卡梅伦在唐宁街10号首相官邸召开发布会，宣称尊重民众的意愿和选择，并公开表示即将辞去英国首相一职。他说："这次公投跟任何政客的前途，包括我自己，没有任何关系。但是英国民众已经做出了明确且不同的选择，因此，我认为英国需要新的领导人来带领我们的国家向前。"

在英国新首相选出之前，卡梅伦仍将带领自己的内阁一起为英国政府和民众服务。尽管脱离欧盟并不是卡梅伦一直推崇的政治道路，但他热爱自己的国家，并愿意为此付出自己的努力。"英国民众已经做出决定，这不仅需要被尊重；同时，失败的一方，包括我本人在内，还应该努力去协助实现这一决定。"卡梅伦这种豁达包容的胸襟令人肃然起敬，"公投"有成败，但对于卡梅伦本人来说，"脱欧派"的成功并不是一个败局，他从来都是将自己放在一个"服务者"的位置上，在滚滚的历史洪流之中，民众才是最终创造历史、制造奇迹的人，所以他坚决尊重民众的意愿。

从英国整个国家局势来看，脱离欧盟必然会引起短时间的阵痛与动荡，

在卡梅伦看来，英国当下"保持稳定是非常重要的"，尽管"留欧派"的失败并不是一件令人高兴的事，但他并没有被自己的私人情绪所困扰，而是主动积极地投入到了眼前的工作中，他对民众公开承诺："我将以首相的身份尽我所能在未来几个星期、几个月中稳定局面……"由此也不难看出卡梅伦确实是一个充满责任感的领袖。

在接下来的几个星期、几个月中，卡梅伦将主要致力于保持英国的整体稳定。他认为英国经济的基本面非常强壮，脱离欧盟后一定能够找到另一条更适合英国的发展之路。目前，英国的签证等政策暂时不变，民众出行和商业均不会受到不良影响，对于何时启动《里斯本条约》第50条，开启英国脱离欧盟的正式法律程序，卡梅伦表示将由新首相做出决定和具体安排。基于卡梅伦本人杰出的政治才能和高度负责的态度，我们有理由相信，在新首相未选出之前的时间里，英国一定能够平稳度过"脱欧公投"后的短暂动荡期。

卡梅伦是英国自1812年以来最年轻的首相，同时也是一个十分重视民众权利的首相，在他担任英国首相的六年多时间里，英国的政治局面获得了稳定且持续的发展，尤其是在外交关系和打造英国国际形象方面，做出了非常巨大的贡献，尽管卸任首相一职后，卡梅伦逐渐淡出政坛和大众的视线，但英国民众不会忘记这位还予他们权利的首相，不会忘记这个长着娃娃脸的名叫戴维·卡梅伦的政治领袖。

4. 卸任英国首相，带着妻子儿女发表告别演讲

卡梅伦于2016年7月13日最后一次以首相身份接受议会下议院质询。这一次，会场上没有了往日的唇枪舌剑，多了些温情与敬意，朝野各党议

员集体鼓掌向卡梅伦致敬。工党领袖科尔宾对卡梅伦说："虽然我经常不同意你的主张，但我感谢你过去六年做出的贡献。"

当天下午，卡梅伦带着夫人萨曼莎和三个儿女在唐宁街 10 号门前发表告别演讲。然后前往白金汉宫，向女王伊丽莎白二世递交辞呈，结束了他为期六年两个月的首相任期。

随后，伊丽莎白二世女王任命特雷莎·梅担任英国新一任首相，并将组建新一届内阁。

2016 年 7 月 13 日下午，特雷莎·梅接受英国女王伊莉莎白二世的任命，接替卡梅伦出任英国首相，成为继撒切尔夫人之后英国历史上的第二位女首相。

特雷莎·梅是两天前当选的英国保守党党魁。保守党是目前英国的执政党，按照英国宪政体制，执政党领袖将成为英国首相。

摆在特雷莎·梅面前的首要任务是，如何在"脱欧公投"之后处理英国与欧盟的关系。她此前曾表示，英国需要时间商讨如何与欧盟展开谈判，在 2016 年底之前不会启动脱离欧盟的程序。她同时也强调，英国不可能举行第二次公投，也不会试图通过其他途径重新加入欧盟。

特雷莎·梅出生于 1956 年，曾在四任保守党领袖手下任职，被称为"四朝元老"。1997 年当选国会议员，2010 年起担任内政大臣。

2016 年 9 月 12 日，卡梅伦宣布他将辞去英国议会下议院议员职务。他所代表的牛津郡维特尼选区将举行补选，递补当地的议员空缺。

他表示，他不想由于他坐在下议院里，让新首相特雷莎·梅"分心"。卡梅伦说："在现代政治里，前首相很难在议会内当一名普通的后座议员，我因此请辞。"

卡梅伦评价他的继任者特雷莎·梅"有一个很好的开局"，并在社会改革方面大踏步前进。但他表示，由于他本人不赞成英国脱离欧盟，他的任何评论都可能使特雷莎·梅和新政府感到为难，所以他选择辞去议员职务。

特雷莎·梅表示，他对卡梅伦的选择表示理解。多位保守党议员通过社交媒体向这位前首相表达敬意,称卡梅伦是一位卓越、出众的首相,他的卸任是英国议会的重大损失。

关于自己的历史定位,卡梅伦表示,他希望人们能记住在他的任期间,英国保持经济强劲并进行了一系列重大的社会改革,他将一个陷入消沉的保守党改良成了一个现代化的、能赢得大选的强势政党。

卡梅伦出生于1966年,2001年当选英国议会下议院议员,2005年当选保守党领袖并带领保守党赢得两次大选,2010年担任英国首相。他在2016年6月辞去首相职务时不到50岁,是1812年以来英国最年轻的卸任首相。

附录1 英国首相卡梅伦就职演讲（双语全文）

HER MAJESTY the queen has asked me to form a new government and I have accepted.

女王陛下已经授权予我组建新政府，我已接受了这一任命。

Before I talk about that new government, let me say something about the one that has just passed. Compared with a decade ago, this country is more open at home and more compassionate abroad, and that is something we should all be grateful for.

在谈论新政府之前，请允许我谈一谈最近刚刚发生过的一件事情。与十年前相比，这个国家对内更加开放，对外更加富有同情心，我们都应该为此感到高兴。

On behalf of the whole country I'd like to pay tribute to the outgoing prime minister, for his long record of dedicated public service.

我谨代表这个国家，对长期致力于公共服务的前任首相深表赞扬。

In terms of the future, our country has a hung parliament where no party has an overall majority and we have some deep and pressing problems – a huge deficit, deep social problems and a political system in need of reform.

就未来而言，我们的议会无任何党派占明显多数，我们面临着一些深刻而紧迫的问题庞大的赤字、深刻的社会问题以及需要改革政治制度。

For those reasons, I aim to form a proper and full coalition between the

Conservatives and the Liberal Democrats. I believe that is the right way to provide this country with the strong, the stable, the good and decent government that I think we need so badly.

基于这些原因，我计划在保守党和自由民主党间组建适当并充分地联盟。我想，这是为国家提供一个我认为我们非常需要的强大、稳定、完善、体面的政府的正确途径。

Nick Clegg and I are both political leaders who want to put aside party differences and work hard for the common good and for the national interest. I believe that is the best way to get the strong government that we need, decisive government that we need today.

尼克·克莱格(Nick Clegg)和我都是希望撇开党派差异、为公益事业、为国家利益而努力的领导人。我认为，这是打造我们所需要的强大政府的最佳途径，是打造今天我们需要的果断的政府的最佳途径。

I came into politics because I love this country, I think its best days still lie ahead and I believe deeply in public service. And I think the service our country needs right now is to face up to our really big challenges, to confront our problems, to take difficult decisions, to lead people through those difficult decisions, so that together we can reach better times ahead.

我之所以从政，是因为我热爱这个国家，我相信最好的日子还在前面，我深信公共服务。我认为，服务国家最重要的是直面我们真正的大挑战，直面我们的问题，做出艰难的决定，并领导人民克服这些困难，这样我们就能够一起迈向更美好的明天。

One of the tasks that we clearly have is to rebuild trust in our political system. Yes, that's about cleaning up expenses; yes, that's about reforming parliament; and yes, it's about making sure people are in control and that the politicians are always their servants and never their masters.

很明显，我们的任务之一就是重建对政治体系的信任。是的，这就要求我们清理开支、改革议会、保证人民的主宰地位并确保政治家始终是人民的公仆,而非主人。

But I believe it's also something else. It's about being honest about what government can achieve. Real change is not what government can do on its own. Real change is when everyone pulls together, comes together, works together, when we all exercise our responsibilities to ourselves, to our families, to our communities and to others.

但是我相信还有其他方面。这关乎于要诚实地表现政府可能达到的业绩。真正的变革不是仅靠政府之力就能完成的。真正的变革需要所有人齐心协力、众志成城,需要我们每个人完成自己的责任,为自己,为家庭,为社会,也为其他人。

And I want to help build a more responsible society here in Britain, one where we don't just ask 'what are my entitlements?' but 'what are my responsibilities?'. One where we don't just ask 'what am I just owed?' but more 'what can I give?' And a guide for that society, that those who can, should, and those who can't, we will always help.

我希望帮助不列颠建立一个更加有责任感的社会。在这样一个社会,我们不会只问"我们的权利是什么",而是要问"我们的责任是什么";在这样一个社会,我们不会只问"我应该感激谁",而是问"我能够给予什么"。为了实现这样的社会,不管是对那些能够做到、愿意做到还是不能做到的人,我们都应该始终给予帮助。

I want to make sure that my government always looks after the elderly, the frail, the poorest in our country. We must take everyone through with us on some of the difficult decisions that we have ahead.

我希望你们知道,我的政府一直在照顾我们国家的老者、弱者和贫困者。我们必须让大家和我们一起面对一些我们之前曾面对过的困难决定。

Above all, it will be a government that will be built on some clear values-

values of freedom, values of fairness, and values of responsibility.

总而言之，这将是一个建立在有着清晰价值观上的政府——这个价值观就是自由、公平和责任。

I want us to build an economy that rewards work, I want us to build a society with stronger families and stronger communities, and I want a political system that people can trust and look up to once again.

我希望我们能够打造这样一个让工作有所回报的经济体制，我希望我们能够建设一个拥有更坚固家庭、更完善社区的社会，我希望带来一个人民能够信任并且再次令人民尊敬的政治体系。

This is going to be hard and difficult work. A coalition will throw up all sorts of challenges. But I believe together we can provide that strong and stable government that our country needs, based on those values – rebuilding family, rebuilding community, above all rebuilding responsibility in our country.

这需要艰苦卓绝的工作。联合政府将面对各种各样的挑战。但是我坚信，基于这样的价值观——重建家庭、重建社区、重建我们国家的责任感，我们能够提供我们国家所需要的坚强而稳定的政府。

Those are the things that I care about, those are the things that this government will now start work on doing.

这些是我关心的事情，也是这个政府即刻开始致力于处理的事情。

Thank you.

谢谢。

附录2 英国首相卡梅伦对欧盟公投结果发表讲话（双语全文）

The country has just taken part in a giant democratic exercise, perhaps the biggest in our history.

这个国家刚刚进行了一场大型的民主活动，这也许是我们历史上最大的一次。

Over 33 million people from England, Scotland, Wales, Northern Ireland and Gibraltar have all had their say.

超过三千三百万来自英格兰、苏格兰、威尔士、北爱尔兰和直布罗陀的人民表达了他们的声音。

We should be proud of the fact that in these islands we trust the people with these big decisions.

我们应该为这个事实感到骄傲。在这片国土上，我们相信人民是重大的决策者。

We not only have a parliamentary democracy, but on questions about the arrangements for how we are governed, there are times when it is right to ask the people themselves, and that is what we have done.

我们不仅拥有议会民主制度，而且还在如何管理这个国家的问题上，我们也会适时征求人民的意愿。对此我们已经做到了。

The British people have voted to leave the European Union and their will must be respected.

英国人民投票选择离开欧盟，他们的意愿必须得到尊重。

I want to thank everyone who took part in the campaign on my side of the argument, including all those who put aside party differences to speak in what they believed was the national interest.

我要感谢在这场活动里和我持相同意见的每个人,这其中包括摈弃政党偏见来表达他们对国家利益信念的所有人。

And let me congratulate all those who took part in the Leave campaign for the spirited and passionate case that they made.

同时,我也祝贺所有脱欧阵营的人们,他们进行了活跃和充满热情的活动。

The will of the British people is an instruction that must be delivered. It was not a decision that was taken lightly, not least because so many things were said by so many different organisations about the significance of this decision.

英国人民的意愿是必须执行的指令。这不是一个轻易做出的决定,并不仅仅是因为众多不同组织对这一决定的重要性阐述了众多观点。

So there can be no doubt about the result.

因此对这个结果不应持有疑问。

Across the world people have been watching the choice that Britain has made. I would reassure those markets and investors that Britain's economy is fundamentally strong.

全世界的人民都已经看到了英国做出的决定。我想对市场及投资者重申的是,英国的经济基础非常强劲。

And I would also reassure Brits living in European countries, and European citizens living here, that there will be no immediate changes in your circumstances. There will be no initial change in the way our people can travel, in the way our goods can move or the way our services can be sold.

另外,我也向居住在欧洲国家的英国公民以及在英国居住的欧洲公民保证,你们的现状不会立刻发生改变。我们的人民在出行方式上目前不会有任何改变。物品运送、服务提供都将照常进行。

We must now prepare for a negotiation with the European Union. This will need to involve the full engagement of the Scottish, Welsh and Northern Ireland governments to ensure that the interests of all parts of our United Kingdom are protected and advanced.

我们现在必须做出准备，与欧盟进行协商。协商需要苏格兰、威尔士以及北爱尔兰政府的共同参与，以确保联合王国各方面的利益都受到保护和推进。

But above all this will require strong, determined and committed leadership.

但要做到以上全部，我们需要强劲、坚定且负责任的领导者。

I am very proud and very honoured to have been Prime Minister of this country for 6 years.

我非常骄傲和荣幸能在过去的六年里担任这个国家的首相。

I believe we have made great steps, with more people in work than ever before in our history, with reforms to welfare and education, increasing people's life chances, building a bigger and stronger society, keeping our promises to the poorest people in the world, and enabling those who love each other to get married whatever their sexuality.

我相信我们做出了巨大的进步：就业人数从未如此之多；我们对福利和教育进行改革，改善人民生活质量、建设更大更强的社会；保持对全世界最贫困人民做出的承诺；不论性别因素，让相爱的人们合法结婚。

But above all restoring Britain's economic strength, and I am grateful to everyone who has helped to make that happen.

所有这一切都将让英国继续保持其经济实力。我对帮助实现这一切的所有人表示感谢。

I have also always believed that we have to confront big decisions, not duck them.

我始终相信，对于重大决策，我们应该面对，而不是回避。

That's why we delivered the first coalition government in 70 years to bring our economy back from the brink. It's why we delivered a fair, legal and decisive referendum in Scotland. And it is why I made the pledge to renegotiate Britain's position in the European Union and to hold the referendum on our membership, and have carried those things out.

这就是为什么我们成立了70年来首个联合政府，带领英国经济脱离濒危边缘。这就是为什么我们在苏格兰进行了公正、合法、有决定意义的公投。这也是为什么我做出承诺,与欧盟重新商议英国的地位、开启英国与欧盟关系的公投并实现它们。

I fought this campaign in the only way I know how, which is to say directly and passionately what I think and feel - head, heart and soul. I held nothing back.

我以自己知道的唯一方法为这场公投奋斗,那就是直接地、满怀激情地表达我内心的想法和感受,全心全意,全力以赴。

I was absolutely clear about my belief that Britain is stronger, safer and better off inside the European Union, and I made clear the referendum was about this and this alone - not the future of any single politician, including myself.

我的立场很明确,留在欧盟的英国将会更加强大、安全和繁荣。我也强调了这次公投跟任何政客的前途,包括我自己,没有任何关系。

But the British people have made a very clear decision to take a different path, and as such I think the country requires fresh leadership to take it in this direction.

但是英国民众已经做出了明确且不同的选择,因此我认为英国需要新的领导人来带领我们的国家向前。

I will do everything I can as Prime Minister to steady the ship over the coming weeks and months, but I do not think it would be right for me to try to be the captain that steers our country to its next destination.

我将以首相的身份尽我所能在未来几个星期、几个月中稳定局面。但我认为我不再适合作为掌舵人带领我们的国家驶向新的目的地。

This is not a decision I have taken lightly, but I do believe it is in the national interest to have a period of stability and then the new leadership required.

这是我经过慎重考虑做出的决定。但从国家利益出发,我认为我们需要一段稳定期,之后便需要更换新的领导人。

There is no need for a precise timetable today, but in my view we should aim to have a new Prime Minister in place by the start of the Conservative Party conference in October.

我们不需要今天就制订一个详细的时间进度表,但是我认为,在10月保守党大会开始之前，我们需要一位新的首相继任。

Delivering stability will be important and I will continue in post as Prime Minister with my Cabinet for the next three months.

保证稳定是非常重要的，在接下来的三个月里，我将继续作为首相和我的内阁一起为大家服务。

The Cabinet will meet on Monday. The Governor of the Bank of England is making a statement about the steps that the Bank and the Treasury are taking to reassure financial markets. We will also continue taking forward the important legislation that we set before Parliament in the Queen's Speech. And I have spoken to Her Majesty the Queen this morning to advise her of the steps that I am taking.

内阁将在周一举行会谈，英格兰银行行长将发表声明，阐释央行与财政部关于确保金融市场稳定采取的下一步措施。我们也会继续推进在女王议会讲话中制定的重要立法议程。我今天早晨也跟女王陛下通话并告知我即将采取的行动。

A negotiation with the European Union will need to begin under a new Prime Minister, and I think it is right that this new Prime Minister takes the decision about when to trigger Article 50 and start the formal and legal process of leaving the EU.

与欧盟的协商需要由新的首相开启，我认为应该由新任首相去决定何时启动《里斯本条约》第50条、开启脱离欧盟的正式法律程序。

I will attend the European Council next week to explain the decision the British people have taken and my own decision.

我将在下周举行的欧洲理事会会议上阐释英国人民的选择和我个人的决定。

The British people have made a choice. That not only needs to be respected, but those on the losing side of the argument, myself included, should help to make it work.

英国人民已经做出决定，这不仅需要被尊重；同时，失败的一方，包括我本人在内，还应该努力去协助实现这一决定。

Britain is a special country. We have so many great advantages. A parliamentary democracy where we resolve great issues about our future through

peaceful debate. A great trading nation, with our science and arts, our engineering and our creativity respected the world over.

英国是一个特别的国家。我们拥有很多杰出的优点：我们实行议会民主制，通过和平辩论的方式解决关乎未来的重要事项；我们是强大的贸易国家，科学和艺术、工程和创造力深受世界推崇。

And while we are not perfect, I do believe we can be a model of a multi-racial, multi-faith democracy, where people can come and make a contribution and rise to the very highest that their talent allows.

虽然我们并不完美，但我相信我们能为多种族、多信仰的民主系统树立典范。人们可以来到英国做出贡献并凭借才华和能力到达自己的顶峰。

Although leaving Europe was not the path I recommended, I am the first to praise our incredible strengths. I have said before that Britain can survive outside the European Union, and indeed that we could find a way.

尽管离开欧洲并不是我推崇的道路，但我是第一个赞扬我们卓越力量的人。以前我说过，脱离欧盟英国也能继续下去，我们肯定会找到一条出路。

Now the decision has been made to leave, we need to find the best way, and I will do everything I can to help.

现在决定已经做出，英国脱离欧盟。我们需要找到最正确的方向，而我也将尽我所能去帮助实现它。

I love this country and I feel honoured to have served it. And I will do everything I can in future to help this great country succeed.

我爱这个国家，我为能够为之效力而感到荣幸。未来我还将尽我所能去帮助这个伟大国家取得成功。